Systemprogrammierung in Google Go

Frank Müller war von 1991 bis 1999 im Systemmanagement (PC-Netzwerke, Großrechneranbindung, hochverfügbare Unix-Cluster) tätig.

Im Jahre 1999 erfolgte dann der Wechsel in die bereits seit 1987 nebenberuflich durchgeführte Softwareentwicklung (verschiedene Rollen als Softwarearchitekt, Entwicklungsleiter und Berater; Themenschwerpunkte: JEE-basierte Webanwendungen und Datenkonsolidierung, Smalltalk-basiertes Configuration Management für TK-Unternehmen).

Darüber hinaus bietet er Prozessberatung, Fachkonzepte, Architektur, Design und Entwicklung (Schwerpunkte Smalltalk und GemStone/S) im Bereich Telekommunikation an.

_iX_ Edition

In der *iX* Edition erscheinen Titel, die vom dpunkt.verlag gemeinsam mit der Redaktion der Computerzeitschrift *iX* ausgewählt und konzipiert werden. Inhaltliche Schwerpunkte dieser Reihe sind Software- und Webentwicklung sowie Administration.

Frank Müller

Systemprogrammierung in Google Go

Grundlagen – Skalierbarkeit – Performanz – Sicherheit

dpunkt.verlag

Frank Müller
frank@mweb.de

Lektorat: Dr. Michael Barabas
Copy Editing: Friederike Daenecke, Zülpich
Satz: Frank Müller
Herstellung: Nadine Thiele, Frank Heidt
Umschlaggestaltung: Helmut Kraus, www.exclam.de
Druck und Bindung: Media-Print Informationstechnologie, Paderborn

Bibliografische Information der Deutschen Nationalbibliothek
Die Deutsche Nationalbibliothek verzeichnet diese Publikation in der Deutschen Nationalbibliografie; detaillierte bibliografische Daten sind im Internet über http://dnb.d-nb.de abrufbar.

ISBN 978-3-89864-712-0

1. Auflage 2011

Ringstraße 19B
69115 Heidelberg

5 4 3 2 1 0

Vorwort

Als Google im November 2009 die neue Sprache Go vorstellte, war die erste Reaktion im Netz und in den Medien groß. Eine imperative, allerdings auch nebenläufigen Sprache. Und das heute, in der Zeit der objektorientierten oder auch wieder aufkeimenden funktionalen Programmiersprachen. Ebenso herausragend sind zwei der drei Väter der Sprache. Ken Thompson und Rob Pike sind Kennern durch ihre Arbeit an Unix, C, Plan 9 oder UTF-8 bei den Bell Laboratories bekannt.

Die Entwickler von Go hatten von Beginn an nicht das Ziel einer idealtypischen Sprache für den rein universitären Gebrauch. Vielmehr sollte eine moderne und praktisch orientierte Systemsprache entstehen, schnell sowohl für den Programmierer als auch in der Ausführung. Dies sollte mit dem Spaß dynamisch typisierter Programmiersprachen verbunden werden, also mit wenig deklarativem Overhead und guter Lesbarkeit.

Diese Ziele hat das Team erreicht: die Arbeit mit Go bereitet Freude, und man kommt schnell zu vorzeigbarer Software. Kontinuierlich werden die Sprache und Werkzeuge optimiert, und die Bibliothek erweitert sich in den schnell aufeinander folgenden Releases. Zusammen mit den Open Source Projekten der Community entsteht so eine gute Basis für eigene Lösungen.

Folgen Sie mir in die Welt der Systemprogrammierung in Google Go. Lernen Sie die Sprache und ihr Umfeld kennen, und erfahren Sie so, wie Sie Ihre Projekte in Googles neuer Programmiersprache realisieren können. Viel Spaß beim Lesen!

Frank Müller

Inhaltsverzeichnis

1 Erste Schritte

1.1 Über dieses Buch

Go ist eine junge Sprache und hat noch nicht einmal ihr erstes Release erreicht. So kann man schnell denken, dass ein Buch vielleicht noch verfrüht ist. Und in der Tat hat es während des Schreibens immer wieder Änderungen an der Sprache und den Bibliotheken gegeben. Das Team der Go-Entwickler ist fleißig und veröffentlicht in kurzen Abständen neue Releases, stets mit Fehlerkorrekturen, oft mit neuen Funktionalitäten und gelegentlich auch mit Sprachänderungen.

Und so steht es zu erwarten, dass dieses Buch zum Zeitpunkt der Veröffentlichung auch nicht mehr auf dem aktuellsten Stand ist. Doch diese Evolution der Sprache ist stets gut nachvollziehbar und in der Release History unter `http://golang.org/doc/devel/release.html` dokumentiert.

Neben der Entwicklung der Sprache selbst entstehen und reifen zunehmend Open-Source-Projekte. Sie statten Go mit weiteren Algorithmen und Datenstrukturen aus und integrieren externe Systeme. So entsteht eine spannend Welt rund um Googles neue Sprache.

Systemprogrammierung in Google Go soll dabei helfen, schnell in diese Welt einzutauchen und Go so früh wie möglich optimal zu nutzen.

1.1.1 Für wen ist dieses Buch?

Das vorliegende Buch richtet sich an den Go-Einsteiger mit Programmiererfahrung. Nutzer von C, C++, Java oder C# sind hier sicherlich im Vorteil, da diese Sprachen eine hohe Ähnlichkeit mit Go aufweisen. Doch auch Python-, Ruby- oder Pascal-Entwickler werden schnell in die Sprache finden.

Systemprogrammierung in Google Go begleitet Sie in mehreren Lernschritten auf dem Weg zum versierten Go-Entwickler. So können Sie sowohl die Sprache mit all ihren Mitteln und Fähigkeiten als auch die Werkzeuge und Bibliotheken einsetzen. Einer der wichtigsten Gründe für Go ist die Nutzung von Nebenläufigkeit als Strukturierungsmittel für den Aufbau zuverlässiger und skalierbarer Programme. Dies auszunutzen erfordert ein Umdenken – von den Algorithmen über Entwurfsmuster bis hin zur Architektur der Anwendungen. Die Beispiele im Buch sollen dem Entwickler die Nutzung dieses Sprachmittels näher bringen.

Im aktuellen Stadium ist Go noch nicht von Haus aus als einfache binäre Distribution für unterschiedliche Plattformen verfügbar. Die Installation auf dem eigenen System setzt daher Kenntnisse im Umgang mit weiteren Entwicklungswerkzeugen für das eigene Betriebssystem voraus. Sie liegen im Fall von Linux vielfach als Installationspaket vor, im Fall von OS X befinden sie sich auf einer eigenen DVD. Die eigentliche Übersetzung der Quellen wurde jedoch von den Go-Entwicklern automatisiert.

1.1.2 Aufbau

Systemprogrammierung in Google Go beschreitet einen Weg, führt den Leser auf eine Erkundungsreise durch das von Google entwickelte und die Gemeinschaft wachsende Go-Land. Der Weg durch dieses Land teilt sich auf sieben Schritte auf. Diese Schritte sollen Ihre erste Neugier befriedigen, in die Details der Sprache und ihrer Bibliotheken einführen und Ihnen mit vielen praktischen Beispielen den Einsatz der Sprache näherbringen.

Die einzelnen Kapitel umfassen

- eine kompakte Einführung in die Sprache und ihre Werkzeuge bis hin zum ersten Einsatz der Nebenläufigkeit
- eine Vorstellung der verfügbaren Datentypen
- das Kennenlernen der Sprache über ihre Strukturen und Ausdrücke im Detail
- einen Überblick über die wichtigsten Packages der Standardbibliothek mit Beispielen für den Einsatz der wichtigsten von ihnen
- eine Einführung in die mitgelieferten Werkzeuge für Übersetzung, Formatierung, Profiling, Test, Dokumentation und Installation
- ausführliche Beispiele zum Aufbau einer nebenläufigen Systemarchitektur
- einen Ausflug in die Welt der Go-Entwickler und -Fans mit Hinweisen zu Dokumentationen, Diskussionsforen, Entwicklerunterstützung und Projekten

Go ist in seinem Einsatz sehr flexibel, vom kleinen Kommandozeilenwerkzeug bis hin zur skalierbaren Server-Farm. *Systemprogrammierung in Google Go* begleitet den Entwickler auf diesem Weg von den ersten kleinen Schritten bis zur anspruchsvollen Lösung.

1.1.3 Konventionen

Die Struktur ist von *Systemprogrammierung in Google Go* ist einfach gehalten. *Hervorhebungen*, beispielsweise für Einführung neuer Begriffe, sind kursiv geschriebenen, Bezeichner von `Funktionen`, `Typen` oder ähnlichem verwenden eine nicht-proportionale Schrift. Die eingebetteten Quelltexte haben die Form

```
func Example() string {
    return "Example"
}
```

Quelltext 1.1
Beispiel

Darin enthaltene Schlüsselworte sind fett dargestellt, wie auch im Text selbst, beispielsweise **`type`** im Gegensatz zu `myInt`. Die Quelltexte selbst sind in der Regel nur Ausschnitte, die der Verdeutlichung des im Text behandelten Themas dienen.

Hinweis

Grau hinterlegte Boxen ergänzen den Text um hilfreiche Nebeninformationen zum gerade behandelten Thema. Die Hintergrundfarbe hebt dies augenfällig hervor.

1.1.4 Produktionshinweise

Das Buch *Systemprogrammierung in Google Go* ist mit LaTeX2e und der Vorlage des *dpunkt.verlags* gesetzt worden. Die Software für das Editieren und Setzen ist der *TeXShop*, unter *Apple Mac OS X* eingesetzt. Dies war ebenfalls die Plattform für die Entwicklung der Beispiele.

1.1.5 Danksagung

Auf dem Titel des Buchs wird leider nur eine Person genannt: der Autor. Doch ohne das Mitwirken einer Vielzahl von Helfer würde es dieses Buch nicht geben.

Da ist als erstes Michael Barabas, der mich zu diesem Buch ermutigte und mich auf dem gesamten Weg begleitete. Weiter möchte ich mich bei den Rezensenten bedanken, die mich sowohl inhaltlich als auch formal bei der Entstehung dieses Buchs unterstützt haben.

Und natürlich gilt mein Dank auch meiner Familie, also meiner Frau Carmen und meinen Töchtern Janina und Vanessa. Sie haben viel Verständnis dafür gezeigt, wenn ich abends, an Wochenenden oder im

Urlaub am Buch gearbeitet habe. Zudem haben sie mich immer wieder ermutigt, wenn bei mir mal der Dampf raus war. Der letzte Dank gilt einem treuen Begleiter: unserem Kater Flo. Er hat bei so mancher Schreibsitzung in der Nacht treu zu mir gehalten.

1.2 Entwicklungsgeschichte

Ende 2007, als die Google-Entwickler Robert Griesemer, Ken Thompson und Rob Pike das erste Mal über die Entwicklung einer neuen Programmiersprache nachdachten, war der Markt hierfür in unterschiedliche Lager aufgeteilt. Systemprogrammierung fand traditionell in C beziehungsweise C++ statt, kommerzielle Individualsoftware sowie Inhouse-Anwendungen wurden je nach bevorzugter Plattform in Java oder den .NET-Sprachen C# oder VB.NET entwickelt, und verschiedene Internet-Projekte griffen gerne zu Sprachen wie Python, Ruby oder PHP.

Gleichzeitig drängten neue Sprachen, Reinkarnationen alter Sprachen sowie zuvor einfach nicht so beachtete alte Sprachen auf die Bühne. Der Hintergrund für die Veränderung, die auch aktuell noch anhält, ist die zunehmende Verbreitung von Multi-Core-Prozessoren sowie teilweise auch der Wunsch nach einer besseren Skalierung über Rechnergrenzen hinweg. Nutznießer dieser Entwicklung sind funktionale Programmiersprachen oder Hybriden, die Objektorientierung und funktionale Aspekte miteinander vermischen. Für den Datenaustausch zwischen nebenläufigen Routinen kommen dabei sowohl *Shared Transactional Memory*, also durch Transaktionen abgesicherter gemeinsamer Speicher, als auch *Communicating Sequential Processes*, die Nutzung von Nachrichtenkanäle für den Austausch von Daten sowie deren sequenzielle Verarbeitung in den Routinen, zum Einsatz.

Diese Sprachen und Technologien vor Augen sowie die aus der eigenen Entwicklung der Programmiersprache C und rund um das System Plan 9 gewonnenen Erkenntnisse motivierten Griesemer, Thompson und Pike zur Überlegung, wie eine Systemsprache wie C heute aussehen müsste. Sie sollte wie ihr Vorgänger statisch typisiert sein, um so Typfehler gleich bei der Kompilierung aufzudecken und zu verhindern. Dennoch sollte sie gleichzeitig die Einfachheit und den Spaß dynamisch typisierter Sprachen aufweisen. Neben den Typen sollte auch der Speicher sicher sein, Pointern also das Überschreiten von Speichergrenzen verboten. Für den Komfort soll dazu die automatische Freigabe des nicht mehr benötigten Speichers wie in Smalltalk, Python oder Ruby erfolgen. Die nebenläufige Ausführung von Programmteilen sowie die sichere Kommunikation zwischen diesen war den Entwicklern sehr wichtig. Und als letzte Maßnahme zur Erhöhung des Programmierspaßes war die schnelle Übersetzung der Quellen Ziel des Teams.

Die Gedankenarbeit ging neben den eigentlichen Hauptaufgaben weiter, bis Mitte 2008 das initiale Design stand und mit der Implementierung sowohl des Compilers als auch der ersten Bibliotheken begonnen werden konnte. Gleichzeitig verstärkte sich das Team durch Russ Cox und Ian Lance Taylor. Gemeinsam mit der Unterstützung durch verschiedene weitere Entwickler entstand eine Sprache mit einer relativ einfachen Syntax, einem überschaubaren Typenmodell, expliziten Ausdrücken sowie der Trennung von Interfaces und ihrer Implementierung. Die Laufzeitumgebung bietet eine automatische Speicherbereinigung, eine flexible und leichtgewichtige Nebenläufigkeit sowie die Kommunikation über Datenkanäle. Die Organisation erfolgt in Packages. Deren expliziter Import ermöglicht ein schnelles Kompilieren und Binden. Die Vorstellung der neuen Sprache Go erfolgte im November 2009. Seitdem werden die Sprache, ihre Bibliotheken sowie die Werkzeuge in kurzen Abständen aktualisiert, und Go entwickelt sich zunehmend in Richtung Marktreife.

1.3 Installation

Die Programmiersprache Go wird von Google als Open-Source-Projekt zur Verfügung gestellt. Die Quellen sind für jedermann einsehbar, und eigene Fehlerkorrekturen, Verbesserungen und Ergänzungen können wieder in das Projekt zurückfließen. Die Lizenz orientiert sich an der BSD-Lizenz und erlaubt und garantiert dauerhaft die Entwicklung auch kommerzieller Software. Als Plattformen werden aktuell Linux, Mac OS X und Free BSD auf x86-Prozessoren unterstützt. Eine Portierung nach Windows wird extern durch freiwillige Mitglieder der Community gepflegt. Sie hängt in der Regel der Google-eigenen Version ein wenig hinterher und ist zum Zeitpunkt des Schreibens noch nicht vollständig.

Die Distribution Gos erfolgt wie bereits erwähnt nicht als Binärprogramm. Vielmehr muss das System auf dem Zielrechner selbst kompiliert werden. Über Skripte gesteuert, ist dies jedoch mit wenig Arbeit verbunden.

Experimentierdrang

Zudem existieren zwei experimentelle Implementierungen. Die eine ist für eine Version für Linux auf ARM-Prozessoren, wie es auf Handies mit Googles Betriebssystem Android zum Einsatz kommt. Die Version ist ebenso unvollständig wie die Version für den Native Client. Hierbei handelt es sich um ein Projekt Googles, um über ein Plug-in schnellen nativen Binär-Code für x86 und ARM im Browser auszuführen. Das Projekt selbst konzentriert sich auf C und C++, die Entwickler Gos steuern nun ihre Sprache dazu.

1.3.1 Benötigte Werkzeuge

Die erste Voraussetzung für die Installation von Go ist der Client für das verteilte Versionskontrollsystem *Mercurial*. Es kommt bei Googles eigener Hosting-Plattform für Software-Projekte *Google Code* zum Einsatz, die von den Go-Entwicklern für ihr Projekt gewählt wurde[1].

Für die Übersetzung der Quellen von Compiler, Linker und weiteren Werkzeugen in die Binärprogramme benötigen Sie zudem noch eine *C-Umgebung* inklusive der Werkzeuge `make`, `bison`, `awk` und `ed`. Diese sind unter Unix in Form der *GNU Compiler Collection* (GCC) nahezu immer Standard und unter Mac OS X Bestandteil der Entwicklungsumgebung *Xcode*, die im Lieferumfang auf einer eigenen DVD enthalten ist. Ihre Installation ist zu überprüfen und gegebenenfalls selbst vorzunehmen.

1.3.2 Go laden und übersetzen

Sind die Voraussetzungen gegeben, können Sie mit dem Mercurial-Befehl `hg` – dem Atomsymbol von Quecksilber (engl. *Mercury*) – die Kopie des Google Go Repositorys auf dem eigenen Rechner ablegen. Dabei ist es wichtig, dass das Installationsverzeichnis entweder noch nicht existiert oder zumindest leer ist.

```
$ cd $HOME/go
$ hg clone -r release https://go.googlecode.com/hg/ .
```

Die Übersetzung sowohl der binären Werkzeuge als auch der mitgelieferten Quellen und später eigenen Programme kann durch das Setzen von Umgebungsvariablen gesteuert werden. Sie werden in Abschnitt 5.1 näher vorgestellt. In der Regel genügt jedoch unter Unix

[1] http://code.google.com/p/go/

der einfache Wechsel in das Go-Quellverzeichnis und der Start des Übersetzungsskripts.

```
$ cd $HOME/go/src
$ ./all.bash
```

Neben der Übersetzung der Programme werden auch die mitgelieferten Tests ausgeführt. Das Ende der Ausgabe hat typischerweise diese Form:

```
N known bugs; 0 unexpected bugs
```

Die durch *N* repräsentierte Anzahl an Fehlern kann dabei von Release zu Release schwanken und ist kein Anlass zur Sorge. Sie sind dem Entwicklerteam bekannt und werden nach und nach behoben.

Aktuell erscheinen etwa alle zwei Wochen neue Releases, die Entwicklung ist noch stürmisch. Sie werden auf der Website, via Mailingliste und Twitter angekündigt. Hierzu in Kapitel 7 mehr. Die Aktualisierung auf den neusten Stand ist dabei unkompliziert. Es genügt die Befehlsfolge

```
$ cd $HOME/go/src
$ hg pull
$ hg update release
$ ./all.bash
```

1.4 Das erste Programm

Der erste Berührungspunkt mit einer Vielzahl von Programmiersprachen ist das *Hello-world-Programm*, das in kurzer und knapper Form die Struktur eines Programms demonstriert[2]. So wollen wir es nun auch mit Go halten.

Quelltext 1.2
»Hello, world« in Go

```
// Hello, world.
package main

import "fmt"

func main() {
    var world string = "world"

    fmt.Printf("Hello, %v!\n", world)
}
```

[2]Bekannt geworden ist es mit dem Buch *The C Programming Language* von Brian Kernighan und Dennis Ritchie. Heute liegt es in nahezu allen Programmiersprachen vor.

Nach einem dokumentierenden Zeilenkommentar am Anfang – er wird durch zwei Slashes (//) eingeleitet – zeigt das Beispiel, wie Programme in Go mit dem Schlüsselwort **`package`** in *Packages* organisiert sind. Diese sind in der Regel Bibliotheken, also Mengen von Funktionen, Typen, Konstanten und Variablen, die anderen Programmen zur Nutzung zur Verfügung gestellt werden. Unser Beispielprogramm importiert das Package `fmt` für die formatierte Ein- und Ausgabe von Texten.

Der Packagename für das ausführbare Hauptprogramm selbst ist fest vorgegeben und lautet immer `main`, ebenso wie die Hauptfunktion den Namen `main()` trägt. Ihre Deklaration wird durch das Schlüsselwort **`func`** eingeleitet. Sie darf nur einmal enthalten sein, hat keine Parameter und auch keinen Rückgabewert. Mit dem Ende der Funktion wird auch das Programm beendet.

Wird ein Zugriff auf Aufrufparameter benötigt, so stellt Go hierfür das Package `flag` zur Verfügung. Es bietet Funktionen für die automatische Analyse der Parameter sowie für die Definition von Hilfstexten für diese. Gleichzeitig kann ein Programm an beliebiger Stelle beendet werden. Hierfür bietet Go im Package `os` die Funktion `Exit(code int)`. Sie erlaubt zudem die Angabe eines Rückgabecodes für das Programm.

Innerhalb der Hauptfunktion wird nun über das Schlüsselwort **`var`** zuerst die Variable `world` vom Typ **`string`** deklariert. Dieser Typ dient der Aufnahme von Strings. Im Beispiel wird der Variablen so noch während der Deklaration der String `"world"` zugewiesen. Für diese gleichzeitige Deklaration mit Initialisierung bietet Go eine praktische Abkürzung, hierzu später mehr. Für die interne Kodierung von Bezeichnern und Strings nutzt Go *UTF-8*. Somit sind internationale Anwendungen jenseits der englischen Sprache problemlos zu realisieren.

Die Ausgabe eines Strings auf der Standardausgabe erfolgt über die Funktion `Printf()` aus dem bereits oben erwähnten Package `fmt`. Der erste Parameter ist eine Formatvorlage, die Platzhalter für einzufügende Elemente enthalten kann. Diese werden durch die weiteren optionalen Parameter des Funktionsaufrufs bestimmt. Hier im Beispiel ist es die zuvor deklarierte und initialisierte Variable `world`. Beim Aufruf der Funktion `Printf()` wird ihrem Namen der Name des Packages vorangestellt, das sie implementiert. Dies dient der Abgrenzung von gleichnamigen Bezeichnern aus dem eigenen oder anderen importierten Packages.

Das Ergebnis unserer Bemühungen ist nun ein kurzes Programm, das aus einem Format-String und der Variablen den endgültigen String erstellt und diesen auf der Standardausgabe druckt: *Hello, world*!

1.5 Vom Quelltext zum Binärprogramm

Bevor unser Programm dies tun kann, müssen wir es jedoch noch vom Quelltext in ein Binärprogramm übersetzen und mit den notwendigen Laufzeitbibliotheken binden. Hierfür ist einer der von Go bereitgestellten Compiler zu nutzen. Der zu nutzende Compiler richtet sich nach der gewünschten Zielplattform.

Der Standard-Compiler für 64-Bit-Systeme auf Basis von x86-Prozessoren ist der `6g`, für 32-Bit-Systeme der `8g`. Diese etwas eigenwilligen Namen stammen aus Plan 9, einem Betriebssystem inklusive seiner Werkzeuge. Thompson und Pike haben während ihrer Zeit in den berühmten Bell Laboratories an diesem Forschungsprojekt zu einer Art neuem und einheitlicherem Unix mitgewirkt und ihr Wissen in das Projekt Go übertragen. Sind ARM-Prozessoren das Ziel, kommt der Compiler `5g` zum Einsatz.

Für die Erzeugung eines 64-Bit-Programms wählen wir nun den Compiler `6g`. Der dazugehörige Linker trägt den Namen `6l`. Der Aufruf der beiden sieht wie folgt aus:

```
$ 6g helloworld.go
$ 6l helloworld.6
$ ./6.out
Hello, world!
```

Im ersten Schritt wird die Quelldatei `helloworld.go` in das Zwischenformat `helloworld.6` kompiliert. Diesem fehlt noch die Bindung zur Laufzeitbibliothek. Sie wird im zweiten Schritt hergestellt. Das Ergebnis ist die ausführbare Datei `6.out`. Diese kann dann wie gewünscht umbenannt werden. Die Aufrufe oben setzen voraus, dass sich Compiler und Linker im Pfad des Nutzers befinden.

Glücklicherweise stellt Go ein vorbereitetes System von Includes für Makefiles bereit. Sie erlauben eine sehr einfache Erstellung eigener Makefiles für eine Bibliothek, ein Programm oder die Mitwirkung am Projekt Go. Mithilfe dieses Systems können Quellen unkompliziert auf Basis der konfigurierten Umgebung kompiliert, gebunden, in die Go-Laufzeitumgebung installiert und auch wieder von Zwischenergebnissen bereinigt werden. Arbeiten Sie mit der gesetzten Umgebungsvariablen `$GOROOT` (siehe Abschnitt 5.1), so genügt der Aufruf des Standardwerkzeugs `make`, andernfalls ist `gomake` zu nutzen. Mehr hierzu finden Sie ab Seite 192.

Einbindung in gängige Editoren

Für einige der gängigen Editoren und Entwicklungsumgebungen wie *Emacs*, *vim*, *BBEdit*, *Kate* und *XCode* werden Unterstützungen mitgeliefert. Weitere Programme wie *TextMate* oder *Eclipse* werden durch die Community unterstützt. Auf der Seite `http://go-lang.cat-v.org/text-editors/` finden Sie entsprechende Links.

1.6 Etwas mehr Struktur

So schön das Beispiel ist, so eingeschränkt ist es auch in seinen Fähigkeiten. Diese sollen nun Zug um Zug ausgebaut werden. Im ersten Schritt soll etwas Struktur in das Programm gebracht werden. So soll es nicht nur einen Gruß geben, sondern unterschiedliche Grußformeln. Dazu sollen diese in ein Package ausgelagert werden. Dieses Package kann anschließend direkt durch ein Hauptprogramm oder weitere Packages genutzt werden.

1.6.1 Die erste eigene Bibliothek

Unser erstes Package trägt seiner Aufgabe entsprechend den passenden Namen `greetings`. Aktuell besteht es nur aus einer Datei, kann jedoch bei entsprechender Größe auf mehrere Dateien aufgeteilt werden. Sie sind nur innerhalb eines Verzeichnisses zu speichern und müssen die gleiche **package**-Anweisung enthalten.

Unsere Bibliothek enthält verschiedenen Funktion, die jeweils einen unterschiedlichen Gruß ausgeben. Diese Funktionen erhalten jeweils den Namen der zu grüßenden Person als Parameter.

Quelltext 1.3
Ein Gruß-Package

```
/* Ein Gruß-Package */
package greetings

import "fmt"

// Hallo sagen.
func Hello(name string) {
    greeting := "Hello, %v!\n"

    fmt.Printf(greeting, name)
}
```

```
// Verabschieden.
func Cheerio(name string) {
    greeting := "Cheerio, %v!\n"

    fmt.Printf(greeting, name)
}
```

Der generelle Aufbau des Packages ähnelt dem des Hauptprogramms im Quelltext 1.2 sehr. Der Name ist, wie gewünscht, in `greetings` geändert worden, und es enthält neben zweier Grußfunktionen keine Hauptfunktion `main()`. Dafür zeigt es einleitend, dass für Kommentare wie in C/C++ zudem noch die Form `/*... */` zur Verfügung steht.

Das Package `fmt` wird wie bereits vom ersten Beispiel bekannt importiert, jedoch existiert kein expliziter Export der eigenen Funktionen. Werden also immer alle Funktionen, Typen oder Variablen exportiert? Oder woher weiß das System, welche Funktionen für andere Systeme nutzbar sind?

Im Beispiel oben beginnen `Hello()` und `Cheerio()` im Gegensatz zur bekannten Hauptfunktion mit einem Großbuchstaben. Und genau dies ist das implizite Verfahren für den Export von Bezeichnern. Alle kleingeschriebenen Variablen, Konstanten, Typen, Channels und Funktionen sind nur innerhalb des jeweiligen Packages sichtbar, auch über Dateigrenzen hinweg. Alle großgeschriebenen können hingegen im importierenden Package genutzt werden. Dies haben Sie bereits bei der ersten Verwendung von `Printf()` auf Seite 7 gesehen.

Packages selbst bilden zudem einen Namensraum. Die in ihm definierten Bezeichner dürfen nur einmal vorkommen. Es kann also keine weitere Funktion mit dem Namen `Hello()` definiert werden. Das Gleiche gilt für alle weiteren Bezeichner. Sie alle müssen innerhalb eines Packages eindeutig sein. Bei der Verwendung verschiedener Packages dürfen hingegen gleiche Namen auftreten. Sie werden dort über den Packagenamen oder dessen möglichen Alias qualifiziert. Dieser Alias kommt auch zum Einsatz, wenn mehrere Packages gleichen Namens importiert werden soll. Zur Vermeidung dieses Problematik gibt es jedoch zudem noch eine Namenskonvention, die in Abschnitt 3.1.2 näher erläutert wird.

1.6.2 Nutzung der eigenen Bibliothek

Nun kann ein Hauptprogramm unser neues Package `greetings` importieren. Wurde das Package einfach nur kompiliert und das einbindende Hauptpaket befindet sich im gleichen Verzeichnis, so ist ein `./` voranzustellen. Bei einer Übersetzung via `make` wird hingegen der dort genutzte *Target Name* genutzt. Hierzu später mehr.

Nach dem Import kann das Hauptprogramm unsere exportierten Funktionen nutzen. Wie schon zuvor mit der Nutzung des Packages `fmt` im Quelltext 1.2 werden die Funktionen über den Namen des Packages und den Funktionsnamen, getrennt durch einen Punkt, adressiert.

Quelltext 1.4
»Hello, world« mit Bibliothek

```
package main

import "./greetings"

func main() {
    var world string = "improved world"

    greetings.Hello(world)
    greetings.Cheerio(world)
}
```

1.6.3 Kontrollkonstrukte

Verschiedene Kontrollkonstrukte können uns nun helfen, den Verlauf des Programms dynamisch in Abhängigkeit von Werten zu verändern. So steht für Verzweigungen das bekannte **`if`** zur Verfügung, bei Bedarf natürlich auch mit einem **`else`**-Zweig. Die Unterscheidung zwischen mehreren Werten erfolgt hingegen mittels **`switch`**, das den bisherigen Nutzern von C-Sprachen ebenfalls bekannt sein dürfte. Neu ist jedoch **`select`** für das Lesen aus mehreren Channels im Rahmen der Nebenläufigkeit. Hierzu finden Sie ab Seite 33 mehr.

Für Schleifen bietet Go das **`for`**-Konstrukt. Es ist vielfältig und kann sowohl für Zähler als auch für an Bedingungen geknüpfte oder endlose Schleifen eingesetzt werden.

Damit können wir unser Grußpaket nun flexibler gestalten. Die Funktion `Hello()` soll um unterschiedliche Anreden – abhängig vom Geschlecht der Person – erweitert werden. Dieses kann vom Nutzer über ein zusätzliches Attribut ausgewählt werden.

Quelltext 1.5
Hello mit Anrede

```
func Hello(gender int, name string) {
    var addr string

    switch gender {
    default:
        addr = ""
    case 1:
        addr = "Ms. "
```

```
    case 2:
        addr = "Mr. "
    }

    fmt.Printf("Hello, %v%v!\n", addr, name)
}
```

Kennern anderer C-Sprachen fällt auf, dass Go eine Positionierung des Standardzweigs mit **default:** am Anfang erlaubt. Es werden immer alle **case**-Ausdrücke von oben nach unten und von links nach rechts ausgewertet, erst dann der Standardzweig. Weiterhin fehlt das aus C bekannte **break**, es ist in Go an dieser Stelle nicht notwendig.

1.6.4 Variable Parameteranzahl

Als wir `Printf()` oben das erste Mal genutzt haben, hatte es nur zwei Parameter: die Format-Zeichenkette sowie eine einzusetzende Variable. Dieses Mal sind es hingegen drei Parameter, da noch eine weitere einzusetzende Variable hinzugekommen ist. Hierbei handelt es sich aber um keine andere Funktion mit gleichem Namen. Go erlaubt es nicht, den gleichen Funktionsnamen mit unterschiedlichen Parametern mehrfach zu verwenden, ihn also zu überladen.

Dafür ist jedoch die Nutzung von `...T` als letztem Parameter einer Funktion erlaubt. Der Buchstabe *T* steht für einen Typ, und die drei Punkte zeigen an, dass hiervon kein bis beliebig viele Parameter übergeben werden dürfen. Handelt es sich hierbei um den Typ **interface{}** dürfen sogar beliebige Parameter übergeben werden, bunt untereinander gemischt. Go stellt Konstrukte zur Auswertung dieser Typen zur Verfügung; sie werden später noch vorgestellt. Die Funktion `Printf()` nutzt dieses Verhalten.

Mit diesem Wissen bietet sich eine weitere Variante der Funktion `Hello()` an. Sie soll nun eine beliebige Anzahl an Grüßen ausgeben können. Hierfür sei ein kurzer Vorgriff auf die Definition eigener Typen erlaubt – in diesem Fall handelt es sich um ein Struct mit zwei Feldern. Mehr zu diesen zusammengesetzten Typen und weiteren folgt dann ab Seite 18.

Neben der Typendefinition enthält das Beispiel einige weitere Neuigkeiten. Die Variable `who` steht innerhalb der Funktion als eine Liste vom Typ `Greeting` zur Verfügung. Der hier tatsächlich zum Einsatz kommende Typ und wie mit ihm umgegangen werden kann, wird in Abschnitt 2.4 vorgestellt. Für den Moment soll es genügen, dass `who` zwischen 0 und einer nicht spezifizierten Anzahl an `Greetings` enthalten kann, je nach Anzahl der beim Aufruf übergebenen Parameter.

Quelltext 1.6 *Mehrfaches Hello*

```
type Greeting struct {
    Gender int
    Name   string
}

func Hello(who ...Greeting) {
    var addr string

    for idx, g := range who {
        switch g.Gender {
        default:
            addr = ""
        case 1:
            addr = "Ms. "
        case 2:
            addr = "Mr. "
        }

        fmt.Printf("(%v) Hello, %v%v!\n", idx, addr,
            g.Name)
    }
}
```

Die einzelnen Elemente können wir komfortabel mit einer **`for`**-Schleife zusammen mit dem Schlüsselwort **`range`** auslesen. Als Ergebnis wird hier `idx` der jeweils aktuelle Index und `g` der dazugehörige Gruß vom Typ `Greeting` zugeordnet. Der innere Block der Schleife hat sich kaum verändert, nur dass nun auf die beiden Felder von `g` zugegriffen wird.

Nun kann `Hello()` mit einer beliebigen Anzahl von Kombinationen aus Geschlecht und Name aufgerufen werden. Ohne Parameter wird nichts ausgegeben, andernfalls pro Paar jeweils eine Zeile.

Quelltext 1.7 *Aufruf des mehrfachen Hello*

```
package main

import . "./greetings"

// Hauptprogramm.
func main() {
    // Drei Grüße.

    var (
        gA Greeting = Greeting{1, "Miller"}
        gB Greeting = Greeting{2, "Smith"}
        gC Greeting = Greeting{99, "Jones"}
    )
```

```
    // Grüße aussprechen.

    Hello()
    Hello(gA, gB)
    Hello(gC)
}
```

Neben der Nutzung der geänderten Funktion `Hello()` mit unterschiedlichen Anzahlen an Parametern fällt noch die Deklaration und Initialisierung der drei Variablen auf. Anstatt jede durch das Kommando **`var`** einzuleiten, können mehrere durch runde Klammern gebündelt werden. Diese Einsparung an Tipparbeit ist auch bei Importen sowie bei der Definition von Konstanten und globalen Variablen möglich.

Auch für die Zuweisung der Werte in den Structs wird eine Abkürzung genutzt. Anstatt jedes Feld einzeln zu initialisieren, erfolgt dies in einer Anweisung über eine Werteliste in geschweiften Klammern. Die Werte müssen in der Reihenfolge der Felder angegeben werden. Alternativ lassen sich auch die Bezeichner, gefolgt von einem Doppelpunkt und dem Wert, angeben. Diese komfortable Variante kennt noch weitere Formen und lässt sich auch bei den Speicherstrukturen *Array*, *Slice* und *Map*, die in Kapitel 2 vorgestellt werden, anwenden.

Verzicht auf Packagenamen

Generell werden importierte Typen, Funktionen, Konstanten und Variablen über eine Kombination aus dem Packagenamen und dem Bezeichner angesprochen. Wird eine große Anzahl an Packages in einem umfangreichen Programm eingebunden, so ist dies alleine aus Gründen der Wartbarkeit sinnvoll. Beim Import kann jedoch auch ein Alias oder der Verzicht definiert werden, letzteres wie im Beispiel über einen vorangestellten Punkt. Mehr Details hierzu finden Sie in Abschnitt 3.1.2.

1.7 Konstanten

Das Geschlecht wurde im oben aufgeführten Beispiel über eine Zahl bestimmt. Schöner ist jedoch der Einsatz sprechender Konstanten. Sie sagen mehr über den Sinn des Codes aus. Über das Schlüsselwort **`const`** werden wir sie daher ebenfalls in der Bibliothek `greetings` deklarieren und für die Nutzung außerhalb exportieren.

Der Quelltext 1.8 ist so deutlich besser lesbar. Im aktuellen Fall sind die Konstanten nicht speziell typisiert. Der **`const`**-Ausdruck definiert sie implizit als Typ **`int`**. Ist der Ausdruck eindeutig, so ist keine Typenangabe notwendig. Auf diese Weise sind neben Integers auch Konstanten mit Floats, Complex Numbers, Booleans und Strings möglich. Neben der Zuweisung über ein Literal ist auch die Nutzung einer internen Funktion möglich, wenn ihr Ergebnis ebenfalls konstant ist. So kann beispielsweise einer Konstanten ein String und einer weiteren Konstanten anschließend dessen Länge über die eingebettete Funktion **len()** zugewiesen werden. Alternativ sind auch Berechnungen mit konstanten Ergebnissen zulässig.

Quelltext 1.8
Mehrfaches Hello mit Konstanten

```
const (
    Unknown = 0
    Female  = 1
    Male    = 2
)

// Ein Gruß.
type Greeting struct {
    Gender int
    Name   string
}

// Mehrere Grüße aussprechen.
func Hello(who ...Greeting) {
    var addr string

    for _, g := range who {
        switch g.Gender {
        default:
            addr = ""
        case Female:
            addr = "Ms. "
        case Male:
            addr = "Mr. "
        }

        fmt.Printf("Hello, %v%v!\n", addr, g.Name)
    }
}
```

Die numerischen Typen existieren neben den generischen Formen **uint**, **int**, **float** und **complex** noch in architekturunabhängigen Varianten mit Angabe der Speichergröße. Mehr hierzu finden Sie ab Seite 43. Soll einer dieser Typen genutzt werden, so muss er bei der Deklaration der Konstanten mit angegeben werden. Im Falle einer ganzen Zahl mit einer Größe von 64 Bit und ohne Vorzeichen lautet der Typ **uint64**. Er wird der Zuweisung bei der Konstantendeklaration vorangestellt.

Quelltext 1.9
Konstantendeklaration mit Typ

```
// Definition der ersten Konstanten.
const firstValue uint64  = 1000000

// Definition der zweiten Konstanten.
const secondValue float32 = 47.11
```

Oftmals sind die eigentlichen Werte der Konstanten für die weitere Nutzung nicht relevant. Es geht, wie im Beispiel mit dem Geschlecht, nur um eine Unterscheidung verschiedener Optionen. Einige Programmiersprachen bieten hierfür Aufzählungstypen an. Go nutzt ein spezielles Konstrukt bei der Initialisierung von Konstanten. Das Schlüsselwort für den internen Generator von **int**-Werten ist **iota**. Er wird mit jedem **const** immer wieder auf den Wert 0 gesetzt und innerhalb eines Deklarationsblocks mit jeder Zuweisung automatisch um 1 erhöht. Der Generator darf dabei auch Bestandteil eines arithmetischen Ausdrucks sein. Damit verändert sich unser Package erneut.

Quelltext 1.10
Konstantendeklaration mit iota

```
const (
    Unknown = iota // Auf 0 setzen
    Female  = iota // Auf 1 erhoehen
    Male    = iota // Auf 2 erhoehen
)
```

Nun ist dieser Anwendungsfall nicht gerade selten, sodass die Entwickler von Go zur Einsparung lästiger Tipparbeit noch eine weitergehende Verkürzung integriert haben. Nach der ersten Zuweisung mit einem **iota** ist keine weitere Nennung notwendig; den danach genannten Konstanten wird automatisch ein inkrementierter Wert zugewiesen.

Quelltext 1.11
Konstantendeklaration mit iota: noch kürzer

```
const (
    Unknown = iota
    Female
    Male
)
```

1.8 Empty Interface – Das unbekannte Wesen

In der Regel werden Funktionen so entworfen, dass sie von genau definierten Parametern ausgehen, auch wenn wie im Beispiel oben die Anzahl variieren kann. Ab und zu benötigen wir jedoch auch eine Hintertür, einen Weg, damit unsere Funktionen auch mit unterschiedlichen Parametertypen zurechtkommen.

Die Voraussetzung hierfür ist die Möglichkeit, dass ein Parameter oder eine Variable unterschiedliche Typen beinhalten kann, und dass man gleichzeitig diesen Typ auch ermitteln kann. Mit dem *Empty Interface* bietet Go einen universellen Datentyp, der jeden Typ repräsentieren kann. Die Vorstellung der Interfaces ab Seite 28 macht den Ursprung des Namens deutlich. Im Moment ist es für uns jedoch hinreichend, dass einer Variablen oder einem Parameter, die beziehungsweise der als Empty Interface deklariert wurde, jeder Wert zugewiesen werden darf. Die Deklaration selbst erfolgt mittels **interface{}**.

Bleibt die Frage, wie dem Typ entsprechend auf die Variable zugegriffen werden kann. Neben einem speziellen Package zur Analyse von Daten bietet Go hier den einfachen *Type Switch*. Er ähnelt dem regulären **switch**, ergänzt um den *Type Switch Guard*. Innerhalb des **switch** können wir so nach den ermittelten Typen unterscheiden.

Quelltext 1.12
Unterscheidung nach Typ

```
func Check(what interface{}) {
    switch value := what.(type) {
    case nil:
        fmt.Printf("Hm, nothing to check.\n")
    case int:
        fmt.Printf("This is an integer " +
            "with the value %v.\n", value)
    case float:
        fmt.Printf("This is a floating point " +
            "with the value %v.\n", value)
    case Greeting:
        Hello(value)
    default:
        fmt.Printf("Don't know the type you gave me.\n")
    }
}
```

Der Type Switch Guard `value := what.(type)` analysiert einerseits den Typ, damit dieser mittels **case** abgefragt werden kann, und weist den Wert gleichzeitig richtig typisiert der Variablen `value` zu. Eine Prüfung auf **nil** ist so ebenso möglich wie auf die Datentypen von Go oder die selbst definierten. Letztendlich kann auch ein Standardverhalten hinzugefügt werden.

1.9 Typen mit Methode

Die durch Go bereitgestellten Standardtypen haben Sie bereits kurz kennengelernt. Es sind Wahrheitswerte, Zeichen und Zeichenketten sowie verschiedene numerische Typen. Hinzu kommen noch vorgefertigte Datenstrukturen wie Arrays, Slices, Maps und Structs. Abgerundet wird diese Liste durch die Channels für die interne Kommunikation. Ab Seite 41 werden sie alle noch einmal genauer vorgestellt.

Daneben erlaubt Go mithilfe des Schlüsselworts **type** auch die Definition eigener Datentypen. Hierbei kann es sich im einfachsten Fall nur um einen sprechenden Alias für einen der einfachen Datentypen handeln, beispielsweise einen `type MonthNumber int` für die Nummerierung von Monaten. Ein weiteres typisches Einsatzgebiet ist die Spezialisierung einer der Datenstrukturen Map, Array oder Slice. So ist `type MonthNames map[MonthNumber]string` eine Abbildung von Zahlen auf Zeichenketten für die Auflösung von Monatsnummern in deren Namen.

Vielfach sind die eigenen Typen jedoch Structs, die verschiedene Felder enthalten. `Greeting` im Beispiel oben zeigte es bereits.

Quelltext 1.13
Eigene Typen

```
// Geschlecht.
type Gender int

// Person mit Geschlecht, Namen und Kumpels.
type Person struct {
    id         string
    gender     Gender
    firstName  string
    lastName   string
    buddies    PersonTable
}
```

Einen ersten Ansatz zur Kombination von Funktionalität und Datentypen haben wir oben in Form von Funktionsparametern gesehen. Daneben erlaubt Go, ähnlich den objektorientierten Sprachen, eine direkte Bindung von Funktionen an eigene Datentypen. In diesem Fall wird von den *Methoden* eines Typs gesprochen. Sie werden wie Funktionen definiert, nur dass zwischen dem Schlüsselwort **func** und dem Namen noch der Typ samt einem Bezeichner für den Empfänger angegeben wird. Dieser Bezeichner dient innerhalb der Funktion zum Ansprechen der gerade aktuellen Instanz des Typs.

Quelltext 1.14
Hello als Methode

```
// Hallo zur Person sagen.
func (p *Person) Hello(buddy bool) {
    if buddy {
        // Kumpel mit Vornamen anreden.
        fmt.Printf("Hello, %v!\n", p.firstName)
    } else {
        // Andere mit Anrede und Nachnamen.
        s := p.salutation()
```

```
        fmt.Printf("Hello, %v%v!\n", s, p.lastName)
    }
}

// Anrede auf Basis des Geschlechts.
func (p *Person) salutation() string {
    switch p.gender {
    case Female:
            return "Ms. "
    case Male:
            return "Mr. "
    }

    return ""
}
```

Neben dem Zugriff auf die Felder des Structs `Person` in den Methoden ist hier auch zu sehen, wie eine Teilaufgabe in eine außerhalb des Packages nicht sichtbare Methode verlagert wurde. Gemäß Deklaration liefert `salutation()` eine Zeichenkette zurück; das Schlüsselwort innerhalb von Funktionen und Methoden hierfür lautet **`return`**. Der Einfachheit halber wird auf einen Standardwert verzichtet. Er ergibt sich automatisch, wenn im **`switch`** kein passender Wert gefunden und so das abschließende **`return`** erreicht wird. Dieser Weg ist für Go-Programme typisch; so wird auch gerne auf den **`else`**-Zweig in einem **`if`** verzichtet.

Im Gegensatz zum Typ `Greeting` zuvor exportieren wir die Felder des Typs `Person` nicht. Hierfür ist keine *private*-Anweisung wie in anderen Sprachen notwendig. Es genügt, die Felder klein zu schreiben. So sind sie innerhalb des Packages sichtbar, außerhalb jedoch nicht. Der Zugriff soll stattdessen später über weitere Methoden erfolgen. Damit ist es möglich, den Struct im weiteren Verlauf der Entwicklung intern zu verändern, ohne dass externe Nutzer des Typs angepasst werden müssen.

1.9.1 Werte, Referenzen und Zeiger

Es fällt auf, dass einigen Typenangaben ein Stern vorangestellt ist. Go unterscheidet bei seinen Standardtypen zwischen *Wertetypen* und *Referenztypen*. Dies bedeutet, dass nahezu alle Variablen bei Funktionsaufrufen als Kopie übergeben werden. Interne Änderungen der Parameter wirken sich nicht nach außen aus. In diesem Fall handelt es sich um Wertetypen. Jedoch verhalten sich Slices, Maps und Channels anders. Sie sind Referenztypen. Änderungen wirken sich also immer auch nach außen aus. Wird zum Beispiel einer Funktion eine Map als

Parameter übergeben und innerhalb der Funktion eine Zuweisung in diese Map geschrieben, so ist dieser Wert anschließend auch für den Aufrufer der Funktion sichtbar.

Manchmal sollen jedoch auch Wertetypen in einer Funktion änderbar sein, selten bei Parametern, jedoch sehr oft bei der Angabe der Empfängervariablen von Methoden. Um eine solche Referenz auf die Variable zu erhalten, wird diese als *Zeiger* übergeben. Ebenso lassen sich eigene Typen auch von vornherein als Zeigertypen definieren. Dies wird durch den vorangestellten Stern angezeigt. Im Falle der Empfangsvariablen von Methoden regelt der Zeiger einen Zugriff ohne Kopie des Empfängers, auch hier eine Voraussetzung für Veränderungen.

Zeiger mal anders

Zeiger in Go sind nicht mit Zeigern auf Speicherbereiche wie in C zu verwechseln. Sie dienen nur zur Signalisierung, dass eine als Parameter oder Empfänger von Methodenaufrufen übergebene Variable durch einen Wert passenden Typs verändert werden darf. Wird eine solche Referenz auf eine Variable benötigt, etwa um sie für eine Veränderung als Parameter zu übergeben, kann sie mit einem voran gestellten Kaufmanns-Und ermittelt werden.

Auch beim lesenden Zugriff kommt es ohne die Definition als Zeiger zu einer Kopie. Dies führt zu Problemen bei Structs mit nicht exportieren Feldern. Aufrufende Packages lassen sich so nicht kompilieren.

Quelltext 1.15 *Referenz eines Structs übergeben*

```
// Daten einer Person ändern
func changePerson(p *Person) {
    p.id = strings.ToUpper(p.id)
    ...
}

//Hauptprogramm.
func main() {
    var person Person

    person.id = "jsmith"
    person.firstName = "John"
    person.lastName = "Smith"

    // Referenz auf die Person übergeben.

    changePerson(&person)
}
```

Soll die Person gleich als Zeiger angelegt werden, so ist dies entsprechend zu deklarieren und die eingebaute Funktion **new()** zu nutzen. Sie nimmt einen Datentyp entgegen, reserviert den notwendigen Speicherplatz, initialisiert ihn und liefert einen Zeiger zurück. Der Initialwert ist je nach Typ entweder 0, 0.0, **false**, "" oder **nil**. Bei einem Struct werden die enthaltenen Felder auf die ihrem Typ entsprechenden Werte gesetzt. Mehr folgt hierzu in Kapitel 2.

Quelltext 1.16
Struct als Zeiger

```
var person *Person = new(Person)

person.id = "jsmith"
person.gender = Male
...
```

Anschließend können so wie hier die Werte der Felder gesetzt werden. Eine Kurzform ist die oben angedeutete Initialisierung mit geschweiften Klammern. So erzeugt `&Person{"jsmith", ...}` ebenfalls eine Referenz auf eine `Person` mit dem Identifikator `"jsmith"`. Weitere Parameter initialisieren die folgenden Felder in ihrer Reihenfolge.

1.9.2 Aspekte der Kapselung

Dieser Weg der Initialisierung ist zwar innerhalb eines Packages praktikabel, im Sinne der Kapselung soll der Nutzer jedoch wie bereits erwähnt nur wenige Details erfahren. Gleichzeitig kann es sein, dass bei der Erstellung eine Validierung der Werte oder weitere Initialisierungen notwendig sind, die einen Nutzer nicht direkt interessieren. Und so ist es üblich, für die Typen einen oder mehrere Funktionen mit Parametern für die Erzeugung anzubieten. Gilt dies nur für einen Typ im Package, so lautet der Name oft einfach nur `New()`, bei mehreren werden sie hingegen um den Namen des Typs ergänzt. Unser Beispiel wird nun um den Typ `PersonTable` erweitert. Er dient der Verwaltung mehrerer Personen und ist ein Alias für eine Map von Zeichenketten auf die gespeicherten Personen.

Quelltext 1.17
Kapselung der Tabelle

```
type PersonTable map[string]*Person

// Neue Personentabelle anlegen.
func NewPersonTable() PersonTable {
    return make(PersonTable)
}
```

Hier wird die wahre Natur des Typs vor dem Anwender versteckt und kann so im Verlauf der weiteren Entwicklung geändert werden. Neu ist die Erzeugung der internen Map mit **make()**. Dies ist ähnlich zu **new()** eine eingebaute Funktion, hier jedoch zur Erzeugung von Referenztypen. Und wie schon bei `new()` existiert eine abgekürzte Schreibweise, die später im Detail vorgestellt wird.

Unsere bereits bekannte `Person` wird nun um ein Geburtsdatum erweitert. Daneben wird die `PersonTable` zur Verwaltung der Kumpel hinzugefügt.

Quelltext 1.18
Erste Schritte zur Kumpelverwaltung

```
// Person.
type Person struct {
    id         string
    gender     Gender
    firstName  string
    lastName   string
    birthdate  time.Time
    buddies    PersonTable
}

// Neue Person anlegen.
func NewPerson(id string) *Person {
    // Keine neue Person ohne ID.

    if len(id) == 0 {
        return nil
    }

    // Person erzeugen und initialisieren.

    person := new(Person)

    person.id = id
    person.buddies = NewPersonTable()

    return person
}
```

Wir prüfen in diesem Beispiel, ob der Identifikator leer ist. In diesem Fall wird keine `Person` erzeugt, sondern `nil` zurückgegeben. Sicherlich nicht der optimale Weg der Erfolgskontrolle, das Go-typische Muster hierzu wird jedoch später erläutert. Für den Moment soll es so genügen. Anschließend wird die `Person` angelegt, der Identifikator und eine neue Tabelle für Kumpel zugewiesen und der erzeugte Struct an den Aufrufer geliefert.

An dieser Stelle fällt auf, dass die interne Variable `person` nicht deklariert, dafür jedoch ein neues Zuweisungssymbol verwendet wurde. Es war bereits zuvor in einigen `for`-Schleifen zu sehen und handelt sich um eine weitere praktische Abkürzung von Go. Der Ergebnistyp des Ausdrucks `new(Person)` steht fest, es ist eine Referenz auf eine neu angelegte Variable des angegebenen Typs. Warum also dem System noch mal mitteilen, um welchen Typ es sich handelt? Dies dachten sich die Entwickler von Go ebenso und führten mit `:=` die Deklaration und Zuweisung in einer Anweisung ein. Dies spart erhebliche Tipparbeit und lässt das Gefühl aufkommen, es handle sich bei Go um eine dynamisch typisierte Sprache.

Nun kann unsere Person mit weiteren Methoden ausgestattet werden, beispielsweise für das Auslesen des Identifikators, das Setzen und Auslesen der Namen oder das Setzen und Auslesen des Geburtsdatums. Während die Methoden zum Setzen typischerweise das Wort *Set* als Präfix des Feldnamens erhalten, wird bei der Methode für das Auslesen auf einen extra Präfix verzichtet und nur der Feldname herangezogen.

Quelltext 1.19
Setzen und auslesen

```
// Vornamen setzen.
func (p *Person) SetFirstName(firstName string) {
    p.firstName = firstName
}

// Vornamen auslesen.
func (p *Person) FirstName() string {
    return p.firstName
}
```

1.9.3 Typen kombinieren

Weitere Methoden für `Person` sind nun das Hinzufügen von Kumpeln sowie die Prüfung, ob eine Person ein Kumpel ist. Bei Ersterem wird als Schlüssel für die Tabelle der Identifikator genutzt, bei Letzterem können wir dadurch prüfen, ob ein Identifikator in den Schlüsseln der Tabelle enthalten ist. Doch anstatt dies selbst zu erledigen, soll die eigentliche Aufgabe an die Tabelle delegiert werden. Es ist ja möglich, dass wir auch hier später den internen Struct weiter verändern werden.

Quelltext 1.20
Die Tabelle wird intelligent.

```
// Test, ob Personentabelle eine ID enthält.
func (pt PersonTable) Contains(id string) bool {
    _, ok := pt[id]

    return ok
}

// Person zur Personentabelle hinzufügen.
func (pt PersonTable) Add(person *Person) bool {
    if pt.Contains(person.Id()) {
        return false
    }
```

```
    // Person in Tabelle speichern.

    pt[person.Id()] = person

    return true
}
```

Das Hinzufügen ist wenig überraschend. Es prüft nur, ob die Person bereits in der Tabelle enthalten ist. Wenn ja, dann wird **`false`** zur Signalisierung des Misserfolgs an den Aufrufer zurückgegeben, bei Erfolg hingegen **`true`**. Dies erlaubt dem Aufrufer, auf eventuelle Probleme zu reagieren.

In der Testfunktion `Contains()` sind hingegen wieder weitere neue Sprachelemente enthalten. Der Zugriff auf eine Map ist auf zweierlei Weise möglich. Mit nur einer Variablen wird dieser der entsprechende Wert aus der Map zugewiesen. Ist der Schlüssel nicht vorhanden, ist der Ergebnis der Zuweisung der Initialwert des jeweiligen Typs. Im Fall unserer Map von Referenzen auf Personen wäre dies **`nil`**.

Quelltext 1.21
Einfacher Map-Zugriff

```
// Wert A mit Schlüssel A aus
// meiner Map lesen.

valueA := myMyp[keyA]
```

Manchmal ist der Initialwert aber nicht aussagekräftig genug. Bei einer Map von Integer-Zahlen wäre dies bei Nichtexistenz der Wert 0. Dieser könnte jedoch auch ein gültiger Wert sein. Insofern fällt eine Unterscheidung schwer. Wie können wir also idealerweise gleichzeitig auf die Map zugreifen und dabei prüfen, ob der Schlüssel gültig ist? In diesem Fall werden beim Zugriff zwei Variablen als Ziel der Zuweisung genutzt. Die erste erhält den ausgelesenen Wert, die zweite je nachdem, ob es sich um einen gültigen Schlüssel handelt, den Wert **`true`** oder **`false`**. Mit dem Unterstrich können wir dem Compiler wie im Fall der Funktion `Contains()` mitteilen, dass wir am eigentlichen Wert nicht interessiert sind.

Quelltext 1.22
Map-Zugriff mit Test

```
// Wert und Kontroll-Variable.
valueA, okA := myMyp[keyA]

// Wert verwerfen, nur Kontrolle.
_, okB := myMap[keyB]
```

Diese Mehrfachzuweisung ist auch an anderer Stelle zulässig. So können wir beispielsweise Funktionen mit der Rückgabe von mehr als nur einem Wert implementieren (hierzu folgt ab Seite 88 mehr). Spannend ist zudem, dass mit dem Unterstrich, dem *Blank Identifier*, der erste

Wert verworfen wird, da wir ihn für unseren Test nicht benötigen. Vielmehr interessiert uns, ob unser gesuchter Schlüssel enthalten ist. Das Ergebnis dieses Tests können wir an den Aufrufer zurückgeben.

1.10 Funktionen höherer Ordnung

Die Definition und den Aufruf von Funktionen haben wir bereits kennengelernt. Dies ist ein gängiges Verfahren und in vielen Programmiersprachen in ähnlicher Form verfügbar. Je nach Implementierung nehmen diese Funktionen Parameter zur Verarbeitung entgegen und liefern Ergebnisse zurück. Doch manchmal ist es praktisch, nicht nur feste Parameter übergeben zu können, sondern ein Verhalten von außen dynamisch zu beeinflussen.

In unserem Beispiel sollen auf diesem Weg unterschiedlichste Operationen für alle Personen in einer `PersonTable` ausgeführt werden. Optimal wäre es, eine die jeweilige Operation implementierende Funktion zu übergeben, sodass diese für jede enthaltene Person als Parameter aufgerufen wird. Glücklicherweise verfügt Go über Funktionen als Typen. Man nennt sie *Funktionen höherer Ordnung*. Weitere Namen sind *anonyme Funktionen* oder auch *Lambda-Funktion*.

Quelltext 1.23 *Abbildung einer Funktion auf eine Menge*

```
// Abbildungsfunktion als Typ.
type PersonMapFunc func(*Person)

// Abbildungsfunktion für jede Person aufrufen.
func (pt PersonTable) Map(pmf PersonMapFunc) {
    // Über alle Einträge iterieren.

    for _, p := range pt {
        pmf(p)
    }
}
```

Hier wurde mit `PersonMapFunc` eine Signatur definiert, die eine zu übergebende Funktion zu implementieren hat. Wo sie definiert ist, ist dabei gleichgültig. Sie kann über ihren Namen oder in Form einer direkten Definition an Ort und Stelle übergeben werden. Im Beispiel wird eine Schleife über alle gespeicherten Personen ausgeführt und die Funktion mit der jeweils aktuellen Person als Parameter aufgerufen.

Im nächsten Schritt kann nun der Typ `Person` diese neue Methode nutzen und alle ihre Kumpel elegant grüßen. Hierzu definiert der Typ eine anonyme Grußfunktion nach dem oben aufgeführten Muster und übergibt diese an seine Kumpel-Tabelle `buddies` zur Ausführung.

Durch die Implementierung der Funktion im Kontext der sie umgebenden Methode hat sie zudem Zugriff auf deren lokale Variablen. Dies ermöglicht flexible Operationen, so wie das gleichzeitige Zählen der gegrüßten Kumpel im folgenden Beispiel.

Quelltext 1.24
Elegant die Kumpel grüßen

```
// Alle Kumpel grüßen.
func (p *Person) GreetBuddies() int {
    count := 0

    // Ausgabefunktion definieren und an
    // Map-Methode übergeben.

    p.buddies.Map(func(buddy *Person) {
        buddy.Hello()

        count++
    })

    return count
}
```

Funktionen höherer Ordnung lassen sich nicht nur als Parameter übergeben, sie können auch durch Funktionen zurückgegeben werden. So lassen sich Funktionen auf der Basis von Parametern generieren und im weiteren Programmverlauf immer wieder einsetzen. In Abschnitt 2.7 werden die Möglichkeiten der Funktionen noch genauer vorgestellt.

1.11 Aufräumen am Ende

Die Belegung von Speicher durch statische Variablen oder dynamisch via `new()` angelegter ist eine Sache, die Freigabe dieses Speichers eine andere. Während statische Variablen automatisch beim Verlassen des jeweiligen Kontexts gelöscht werden, ist für die dynamischen der *Garbage Collector* zuständig. Er prüft regelmäßig, welche Variablen von niemandem mehr referenziert werden und gibt sie wieder frei. Damit ist der Entwickler im Normalfall von der manuellen Speicherverwaltung befreit. Für langlaufende Anwendungen gilt es dennoch zu beachten, dass nicht mehr benötigte Instanzen auch wirklich nicht mehr referenziert werden. Andernfalls erfolgt keine Freigabe und das System wird irgendwann wegen Speichermangels abbrechen.

Was aber, wenn vor der Freigabe des Speichers beispielsweise noch noch eine Datei geschlossen oder eine IP-Verbindung ordnungsgemäß abgebaut werden soll? Die Sprache Go bietet hierfür kein direktes Sprachmittel, wohl aber das Package `runtime`. Es enthält die Funktion `SetFinalizer()`, mit der eine Funktion an eine zu überwachende Variable gebunden werden kann. Diese Funktion muss genau den Typ der Variablen als Parameter haben. Wenn der Garbage Collector ermittelt, dass diese Variable nicht mehr referenziert wird, ruft er die angebundene Funktion mit dieser Variablen auf. Erst danach gibt er den Speicher frei.

Quelltext 1.25
Sag zum Abschied leise Servus.

```
// Neue Person anlegen.
func NewPerson(id string) *Person {
    // Mindestlänge der ID prüfen.

    if len(id) == 0 {
        return nil
    }

    // Person anlegen und initialisieren.

    person := new(Person)

    person.id = id
    person.buddies = NewPersonTable()

    // Finalisierung registrieren.

    runtime.SetFinalizer(person, func(p *Person) {
        p.ByeBye()
    })

    return person
}
```

Der Finalizer kommt jedoch nicht bei einem Programmende oder einem Laufzeitfehler zum Einsatz. Er ist nur für den Einsatz mit der automatischen Speicherbereinigung zur Laufzeit des Programms konzipiert.

1.12 Interfaces

Die Idee der anonymen Funktion lässt sich auch aus einer anderen Sicht weiterentwickeln. Das eine oder andere Mal ist es nicht interessant, wie ein Typ gewisse Aufgaben erledigt. Vielmehr ist dem Nutzer des Typs die gebotene Funktionalität viel wichtiger. So ist es für unsere oben eingeführte `PersonTable` unwichtig, dass sie als Map im Speicher implementiert ist. Andere Speichermechanismen mit gleichem Funktionsumfang würden denselben Zweck erfüllen. Insofern wäre es doch praktisch, zuerst das durch einen Typ bereitzustellende Interface zu definieren. Dieses Interface kann anschließend in verschiedenen Typen unterschiedlich implementiert werden, je nach Bedarf. Im Fall unserer Tabelle wären dann zum Beispiel zwei unterschiedliche Varianten, eine im Hauptspeicher und eine als Datei oder Datenbank, interessant.

Die Lösung von Go hierfür ist der Typ **`interface`**. Mit ihm definieren wir zuerst die Methoden unserer Personen-Tabelle.

Quelltext 1.26
Interface der Tabelle

```
// Interface der Personentabelle.
type PersonTable interface {
    Contains(string) bool
    Add(*Person) bool
    Map(func(*Person))
}
```

Das Interface trifft ausschließlich Aussagen darüber, *was* ein Typ an Methoden zur Verfügung stellen muss. Sie definiert jedoch nicht, *wie* diese nun aussehen. Dies geschieht erst bei der Definition eines Typs und seiner Methoden. Dabei muss nicht explizit genannt werden, dass ein Typ ein Interface implementiert. Dies geschieht automatisch, wenn seine Methoden alle Methoden eines definierten Interfaces umfassen. Zudem ist es kein Problem, einen Typ mehrere Interfaces implementieren zu lassen.

Erste Anpassung nach Erstellung des Interface ist die Umbenennung unserer zuvor entwickelten Personentabelle in `MapPersonTable`. Dies macht den speziellen Typ deutlicher. Da er die Methoden des Interfaces `PersonTable` implementiert, realisiert der Typ auch sofort automatisch das Interface. Doch wie sieht es nun in der Nutzung aus? Natürlich kann unsere Person ihre Kumpel-Tabelle auch weiterhin selbst erzeugen, nur ist damit nicht viel gewonnen. Wenn wir hingegen die Tabelle als Parameter bei der Erzeugung der Person mit angeben, kann sie später gegen eine andere Variante ausgetauscht werden.

Quelltext 1.27
Interface als Parameter

```
// Person mit Tabelle erzeugen.
func NewPerson(id string, table PersonTable) *Person {
    person := new(Person)

    person.id = id
    person.buddies = table

    ...

    return person
}
```

```
// Verschiedene Tabellen erzeugen.
func main() {
    mapPersonTable := NewMapPersonTable()
    filePersonTable := NewFilePersonTable("hlector.tbl")

    jsmith := NewPerson("jsmith", mapPersonTable)
    hlector := NewPerson("hlector", filePersonTable)
}
```

Es fällt auf, dass die `PersonTable` ohne führenden Asterisk übergeben wird. Dies mag verwundern, da ihr Inhalt verändert werden soll. Hier muss man sich deutlich machen, dass an dieser Stelle keine Instanz, sondern nur ihr Interface übergeben wird. Der Typ `Person` weiß also nur, dass er später etwas übergeben bekommt, auf dem er die Methoden des Interfaces ausführen kann. Erst die Übergabe der tatsächlichen Instanz erfordert wieder eine Referenz.

Ob ein Typ alle Methoden eines Interfaces implementiert wird während der Kompilierung nicht geprüft. Spannend wird es erst bei der Nutzung dieses Typs über sein Interface. In diesem Fall wird der Typ als ungültig zurückgewiesen.

Quelltext 1.28
Ungültiger Typ

```
// Interface FooBar.
type FooBar interface {
    Foo()
    Bar()
}

// Typ Yadda.
type Yadda string

// Foo() ist implementiert, Bar() jedoch nicht.
func (y *Yadda) Foo() { ... }

// Ein FooBar drucken.
func PrintFooBar(fb FooBar) { ... }

// Hauptfunktion.
func main() {
    var y Yadda = "Yadda"

    PrintFooBar(y)
}
```

Die Kompilierung führt zur Fehlermeldung *Yadda does not implement FooBar (missing Bar method)*, da das Interface nicht vollständig implementiert wurde.

1.12.1 Instanzen dynamisch erzeugen

Im vorherigen Beispiel ist das Verhalten pro erzeugter Person unterschiedlich. Diese Form, einem Typ ein Verhalten zur Nutzung zu übergeben, ist für Komponenten als Basis von Anwendungssystemen typisch. Während die Typen und Funktionen einer Bibliothek eine Laufzeitumgebung implementieren, wird in individuellen Typen auf Basis eines definierten Interfaces die gekapselte Logik in unterschiedlichen Formen realisiert.

Über eine Hilfsfunktion wird nun die tatsächlich zu nutzende Instanz erzeugt, quasi wie in einer *Fabrik*. Daher wird dieses Muster auch so bezeichnet. In der Regel bestimmt dann eine Systemkonfiguration, welcher Typ für die Erzeugung der Instanz herangezogen wird.

Im Beispiel ist es die Funktion `Configuration()` eines fiktiven Packages `system`. Sie soll für als Zeichenketten übergebene Namen von Konfigurationsparametern einen entsprechenden Wert als Zeichenkette zurückliefern.

Quelltext 1.29
Nutzung einer Fabrik

```
// Fabrik fuer Kumpel-Tabellen.
func BuddyTableFactory(id string) PersonTable {
    switch system.Configuration("tables", "buddies") {
    case "map":
        return NewMapPersonTable()
    case "file":
        dirname := system.Configuration("tables",
            "buddies", "dir")
        return NewFilePersonTable(dirname, id)
    case "server":
        return NewServerPersonTable(id)
    }

    // Default is the map.
    return NewMapPersonTable()
}

// Person erzeugen.
func NewPerson(id string) *Person {
    ...
    person.buddies = BuddyTableFactory(id)
    ...
}
```

Die Erzeugung der Tabelle zur Verwaltung der Kumpel ist nun nicht mehr hartkodiert. Vielmehr basiert sie nun auf der Konfiguration des Systems. Bei der Anlage einer neuen Person wird in der Systemkonfiguration nachgeschlagen, wie die Kumpel zu speichern sind: in einer Map im Hauptspeicher, in einer Datei oder auf einem Datenbank-Server. Weitere Typen könnten später problemlos hinzugefügt werden. So gewinnt unser Beispielprogramm an Flexibilität.

1.12.2 Duck Typing

Freunde dynamisch typisierter objektorientierter Sprachen kennen ein als *Duck Typing* bezeichnetes Konzept. Es wurde nach einer Aussage des Dichters James Whitcomb Riley benannt:

> »When I see a bird that walks like a duck and swims like a duck and quacks like a duck, I call that bird a duck.«

Es sagt aus, dass ein Verhalten zur Kennzeichnung eines Typs bereits hinreichend ist. Dies ist gerade für die dynamisch typisierten Sprachen wichtig, da hier für Parameter oder Variablen keine Typen angegeben werden. Innerhalb von Funktionen und Methoden werden Methoden auf diesen Parametern beziehungsweise Variablen aufgerufen. So kann man in Python mit

Quelltext 1.30
Ententanz in Python

```
// Eine Ente tanzen lassen.
def duckDance(aDuck):
    aDuck.quack()
    aDuck.walk()
    aDuck.quack()
    aDuck.walk()
    aDuck.quack()
```

eine Ente tanzen lassen. Wird die Funktion `dance()` nun mit einem Hund aufgerufen, so kommt es zu einem Laufzeitfehler, da der Hund zwar laufen, dafür in der Regel aber nicht quaken kann. Übergeben wir als Parameter hingegen einen Papagei, so kann dies unter Umständen gut gehen – wenn der Papagei über entsprechende Fremdsprachenkenntnisse verfügt.

Hier geht Go einen Schritt weiter. Wenn wir für unsere Funktion ebenfalls nur am Quaken und Laufen interessiert sind, so können wir den Bedarf hierfür über ein Interface definieren.

Quelltext 1.31
Ententanz in Go

```
// Interface einer Ente.
type Duck interface {
    Quack()
    Walk()
}
```

```
// Eine Ente tanzen lassen.
func DuckDance(duck Duck) {
	duck.Quack()
	duck.Walk()
	duck.Quack()
	duck.Walk()
	duck.Quack()
}
```

Praktisch ist, dass ein Typ nirgendwo explizit definieren muss, dass er dieses Interface implementiert. Es genügt einfach, dass in unserem Beispiel für den Typ eines übergebenen Parameters die beiden Methoden `Quack()` und `Walk()` definiert sind. Der Compiler prüft bei einem Aufruf der Funktion `Dance()`, ob dies zutrifft. Damit würde ein Fehler wie oben mit dem Hund als Beispiel bereits zur Kompilierzeit gefunden. Gleichzeitig wird bei einem Papagei mit den beiden gewünschten Methoden kein Fehler ausgegeben. So bietet Go die Vorteile des Duck Typing ohne seine Nachteile.

1.13 Willkommen im Paralleluniversum

Unser Ziel ist nicht nur die Entwicklung eines funktionierenden Programms, wir wollen auch unsere Hardware ausnutzen – wozu haben wir einen Rechner mit mehreren Kernen? Und außerdem soll unser Programm auch robust sein. Go arbeitet hier nach dem Prinzip der von Tony Hoare entwickelten *Communicating Sequential Processes* (CSP).

Viele traditionelle Programmiersprachen greifen auf durch das Betriebssystem zur Verfügung gestellte *Threads* zurück, eine Form leichtgewichtiger Prozesse innerhalb des Applikationsprozesses. Der Datenaustausch zwischen ihnen findet auf der Basis von *Shared Memory* statt. Hier kommen Variablen zum Einsatz, die im Zugriff aller beteiligten Threads liegen. Die Kontrolle des Zugriffs (also das Verhindern eines gleichzeitig schreibenden Zugriffs oder des Lesens durch einen Thread, während ein weiter die Daten verändert) soll durch Sperren verhindert werden. Die Manipulation dieser Sperren wird idealerweise im Rahmen der Bibliothek vollzogen, in deren Hoheit die geteilten Daten liegen. Das Gegenteil ist das manuelle Sperren und Entsperren durch den eigenen Quellcode, der die geteilten Variablen nutzt. Hier können sich schnell Fehler einschleichen. Weiterhin kann es bei falschen Reihenfolgen oder nicht bedachten Ablaufpfaden zu Blockaden während der Programmausführung kommen.

Bei der Nutzung von Communicating Sequential Processes wird auf Shared Memory verzichtet. Die nebenläufigen Routinen, seien es Threads oder im Falle von Go die *Goroutinen*, tauschen ihre Informationen über Nachrichtenkanäle aus. Im Rahmen einer Schleife werden nun nach und nach innerhalb der empfangenden Routine Daten aus einem der überwachten *Channels* ausgelesen und sequenziell verarbeitet. Hierbei kann es sich um je einen Channel pro Aufgabe der Routine oder auch um einen Channel für unterschiedliche Aufgaben handeln, je nach Ausprägung der zu übertragenden Daten. Der wesentliche Kern dieser Arbeitsweise ist, dass pro Goroutine immer nur eine Aktion auf einmal ausgeführt wird, egal ob sie nur lesend oder auch schreibend ist. Kollisionen können so nicht auftreten.

Ist nun eine Architektur mit einer sehr großen Anzahl nebenläufiger Instanzen gewünscht, ist der Overhead durch die Threads des Betriebssystems vielfach zu hoch. Der Lösungsansatz seitens der Go-Entwickler sind an dieser Stelle besagte Goroutinen. Hierbei handelt es sich um ein noch leichtgewichtigeres Prozessmodell, das auf der Basis eines *Thread Pools* realisiert wurde. Die Ausführung der Goroutinen wird also auf eine Menge von Threads verteilt. Blockierende Goroutinen, beispielsweise wegen eines sperrenden Systemaufrufs, werden von der Laufzeitumgebung erkannt. Weitere dem gleichen Thread zugeordnete Goroutinen werden in diesem Fall anderen Threads aus dem Pool zugeordnet, sodass ihr Ablauf nicht gestört ist. Gleichzeitig wurde die Speicherverwaltung für Goroutinen optimiert. Dank eines segmentierten Stacks kann sie den initialen Verbrauch gering halten und flexibel auf mehr Bedarf zur Laufzeit reagieren. So ist es möglich, in einem Laufzeitsystem mehr als 100.000 parallele Routinen auszuführen. Eine solche Anzahl von Threads wäre hingegen unmöglich.

Natürlich lassen sich Goroutinen auch ohne Channels einsetzen, beispielsweise für im Hintergrund zu erledigende Aufgaben, denen beim Aufruf alle notwendigen Daten mitgegeben werden können. Rückgaben können ohne Channels jedoch nur in Variablen erfolgen. Als Goroutine eignet sich jede Funktion, sei sie anonym, benannt oder eine Methode. Eine eventuelle Rückgabe wird ignoriert. Ihre Verarbeitung im Hintergrund wird mit dem Schlüsselwort **go** angestoßen, der Aufruf hat keine Rückgabe.

Quelltext 1.32
Einfache Verarbeitung im Hintergrund

```
// Funktion longCalculation() für eine lange
// Berechnung im Hintergrund starten.

go longCalculation(inputData)
```

1.13.1 Kanalarbeiter

Auch wenn ein Datenaustausch zwischen Goroutinen über gemeinsame Variablen möglich ist, so ist dies nicht der empfohlene und in Go übliche Weg. Als Sprachmittel für die Kommunikation zwischen verschiedenen parallel arbeitenden Einheiten kommen die bereits genannten Channels zum Einsatz. Bei ihnen handelt es sich um Referenztypen, deren Instanzen mit **make()** erzeugt werden. Bei der Erzeugung wird definiert, über welchen Typ die zu transportierenden Daten verfügen müssen. Diese können dann durch eine Goroutine in einen Channel geschrieben und durch eine weitere wieder ausgelesen werden. Diese Operationen sind atomar.

Über Variablen oder als Parameter sind die erzeugten Channels nun allen nutzenden Goroutinen zur Verfügung zu stellen. Dies bedeutet, dass es beliebig viele lesende und schreibende Goroutinen zu einem Channel geben darf. Regulär sind Channels ungepuffert, sie können jedoch auch mit einem Puffer erzeugt werden. Während erstere beim Schreibzugriff blockieren, solange ein zuvor geschriebenes Datum noch nicht gelesen wurde, können gepufferte Channels hingegen die definierte Menge an Daten aufnehmen, bevor auch sie blockieren.

Der Operator für das Lesen und Schreiben der Daten ist ein Pfeil in der Form <-. Beim Versand der Informationen steht der Channel links des Pfeils, beim Empfang rechts.

Quelltext 1.33
Umgang mit Channels

```
// Goroutine 1.
func GoroutineOne() {
    flagChan := make(chan bool)

    // Goroutine 2 starten.
    go GoroutineTwo(flagChan)

    // Daten versenden.
    flagChan <- true
}

// Goroutine 2.
func GoroutineTwo(fc chan bool) {
    // Endlosschleife.
    for {
        // Daten empfangen.
        flag := <- fc

        println("Signal empfangen.")
    }
}
```

Im Beispiel wird in der Schleife nur aus einem Channel gelesen, was in der Form **for** flag := **range** fc { ... } eleganter möglich ist. In der Regel wird jedoch aus mehreren Channels gelesen. Hier kommt das in Abschnitt 3.9 vorgestellte **select**-Konstrukt zum Einsatz. Im Quelltext 1.37 ist dessen Anwendung zu sehen.

1.13.2 Aufgabenverteilung

Als nächster Schritt soll in unserem Beispiel eine Person nun eine Liste ihrer Kumpel ausdrucken können. Das Drucken ist in der Regel ein langsamer Vorgang. Für das eigentliche Programm ist der Druckvorgang dabei uninteressant, es möchte seinen Programmfluss fortsetzen. Insofern eignet es sich sehr gut für eine Ausführung im Hintergrund. Ein in der Druckfunktion genutzter neuer Datentyp `Printer` soll dies bieten.

Quelltext 1.34 *Nutzung eines Druckers*

```
// Kumpel drucken.
func (p *Person) PrintBuddies() int {
    // Kumpel für Druck aufbereiten.
    printData := p.RenderBuddyTable()

    // Druck aufrufen, wird intern im Hintergrund
    // erledigt (s.u.). Das Programm wird unmittelbar
    // fortgesetzt.
    printer := system.Printer()
    jobId := printer.Print(printData)

    return jobId
}
```

Für den Drucker selbst ist es wichtig, dass sich mehrere parallel abgeschickte Druckaufträge nicht vermischen. Gleichzeitig sollen später ja auch Anfragen über den Druckfortschritt verarbeitet oder Aufträge sogar storniert werden. Hierfür kommen die Channels und ein weiteres Muster zum Einsatz.

Den Start macht eine Erzeugung eines Druckers mit der Anlage eines oder mehrerer Channel für die Kommunikation sowie dem Start einer Goroutine für die Nachrichtenverarbeitung im Hintergrund. Außerdem werden eigene Typen zur Kommunikation benötigt. Diese werden jedoch nicht exportiert, da wir auch hier Implementierungsdetails vor dem Nutzer verbergen wollen. Die so definierte Funktion erzeugt eine Instanz des Typs `Printer`. Intern benötigte Informationen über den Druckertyp kann sie beispielsweise wieder über die bereits vorgestellte Konfiguration ermitteln.

Quelltext 1.35
Drucker-Erzeugung mit Goroutine

```
// Druckauftrag.
type printRequest struct {
    data         string
    responseChan chan int
}


// Stornoauftrag.
type cancelRequest struct {
    jobId        int
    responseChan chan int
}

// Statusanfrage.
type statusRequest struct {
    jobId        int
    responseChan chan int
}

// Drucker.
type Printer struct {
    ...
}

// Drucker erzeugen.
func NewPrinter() *Printer {
    printer := new(Printer)

    ...

    printer.printRequestChan = make(chan *printRequest)
    printer.cancelRequestChan = make(chan *cancelRequest)
    printer.statusRequestChan = make(chan *statusRequest)

    ...

    // Start der Goroutine für die Verarbeitung
    // im Hintergrund.

    go printer.backend()

    ...

    return printer
}
```

Der Typ `printRequest` kapselt die für den Versand eines Druckauftrags notwendigen Informationen. Allerdings soll für eine spätere Statusabfrage auch ein Identifikator für den Auftrag zurückgeliefert werden. Hierfür ist ein spezieller Channel für die Antwort an den Aufrufer notwendig. In der Methode `Print()` wird nun die Anfrage zusammen mit einem Channel für die Antwort erzeugt. Anschließend wird auf die Antwort gewartet und diese an den Aufrufer zurückgegeben.

Quelltext 1.36
Frage und Antwort

```
func (p *Printer) Print(data string) int {
    // Anfrage mit Antwort-Channel erzeugen.
    request := &printRequest{data, make(chan int)}

    // Anfrage an Goroutine im Hintergrund senden.
    p.printRequestChan <- request

    // Auf Antwort warten und zurück liefern.
    return <-request.responseChan
}
```

Hier passiert also eigentlich nichts Spannendes, nur eine Kapselung der Kommunikation. Das andere Ende des Channels für neue Druckaufträge wird innerhalb der `backend()`-Methode überwacht. Innerhalb einer Endlosschleife werden alle den Drucker betreffenden Channels überwacht und eventuell anliegende Nachrichten entgegengenommen. Durch diese sequenzielle Ausführung wird wie schon erwähnt immer nur eine Anfrage auf einmal verarbeitet. So können sich parallel eintreffende Anfragen nicht vermischen und zu einem inkonsistenten Zustand führen. Eventuell notwendige interne Goroutinen kommunizieren ebenfalls auf diesem Weg mit der übergeordneten Instanz, sodass auch sie keine Bedrohung des Zustands darstellen.

Quelltext 1.37
Arbeit im Hintergrund

```
// Hintergrundfunktion des Druckers.
func (p *Printer) backend() {
    for {
        select {
        case printRequest := <-p.printRequestChan:
            // Druckauftrag empfangen.
            jobId := p.addToQueue(printRequest.data)

            printRequest.responseChan <- jobId
        case cancelRequest := <-p.cancelRequestChan:
            // Druckauftrag stornieren.
            status := p.cancelJob(statusRequest.jobId)

            statusRequest.responseChan <- status
        case statusRequest := <-p.statusRequestChan:
```

```
            // Statusanfrage empfangen.
            status := p.jobStatus(statusRequest.jobId)

            statusRequest.responseChan <- status
        }
    }
}
```

1.13.3 Kollegiales Miteinander

Dieses Muster ist nicht für alle Typen notwendig. Werden aber Datenstrukturen durch mehrere Goroutinen gleichzeitig genutzt und sogar verändert, so eignet sich die Serialisierung aller Anfragen über Channels sehr gut. Dennoch ist bei den Methoden darauf zu achten, dass die auszuführenden Operationen und Modifikationen atomar sind. So darf der Drucker beispielsweise nicht über zwei notwendigerweise in Folge auszuführende Schritte `Prepare()` und `Print()` angesteuert werden müssen. In diesem Fall könnte sich ein zweites `Prepare()` dazwischendrängen, gegebenenfalls rutscht je nach Ausführungszeit auch der Druck dazwischen. Es ist leicht ersichtlich, dass dies nicht das gewünschte Verhalten ist.

Beim Design eines nebenläufigen Systems kommt es vielmehr darauf an, dass ein Netzwerk von Komponenten aufgebaut wird, die über definierte Protokolle kommunizieren. Sie versenden untereinander Anfragen und erhalten bei Bedarf Antworten. In unserem Beispiel wird beispielsweise in den Methoden im Anschluss an den Versand einer Anfrage direkt auf die Antwort gewartet. Techniken zur Vermeidung von Blockaden an dieser Stelle werden später noch vorgestellt.

Dieses Modell eigenständig agierender und miteinander kommunizierender Komponenten ist nicht der einzige Anwendungsfall für Nebenläufigkeit. Goroutinen lassen sich auch zur Beschleunigung individueller Aufgaben einsetzen. So lässt sich die Suche von Elementen in einem Array durch die Suche in einzelnen Abschnitten parallelisieren. Hierfür werden Slices aus diesen Abschnitten erzeugt, was in Go sehr einfach ist.

Quelltext 1.38
Slices aus Arrays erzeugen

```
// Array mit 12 Elementen.
a := [12]int{0, 5, 10, 15, 20, 25,
    30, 35, 40, 45, 50, 55}

// Drei das Array überlagernde Slices.
s1 := a[0:3]
s2 := a[4:7]
s3 := a[8:11]
```

Diese Slices überlagern das Array, Veränderungen in ihnen wirken sich auch auf das Array aus. Im Fall der Suche wird allerdings nur gelesen. Die so erzeugten Slices können nun mehreren Such-Goroutinen übergeben werden, diese melden ihre Ergebnisse über einen Antwort-Channel zurück.

Das Kapitel 6 befasst sich mit weiteren in Go typischen Mustern. Sie machen deutlich, wie Goroutinen und Channel für eine Vielzahl von Lösungen optimal zusammenspielen.

1.14 Zusammenfassung

Nach dieser Einführung haben Sie die wichtigsten Eigenschaften der Sprache Go kennengelernt und sind nun in der Lage, erste kleine Programme zu entwickeln. Neben Installation und Kompilierung haben Sie den Aufbau des Hauptprogramms, die Modularisierung durch Funktionen und Packages, Typen, Interfaces und im Kleinen auch die Nebenläufigkeit kennengelernt. Nun also viel Spaß bei den ersten Versuchen, bevor es mit den Details der Sprache weitergeht.

2 Datentypen

Die Welt der Datentypen in Go teilt sich in zwei Gruppen. Da ist einerseits die Gruppe der *einfachen Datentypen*. Diese betreffen

- Wahrheitswerte,
- die Zahlenmengen der ganzen, reellen und komplexen Zahlen sowie
- Zeichenketten.

Eine Variable dieses Typs muss über die Deklaration mit dem Bezeichner des Typs hinaus nicht weiter spezifiziert werden. Bei der zweiten Gruppe, den *zusammengesetzten Datentypen*, ist eine weitere Spezifikation notwendig. So

- verwalten Arrays und Slices Mengen von Daten eines zu definierenden Typs,
- bilden Maps Daten eines Typs auf Daten eines weiteren Typs ab,
- bündeln Structs Daten unterschiedlicher Typen,
- referenzieren Zeiger die Daten eines Typs,
- definieren Funktionen die erwarteten Parametertypen sowie die Typen ihrer Rückgabe,
- spezifizieren Interfaces zusammengehörige Funktionstypen und
- legen Channels den Typ der über sie übertragbaren Daten fest.

Diese Gruppe von Typen lässt sich also nicht eigenständig einsetzen. Ihr konkreter Typ wird bei der Definition festgelegt.

Quelltext 2.1 *Beispiele zusammengesetzter Typen*

```
var intArray      [5]int
var stringArray   [5]string
var floatSlice    []float

var intStringMap map[int]string

var myTypeChan    chan MyType
```

Ausnahmen sind das leere Interface (*Empty Interface*) oder Funktionen ohne Parameter und ohne Rückgabe. Bei der Deklaration einer

Variablen wird der Typ entweder explizit angegeben oder definiert sich implizit im Rahmen einer Zuweisung.

Quelltext 2.2
Fixe Typen

```
var ui1 uint8 = 240
var ui2 uint8 = 100

ui3 := ui1 + ui2

fmt.Printf("UI3: %v!\n", ui3)
```

Hier ist der Typ von `ui3` nicht davon abhängig, welchen Wert `ui1` und `ui2` zufällig haben. Beide sind vom Typ **`uint8`**, also vorzeichenlose ganze 8-Bit-Zahlen (siehe hierzu auch den Abschnitt 2.2.1). Daher ist der Ergebnistyp der Addition auch automatisch **`uint8`**. Nun ist im obigen Beispiel das Ergebnis jedoch zu groß für den Datentyp. In diesem Fall schneidet Go die hohen Bits des Ergebnisses ab, die Zahl läuft also über, und `ui3` hat den Wert 84. Dies mag auf den ersten Blick etwas verwundern. Dafür ist der Typ bei einer späteren Verwendung von `ui3`, beispielsweise als Parameter einer Funktion, klar. Die einzige Ausnahme dieser Regel ist der Typ **`byte`**, der nichts anderes als ein sprechender *Alias* für den Typ **`uint8`** ist. In diesem Fall dürfen direkte Zuweisungen erfolgen, und Ausdrücke mit gemischten Typen sind erlaubt.

Die Regeln für die Typkonvertierung sind in Abschnitt 3.5.1 beschrieben. Besondere Regeln gelten für die Konvertierung von Zahlen und Zeichenketten. Diese werden im weiteren Verlauf bei der Beschreibung des jeweiligen Datentyps genannt. Jenseits der expliziten Konvertierung ist das Typsystem von Go sehr streng. So lässt sich ein **`uint8`** nicht einem **`uint16`** zuweisen, auch wenn es vom Wertebereich problemlos zulässig wäre. Die Zuweisung ist erst nach einer expliziten Konvertierung erlaubt. Dies mag zwar unkomfortabel erscheinen, vermeidet jedoch Überraschungen, gerade im Rahmen implizit deklarierter Variablen.

2.1 Boolesche Variablen

Der erste der einfachen Datentypen in Go dient der Speicherung der beiden logischen Werte **`true`** und **`false`**. Sein Bezeichner lautet **`bool`**. Der Initialwert einer booleschen Variable ist immer **`false`**.

Die Werte der Variablen `b3` und `b4` des folgenden Quelltexts ergeben sich implizit aus den booleschen Ausdrücken, beispielsweise einem Vergleich oder der Verknüpfung logischer Ausdrücke mit `&&` (*und*) oder `||` (*oder*).

Quelltext 2.3
Wahrheitswerte

```
var b1 bool                // Initialwert ist 'false'
var b2 bool = true

b3 := 10 > 5               // 'true', 10 ist groesser als 5
b4 := (b1 || b2) && b3 // 'true', da b2 und
                           // b3 'true' sind
```

2.2 Numerische Werte

Die Zahlenwelt in Go erstreckt sich über drei unterschiedliche Zahlenmengen:

- ganze Zahlen (*Integer*),
- Fließkommazahlen (*Float*) und
- komplexe Zahlen (*Complex*).

Neben plattformspezifischen Varianten liegen alle drei noch in fest definierten Genauigkeiten vor. Diese spiegelt sich jeweils im Bezeichner des Datentyps wieder, ihre Größe ist auf unterschiedlichen Plattformen verlässlich.

2.2.1 Integer

Bei den ganzen Zahlen unterscheidet Go vorzeichenlose und vorzeichenbehaftete Zahlen. Der Typenbezeichner für Integers ohne Vorzeichen und ohne Größenangabe ist **`uint`**. Er kann eine Genauigkeit von 32 oder 64 Bit haben. Für die Größenangabe wird an den bereits oben aufgeführten Bezeichner noch die Anzahl der Bits angehängt. Mit Vorzeichen und ohne Größenangabe lautet der Typenbezeichner **`int`**. Auch er kann in einer Genauigkeit von 32 oder 64 Bit vorliegen. Ebenso kann die Größe über das Anhängen einer Größenangabe bestimmt werden. Die Typen für Integers sind in Tabelle 2-1 aufgeführt.

Die Abbildung der Zahlen erfolgt als Zweierkomplement. Während die vorzeichenlosen Zahlen bei 0 beginnen und das höchste Bit zur Abbildung großer Zahlen nutzen, wird dieses Bit bei den vorzeichenbehafteten Zahlen zur Auszeichnung negativer Zahlen eingesetzt. Dazu kommt noch der Typ **`byte`** als Alias für den Typ `uintt8`. Er wurde seitens der Go-Entwickler als sprechender Typ hinzugefügt, da gerade Datenformate und -ströme als Folge von Bytes beschrieben werden. Der Initialwert von Integers ist immer `0`.

Tab. 2-1
Integer

Datentyp	Größe	Wertebereich von	Wertebereich bis
`uint8`	8 Bit	0	255
`uint16`	16 Bit	0	65535
`uint32`	32 Bit	0	4294967295
`uint64`	64 Bit	0	18446744073709551615
`int8`	8 Bit	-128	127
`int16`	16 Bit	-32768	32767
`int32`	32 Bit	-2147483648	2147483647
`int64`	64 Bit	-9223372036854775808	9223372036854775807

Für die Definition ganzer Zahlen im Quelltext stellt Go drei unterschiedliche Formen der Darstellung zur Verfügung:

1. Dezimale Zahlen sind entweder 0 oder beginnen mit einer der Ziffern 1 bis 9, gefolgt von den Ziffern 0 bis 9, beispielsweise 4711. Daneben ist auch eine Exponentialdarstellung erlaubt. Hier gilt $1e3 = 1 \times 10^3 = 1000$.
2. Oktale Zahlen beginnen mit 0, gefolgt von den Ziffern 0 bis 7, beispielsweise 0666.
3. Hexadezimale Zahlen beginnen mit 0x beziehungsweise 0X, gefolgt von den Ziffern 0 bis 9 und a bis f beziehungsweise A bis F, beispielsweise 0xFFFF.

2.2.2 Float

Bei den Floats in Go handelt es sich um reelle Zahlen in dezimaler Darstellung. Diese richten sich nach dem Standard *IEEE-754*[1]. Der plattformabhängige Typ hat den Bezeichner **`float`** und eine Genauigkeit von 32 oder 64 Bit. Diese teilen sich in Mantisse und Exponent auf, aus der sich der Wert durch $x = s \cdot 2^e \cdot m$ mit dem Vorzeichen s, dem Exponenten e und der Mantisse m berechnet.

Tab. 2-2
Float

Datentyp	Mantisse	Exponent	min. Wert	max.Wert
`float32`	23 Bit	8 Bit	$\approx \pm 1 \cdot 10^{-45}$	$\approx \pm 3,4 \cdot 10^{38}$
`float64`	52 Bit	11 Bit	$\approx \pm 5 \cdot 10^{-324}$	$\approx \pm 1,7 \cdot 10^{308}$

[1] http://de.wikipedia.org/wiki/IEEE_754

Es wird schnell ersichtlich, dass dies keine exakte Repräsentation einer reellen Zahl ist und die Genauigkeit von der Kombination aus Mantisse und Exponent abhängig ist. Die Typen gemäß Norm sind oben in der Tabelle 2-2 aufgeführt. Die Kennzeichnung einer Zahl als Fließkommazahl erfordert die Angabe des Dezimalpunkts, des Exponenten oder von beiden. Somit sind

- 1.0
- 5.
- .22
- 1.2e345
- 1E-2

gütige Darstellungsformen für Floats. Der Initialwert von Floats ist immer `0.0`.

2.2.3 Komplexe Zahlen

Neben den reellen Zahlen bietet Go auch komplexe Zahlen, hier erneut mit zwei unterschiedlichen Präzisionen. So nutzt der Typ **`complex64`** jeweils den Typ **`float32`** für die Speicherung von Real- und Imaginärteil. Dementsprechend wird für den Typ **`complex128`** der Typ **`float64`** verwendet. Der Bezeichner des plattformspezifischen Typs mit einer der beiden Größen trägt den Bezeichner **`complex`**.

Zur Erzeugung komplexer Zahlen dient die integrierte Funktion **`cmplx()`**. Sie hat zwei Floats für den Real- und den Imaginärteil als Parameter. Die Ermittlung des Realteils aus einer komplexen Zahl erfolgt mit **`real()`**, für den Imaginärteil ist die Funktion **`imag()`** zuständig. Wenn Sie den imaginären Anteil einer komplexen Konstante angeben wollen, hängen Sie den kleinen Buchstaben *i* an den entsprechenden numerischen Ausdruck.

Quelltext 2.4
Komplexe Zahlen

```
c1 := cmplx(1.0, 3.1)

r := real(c1)
i := imag(c1)

c2 := 47.11+8.15i
```

Die Initialwerte für Real- und Imaginärteil sind immer `0.0`.

2.3 String

Mit dem Typ **string** werden Zeichenketten in Go bezeichnet. Intern vorhalten sie sich wie ein nicht veränderliches Array des Datentyps **byte**. Der lesende Zugriff kann über einen Index erfolgen, der in eckigen Klammern hinter dem Variablenbezeichner notiert wird. Die Indizierung beginnt bei 0. Das Setzen eines Bytes über einen Index ist hingegen nicht gestattet und wird vom Compiler mit einem Fehler zurückgewiesen.

Quelltext 2.5
Strings

```
s := "Hello, world."

// Zeichen mit Index 7 auslesen.

c7 := s[7]     // c7 == 'w'

// Versuch einer Zuweisung.s

s[8] = 'y'     // Nicht erlaubt, Compiler-Fehler!

// Iteration über die Bytes einer Zeichenkette.

for idx, char := range s { ... }
```

Die Länge einer Zeichenkette kann mit der integrierten Funktion **len()** ermittelt werden. Hierbei ist zu beachten, dass diese Länge nicht die Anzahl der Zeichen im String widerspiegelt. Es handelt sich vielmehr um die Anzahl an Bytes, die für den String benötigt werden. Diese Anzahl kann größer werden, wenn im String Zeichen mit mehr als einem Byte enthalten sind.

Wenn Strings intern ein Array von Bytes sind, wie werden dann Zeichen wie beispielsweise Umlaute oder gar fernöstliche Zeichen dargestellt? Schließlich lassen sich mit einem Byte nur 256 unterschiedliche Werte darstellen. Hierfür greift Go auf eine Kodierung in UTF-8[2] zurück. Solange sich die benötigten Zeichen mit dem Zeichenvorrat der ASCII-Kodierung decken, wird auch nur ein Byte pro Zeichen benötigt. Danach erstreckt sich die Kodierung eines Zeichens über zwei bis vier Byte. Damit ist diese Kodierung sehr flexibel. Doch der Zugriff über einen Index nimmt keine Rücksicht hierauf, es wird tatsächlich immer nur das adressierte Byte zurückgeliefert. Um dennoch in korrekter Form auf die Zeichen eines Strings zugreifen zu können oder – wie oben schon aufgeführt – die tatsächliche Länge zu ermitteln, bieten die Packages `utf8`, `unicode` und `strings` entsprechende Typen

[2] http://de.wikipedia.org/wiki/UTF-8

und Funktionen. Da der Quelltext in UTF-8 vorliegt, ist eine direkte Erfassung dieser Zeichen kein Problem, auch nicht im Rahmen von Bezeichnern.

```
var pi string = "Π"
var ψ string = "Ψ"

müller := "Systemprogrammierung in Google Go"
```

Quelltext 2.6
Verwendung von UTF-8

Allerdings liegen diese Zeichen nur selten direkt auf der Tastatur vor. Daher existieren verschiedene Möglichkeiten zur Eingabe von Zeichen und Strings. Für einzelne Zeichen existiert *kein* eigener Typ. Vielmehr wird hier auf einen Integer zurückgegriffen, der immer für die Abbildung eines Zeichens in UTF-8 groß genug ist. Innerhalb einfacher Anführungszeichen lassen sich die Zeichen natürlich auch direkt erfassen, alternativ kommen durch einen *Backslash* (\) eingeleitete Steuerzeichen dazu oder der Code des Zeichens in unterschiedlicher numerischer Darstellung. Die Steuerzeichen sind in Tabelle 2-3 aufgeführt.

Tab. 2-3
Steuerzeichen

Steuerzeichen	Unicode	Bedeutung
\a	U+0007	Alarmsignal
\b	U+0008	Rückschritt (Backspace)
\f	U+000C	Seitenvorschub (Form Feed)
\n	U+000A	Neue Zeile (Newline)
\r	U+000D	Wagenrücklauf (Carriage Return)
\t	U+0009	Horizontaler Tabulator (Horizontal Tab)
\v	U+000B	Vertikaler Tabulator (Vertical Tab)
\\	U+005C	Umgekehrter Schrägstrich (Backslash)
\'	U+0027	Einfaches Anführungszeichen (Single Quote)
\"	U+0027	Doppelte Anführungszeichen (Double Quote)

Steuerzeichen lassen sich sowohl bei der Angabe einzelner Zeichen als auch in Strings verwenden. Allerdings ist die Nutzung des Steuerzeichens für ein einfaches Anführungszeichen nur bei der Angabe von Zeichen erlaubt. Ebenso verhält es sich mit dem Steuerzeichen für ein doppeltes Anführungszeichen, das nur innerhalb eines Strings erlaubt ist.

Für die numerische Eingabe der Zeichen, die erneut über einen Backslash eingeleitet wird, stehen vier Varianten zur Verfügung. Die erste besteht aus der Eingabe eines Werts von 0 bis 255 in dreistelliger oktaler Form. Gleiches ist auch in zweistelliger hexadezimaler

Form möglich. Hier folgt direkt nach dem Backslash der Buchstabe *x*. Die beiden weiteren Formen sind Unicode-Kodierungen mit zwei beziehungsweise drei Bytes. Sie werden durch ein kleines *u*, gefolgt von vier hexadezimalen Zeichen, beziehungsweise einem großen *U*, gefolgt von acht hexadezimalen Zeichen, dargestellt.

Damit sind im Quelltext zur Darstellung eines Zeichens die folgenden Zeichendefinitionen gültig:

- `'X'`
- `'\a'`
- `'\010'`
- `'\x0C'`
- `'\u672C'`
- `'\U0000672C'`

Strings sind Mengen von Zeichen und können in zwei unterschiedlichen Formen angegeben werden. Ein *Raw String* ist ein String in einfachen Anführungszeichen (*Single Back Quote*). Mit einem Backslash eingegebene Sonderzeichen werden in einem solchen String nicht interpretiert.

Im Gegensatz dazu werden reguläre interpretierte Strings in doppelte Anführungsstriche (*Double Quote*) gesetzt. Hierin werden mit einem Backslash eingeleitete Zeichen nach dem oben aufgeführten Muster interpretiert. Folgende Strings sind somit gültig:

- ``` `Hello, world!\n` ``` (Interpretiert das `\n` nicht.)
- ``` `Hello, world! \U00008A9E` ``` (Das Unicode-Zeichen wird nicht interpretiert.)
- `"Hello, world!"`
- `"Hello, world!\n"` (Neue Zeile nach Ausgabe.)
- `"Hello, world! \U00008A9E"` (Das Unicode-Zeichen wird interpretiert.)

Der Initialwert eines Strings ist immer der leere String `""`.

2.4 Arrays und Slices

Bei *Arrays* und *Slices* handelt es sich um zusammengesetzten Typen. So bezeichnet ein Array eine Folge von Elementen des gleichen Typs. Die mögliche Anzahl der enthaltenen Elemente wird festgelegt. Die Deklaration eines Arrays erfordert daher die Angabe dieser zur Kompilierzeit feststehenden Länge in eckigen Klammern, gefolgt von einem Typ. Mehrdimensionale Arrays sind kein direktes Sprachmittel, die Schachtelung von Arrays ist hingegen erlaubt.

Quelltext 2.7
Array-Deklarationen

```
const L = 1024

type MyType struct { ... }

var errors  [10]string      // Puffer fuer 10 Strings.
var buffer  [L]byte         // L ist konstant.
var myTypes [10*L]*MyType   // L ist konstant, Berechnung
                            // der Länge gültig.
var matrix  [5][5]complex   // Matrix komplexer Zahlen.
```

Die maximale Anzahl an Elementen wird durch die maximale Größe des nativen Integers **int** bestimmt. Die Gesamtgröße ergibt sich dann aus der Anzahl der Elemente multipliziert mit der Größe der Elemente. So ist leicht ersichtlich, dass ein Array mit Elementen des Typs **uint64** größer als eines mit Elementen des Typs **uint8** ist. Die Werte nach der Deklaration selbst sind die Initialwerte des Elementtyps.

Den individuellen Elementen des Arrays lassen sich nun Werte des jeweiligen Typs zuweisen. Wie bei einer Zeichenkette beginnt die Indizierung mit 0, und die Länge kann mit der integrierten Funktion **len()** ermittelt werden. So lässt sich ein Array mit den ersten 100 Fibonacci-Zahlen leicht erzeugen. Diese sind über einen rekursiven Algorithmus definiert, können jedoch auch imperativ ermittelt werden. Der folgende Algorithmus zeigt es.

Quelltext 2.8
Array mit Fibonacci-Zahlen imperativ erzeugen

```
// Array initialisieren.

var fibs [100]int

fibs[0] = 0
fibs[1] = 1

// Rest mit Schleife füllen.

for i := 2; i < 100; i++ {
    // Addition der jeweils vorherigen beiden Elemente.

    fibs[i] = fibs[i-1] + fibs[i-2]
}

fibsLen := len(fibs)
```

Arrays kommen gerne zum Einsatz, wenn die Anzahl der zu speichernden Daten feststeht beziehungsweise eine absolute Obergrenze vorliegt. Eine nachträgliche Anpassung der Größe ist nicht möglich. Bei der Verwendung von Arrays ist zudem darauf zu achten, dass Arrays Wertetypen sind. Dies bedeutet, dass bei der Zuweisung eines Arrays zu einem anderen alle Elemente kopiert werden. Auch die Verwendung eines Arrays als Parameter führt zu einer Kopie aller Elemente. Eine Lösungsmöglichkeit ist die Nutzung von Referenzen. Hier wird als Parameter ein Array-Pointer genutzt, dem beim Aufruf die Referenz auf ein Array zugewiesen wird.

Quelltext 2.9
Arrays und Pointer

```
// Deklaration.
func myPrint(cmyk *[4]byte, text string) { ... }

// Initialisierung in Kurzform und Aufruf.
gold := [...]byte{19, 27, 66, 15}

// Aufruf mit Adresse.
myPrint(&gold, "The quick brown ...")
```

Ein alternativer Ansatz ist die Nutzung von Slices, die eine höhere Flexibilität mit sich bringen. Bei ihnen handelt es sich um einen Referenztyp. Bei der Zuweisung eines Slices zu einem anderen wird also nur die Referenz zugewiesen. Änderungen am zugewiesenen Slice wirken sich auch auf das Original aus. Ebenso verhält es sich bei der Verwendung von Slices als Parameter für Funktionen und Methoden. Als Referenztyp hat ein Slice nach seiner Deklaration den Wert **nil**.

Von seiner Natur her ist ein Slice ein zusammenhängender Abschnitt eines Arrays. Insofern muss der Datentyp in einem Slice zu dem des zugehörigen Arrays passen. Die Zuweisung des Abschnitts erfolgt über einen Bereichsindex mit Unter- und Obergrenze. Die Angabe dieser Grenzen kann jedoch auch entfallen. Die Untergrenze ist dann automatisch 0 während die Obergrenze bei der Länge des Arrays liegt.

Quelltext 2.10
Zuweisung eines Slices

```
// Array erzeugen.

a := [10]int{9, 8, 7, 6, 5, 4, 3, 2, 1, 0}

// Slices aus dem Array erzeugen bzw. verändern.

s1 := a[2:5]    // 2 bis 5
s2 := a[5:]     // 5 bis len(a)
s3 := a[:]      // 0 bis len(a)

s1[0] = 0

// Größen abfragen.

s1Len := len(s1)  // Länge ist 3
s1Cap := cap(s1)  // Kapazität ist 8
s2Len := len(s2)  // Länge ist 5
```

```
s2Cap := cap(s2)  // Kapazität ist 5
s3Len := len(s3)  // Länge ist 10
s3Cap := cap(s3)  // Kapazität ist 10
```

In diesem Beispiel verweist `s1` nun auf die Elemente mit den Indizes 2, 3 und 4 des Arrays, allerdings mit einer eigenen Indizierung, die mit 0 beginnt. Die Änderung des ersten Elements im Slice wirkt sich damit ebenso auch auf das Array aus. Dessen Wert 7 wird hierin auf 0 gesetzt.

Ein weiterer wichtiger Aspekt der Slices ist die Unterscheidung zwischen der *Länge*, die wie gehabt mittels **`len()`** ermittelt werden kann, und der über die integrierte Funktion **`cap()`** abfragbaren *Kapazität*. Wie ist dieser Unterschied zu verstehen? Der Slice ist, wie gesagt, eine Referenz auf einen Abschnitt eines Arrays. Insofern wird die Länge dieses Abschnitts über die Differenz von Ober- und Untergrenze bestimmt. Im Beispiel des Slice `s1` oben ist sie 3. Das zugrunde liegende Array ist länger als der Slice. Damit hat er noch Raum, der für ein Wachstum genutzt werden kann. Und genau diese Gesamtkapazität wird von **`cap()`** zurückgeliefert. Im Beispiel beginnt der Slice mit dem Index 2. Damit beträgt die Kapazität 8.

Nun kann die Indizierung nicht ohne Weiteres über die gesamte Kapazität erfolgen. Zuvor muss die Länge verändert werden. Dies ist maximal bis zur Kapazität möglich.

Quelltext 2.11
Längenänderung beim Slice

```
// Array erzeugen.

a := [...]int{9, 8, 7, 6, 5, 4, 3, 2, 1, 0}

// Slice aus Array erzeugen.

s := a[2:5]              // 7, 6, 5

// Größe des Slices verändern.

s = s[0:len(s) + 1]      // 7, 6, 5, 4
s = s[0:10]              // Illegal!
```

Diese Eigenschaften der Slices ermöglichen es nun beispielsweise, große Arrays nebenläufig zu verarbeiten. So kann ein Array in verschiedene nicht überlappende Slices aufgeteilt werden. Gleichzeitig wird eine entsprechende Anzahl an Goroutinen mit den jeweiligen Slices gestartet. Diese können die Daten parallel im Hintergrund verarbeiten und auch manipulieren, ohne sich gegenseitig zu beeinflussen. Dabei stützen sie sich auf die Länge der ihnen übergebenen Slices. Bei der Übergabe an die Goroutine werden keine Werte kopiert, da bei Slices als Referenztypen nur die jeweilige Referenz kopiert wird. Dies hält den Speicherverbrauch in Grenzen.

Die Anwendung auf ein Array ist allerdings nur eine Form der Slice-Nutzung. Slices lassen sich auch dynamisch erzeugen, mit einem versteckten Array im Hintergrund. In dieser Form ist der Slice eine sehr flexible Datenstruktur, zumal sich Slices auch auf andere Slices anwenden lassen. Die Erzeugung dynamischer Slices erfolgt mittels **make()**, Parameter sind der Typ, die Länge und optional eine abweichende Kapazität. Ohne ihre Angabe entspricht die Kapazität der Länge.

Quelltext 2.12 *Dynamische Anlage eines Slice*

```
// Slice mit make erzeugen.

s := make([]int, 1024)

// Generierung der ersten len(s) Fibonacci-Nummern
// im Slice.

fibonacci(s)

// Ausgabe der elften Fibonacci-Nummer.

fmt.Printf("Fib No 11: %v!\n", s[10])      // 55
```

Die Anlage des Slice mit **make()** mag gegenüber einem Array umständlich erscheinen. Dafür lässt sich die Größe im Gegensatz zur Laufzeit frei bestimmen. Dies macht Slices flexibel: Es wird nur der benötigte Speicherplatz reserviert. Ebenso ist es möglich, bei nicht ausreichender Kapazität einen neuen Slice zu erzeugen, die Werte mit der integrierten Funktion **copy()** zu übertragen und abschließend die Referenz auszutauschen.

Quelltext 2.13 *Vergrößerung eines Slice*

```
// Einen Int-Slice um einen Faktor
// vergrößern.
func enlarge(s []int, factor float) {
     c := cap(s)
    ns := make([]int, c * factor)

    copy(ns, s)    // Erster Parameter ist das Ziel.

    s = ns         // Referenz tauschen.
}
```

copy() kopiert nur die Elemente entsprechend der Länge der Quelle und setzt diese auch für das Ziel. Neben kompletten Slices lassen sich auch referenzierte Arrays oder Abschnitte von Slices kopieren. Wie schon Arrays lassen sich auch Slices schachteln. Während beim

Array alle inneren Arrays jedoch die gleiche Größe haben – diese ist ja statisch definiert – ist dies bei Slices flexibel. Nachdem der äußere Slice reserviert wurde, muss anschließend jeder innere Slice selbst wieder mit **make()** erzeugt werden. Dabei dürfen die jeweiligen Größen voneinander abweichen. Insgesamt machen die Vielfältigkeit sowie hilfreiche Funktionen den Slice so vielfach zum Mittel der Wahl gegenüber dem Array.

2.5 Map

Wie schon Array und Slice handelt es sich auch bei der *Map* um einen zusammengesetzten Datentyp. Zudem ist sie wie schon der Slice ein Referenztyp. Sie dient zur Abbildung von Werten eines Schlüsseltyps auf Werte eines Elementtyps. Beide sind daher bei der Deklaration anzugeben. Als Referenztyp ist bei einer Map erneut die Anlage mit **make()** notwendig, andernfalls ist der Wert der deklarierten Variable wieder **nil**. Die Schlüssel in einer Map sind eindeutig, für sie müssen die Operatoren == und != definiert sein. Insofern muss es sich um boolesche Variablen, Zahlen, Strings, Pointer, Funktionen, Interfaces, Maps oder Channels handeln.

Im Falle der Interfaces müssen die Vergleichsoperatoren für ihren unterliegenden Typ – siehe hierzu Abschnitt 2.10.1 – definiert sein. Sie müssen also ebenfalls auf den oben genannten Typen basieren. Andernfalls kommt es zu einem Laufzeitfehler. Die Zuweisung von Werten erfolgt wie bei Arrays und Slices, nur dass anstelle des Index der Schlüsselwert beziehungsweise eine Variable angegeben wird.

Quelltext 2.14
Maps deklarieren und erzeugen

```
// Map deklarieren, ist jedoch noch nil.

var months map[string]string

// Map erzeugen und Werte zuweisen.

months = make(map[string]string)

months["january"] = "Januar"
months["febuary"] = "Februar"
months["march"] = "März"
...
months["default"] = "Unbekannt"

// Direkte Erzeugung mit kurzer Deklaration.

addresses := make(map[string]*Address)
```

```
// Erzeugung und Initialisierung.

masses := map[string]float{
    "mercury": 0.0553, "venus": 0.815,   "earth": 1.0,
    "mars": 0.107,     "jupiter": 317.8, "saturn": 95.2,
    "uranus": 14.5,    "neptune": 17.1,
}
```

Eine Größenangabe bei der Erzeugung der Map ist nicht notwendig, die maximale Kapazität ist nur durch den Speicher begrenzt. Mit dem **make()** kann jedoch eine initiale Kapazität angegeben werden, wenn die Anzahl der einzufügenden Elemente bekannt ist oder zumindest grob abgeschätzt werden kann. Auf diesem Weg wird eine interne Speicheranpassung durch die Reservierung neuen Speichers und das Kopieren der Schlüssel und Elemente – beziehungsweise ihrer Referenzen – vermieden. Die aktuelle Anzahl der Elemente in einer Map lässt sich erneut mit der Funktion **len()** ermitteln.

Der Zugriff auf die Elemente erfolgt ebenfalls wie bei Arrays und Slices durch Angabe des Schlüssels in eckigen Klammern. Ist dieser Schlüssel nicht vorhanden, so führt dies zu keinem Fehler. Stattdessen wird vom Elementtyp der Initialwert zurückgegeben. Damit ist jedoch nicht immer ersichtlich, ob es sich um einen zuvor so gesetzten Wert handelt. Daher ist auch die alternative Form der Zuweisung zu zwei Variablen erlaubt. Zusätzlich zum Wert wird hier eine boolesche Variable zurückgegeben: **true** für einen zugewiesenen Schlüssel, andernfalls **false**. In einem Test lässt sich dies dann nutzen.

Quelltext 2.15
Test auf gesetzten Schlüssel

```
// Monat übersetzen.
func translateMonth(orig string) string {
    // Map auslesen und prüfen.

    if translation, ok := months[orig]; ok {
        // ok ist true.
        return translation
    }

    // Nutzung des Standardwerts.

    return months["default"]
}
```

Weiter verfügt Go über keine Funktion zur Löschung von Werten in einer Map. Dies wird durch eine Zuweisung von zwei Werten in einer Anweisung vollzogen. Der erste Parameter entspricht vom Typ dem Werttyp der Map, der zweite ist ein boolescher Wert. Ist dieser zweite

Parameter **true**, so verhält es sich wie eine reguläre Zuweisung, ist der Parameter hingegen **false**, so wird die Zuordnung zum Schlüssel gelöscht.

Quelltext 2.16
Zuordnungen löschen

```
myMap[key] = value

if v, ok := myMap[key]; ok {
    fmt.Printf("Zuordnung %v : %v enthalten.\n", key, v)
}

// Löschen der Zuordnung.

myMap[key] = value, false

if v, ok := myMap[key]; ok {
    // Sollte nicht ausgegeben werden.
    fmt.Printf("Zuordnung %v : %v enthalten.\n", key, v)
} else {
    // Ausgabe.
    fmt.Printf("Zuordnung %v nicht enthalten.\n", key)
}
```

Maps sind ein einfaches und universelles Hilfsmittel zur Speicherung einer großen Anzahl von Werten bei nahezu gleichbleibender Zugriffszeit. Der Zugriff über unterschiedliche Schlüsseltypen ist flexibel und komfortabel zugleich. Einzige Voraussetzung ist das Vorhandensein eindeutiger Schlüssel, denen die Werte zugeordnet werden können. So lassen sich Daten organisieren und schnell abrufen, beispielsweise bei der dynamischen Auflösung von

- URLs zu Generatoren für dynamische Webseiten,
- Topics zu Subscribern in ereignisgetriebenen Systemen oder
- Ressourcen-Namen auf Datenbanktreiber und Datenbanken.

2.6 Struct

Einer der wichtigsten Datentypen vieler Sprachen ist das Struct. Hierbei handelt es sich um eine zusammenhängende Menge von Feldern mit eindeutigen Bezeichnern. Die Deklaration des Struct erfolgt über das Schlüsselwort **struct**, gefolgt von den einzelnen Feldern innerhalb geschweifter Klammern. Diese werden in der Regel zeilenweise untereinander notiert; mehrere Felder gleichen Typs können durch Kommas getrennt in einer Zeile folgen. Als Werttyp ist darauf zu achten, dass bei der Übergabe eines Struct an eine Funktion eine Kopie übergeben wird. Ist dies nicht gewünscht, sind Pointer einzusetzen.

Quelltext 2.17
Deklaration von Strukturen

```
// Definition einer Visitenkarte.
type VCard struct {
    FullName  string
    Name      string
    Nickname  string
    Photo     *image.Image
    Birthday  *time.Time
    Addresses map[string]*Address
    ...
}

// Definition einer Adresse.
type Address struct {
    Street             string
    HouseNumber        uint
    HouseNumberAddOn   string
    POBox              string
    Zipcode            string
    City               string
    Country            string
}
```

Zusätzlich zum Namen ist es auch noch möglich, jedem Feld in der Deklaration ein optionale Zeichenkette hinzuzufügen: ein Tag. Im Rahmen der direkten Programmierung in Go kann allerdings nicht auf diese zurückgegriffen werden. Hierfür – und für die Untersuchung von Typen allgemein – dient das Package `reflect`. Es erlaubt die Untersuchung von Typen und liefert detaillierte Informationen zurück, so auch die beschreibende Zeichenkette.

Quelltext 2.18
Nutzung von Tags

```
// Struct mit Tags.
type TaggedType struct {
    foo   bool   "Dies ist das Feld 'foo'."
    bar   string "Dies ist das Feld 'bar'."
    yadda int    "Dies ist das Feld 'yadda'."
}

// Hauptprogramm.
func main() {
    tt := TaggedType{true, "Yadda."}

    testTag(tt, 0)
}
```

```
// Prüfung mit Reflection.
func testTag(tt TaggedType, idx int) {
    ttType := reflect.Typeof(tt).(*reflect.StructType)
    fooField := ttType.Field(idx)

    // Ausgabe: "Dies ist das Feld 'foo'."

    fmt.Printf("%v", fooField.Tag)
}
```

Die Initialisierung der Variablen `tt` zeigt eine komfortable Möglichkeit, um Instanzen von Strukturen zu erzeugen. So muss nicht allen Feldern individuell ihr Wert zugewiesen werden. Vielmehr ist eine Auflistung der Werte in geschweiften Klammern nach dem Typenbezeichner ein kurzer und komfortabler Weg. Er beinhaltet jedoch das Risiko, dass bei einer Erweiterung oder Umstellung einer Struktur erst alle derartigen Initialisierungen angepasst werden müssen. Im ungünstigen Fall, beispielsweise dem Tausch von Vor- und Nachnamen, fällt dies wegen gleicher Datentypen der Felder nicht auf. Dabei hat sich die Semantik jedoch verändert. Jedoch gibt es hierzu in Go auch einen hilfreichen Kompromiss, bei dem die Feldbezeichner bei der direkten Initialisierung mit angegeben werden.

Quelltext 2.19
Feldbezeichner in der Initialisierung

```
fromAddr := Address{
    Street:      "Am Stadtmuseum",
    HouseNumber: 4,
    Zipcode:     "26122",
    City:        "Oldenburg",
    Country:     "Deutschland",
}

toAddr := Address{
    Street:      "Domstr.",
    HouseNumber: 10,
    Zipcode:     "60311",
    City:        "Frankfurt",
    Country:     "Deutschland",
}
```

Wird in der Deklaration einer Struktur auf die Angabe eines Feldnamens verzichtet, so ist von einem anonymen Feld die Rede. Dieses trägt zur Identifikation einen implizit vergebenen Namen, der dem Typ entspricht. In diesem Fall darf der Typ jedoch nicht mehrfach genannt werden, da es so zu einem Namenskonflikt kommt. Weiterhin kann der Unterstrich mit einem Typ für ein Padding eingesetzt werden, wenn eine Struktur beispielsweise eine exakte, durch außen bestimmte Größe haben muss.

Quelltext 2.20 *Anonyme Felder*

```
type Anonymous struct {
    int             // Name ist int.
    string          // Name ist string.
    string          // Nicht erlaubt!
    _ []byte        // Name ist _.
    vcard.Address // Name ist Address.
}
```

Der Sinn anonymer Felder liegt in der transparenten Integration in den umgebenden Typ. Go ist keine objektorientierte Sprache, kennt somit keine Vererbung. Die Einbettung von Typen als anonyme Felder erlaubt es dafür aber, Felder und Methoden des eingebetteten Typs so zu nutzen, als wären sie Bestandteil des äußeren Typs.

Quelltext 2.21 *Nutzung eingebetteter Typen*

```
// Basistyp.
type Base struct {
    id string
}

func (b *Base) SetId(id string) { ... }
func (b *Base) Id() string { ... }

// Person nutzt den Basis-Typ.
type Person struct {
    Base
    firstName string
    lastName  string
    Address
}

func (p *Person) SetName(fn, ln string) { ... }

// Employee nutzt den Personen-Typ.
type Employee struct {
    Person
    annualSalery float
    bonus        float
}

var e Employee = NewEmployee("E4711", "Frank", "Müller")

// Ausgabe: "ID: E4711."

fmt.Printf("ID: %v.\n", e.Id())
```

Dieses Verhalten gilt auch für mehrfach geschachtelte eingebettete Typen. Gleichzeitig ist auch die Nutzung der Felder und Methoden des eingebetteten Typs durch die Methoden der sie nutzenden Struktur möglich. Dies gilt jedoch nicht umgekehrt, da der eingebettete Typ sein Umfeld nicht kennen kann.

Solange die Einbettung keine Namenskonflikte erzeugt, können so komplexere Typen komfortabel auf Basis kompakter Typen mit begrenztem Aufgabengebiet zusammengesetzt werden: eine weitere Form der Modularität und Wiederverwendbarkeit in Go.

2.7 Funktionen

Funktionen haben wir bisher hauptsächlich in ihrer statischen Form kennengelernt. Sie werden mit einem Namen und ihrer Signatur, also ihren Parametern und dem Ergebnis, deklariert und können dann durch andere Funktionen genutzt werden. Doch darüber hinaus sind Funktionen in Go allerdings auch ein eigener Datentyp. Sie können also Funktionen zu Variablen zuweisen, sie als Parameter an andere Funktionen übergeben sie oder durch wieder andere Funktionen als Ergebnis zurückliefern lassen. Bei den Zuweisungen können sowohl die statisch deklarierten als auch an Ort und Stelle definierte Funktionen ohne Namen verwendet werden. In diesem Fall ist von *anonymen Funktionen* die Rede.

Die möglichen Signaturen sind für benannte und anonyme Funktionen gleich. Dies reicht von Funktionen ohne Parameter und Ergebnis bis hin zu einem oder mehreren Parametern oder Ergebnissen. Dabei sind auch variable Anzahlen an Parametern mit `...` sowie benannte Ergebnisse möglich. Letztere erlauben die Zuweisung von Werten im Funktionsverlauf und die Beendigung an anderer Stelle mit einem einfachen **return** ohne weitere Angaben.

Quelltext 2.22
Funktionsdeklarationen

```
// Einfachste Form.

func()

// Typische Form.

func(numString string, numVal int) bool

// Komplexe Form.

func(id, prio int, descr string,
     tag ...string) (task *Task, ok bool)
```

```
// Funktion mit Funktionen.

func(x, y int,
     f func(fx, fy, fz int) int) (func(z int) int)
```

Im letzten Beispiel wird sowohl eine Funktion als Parameter übergeben als auch eine intern definierte Funktion, bei der die anfangs mit übergebenen Parameter `x` und `y` fest verdrahtet werden, an den Aufrufer zurückgegeben. Die generierte Funktion hat also weiterhin Zugriff auf die zwei Variablen, die nach dem Aufruf eigentlich schon nicht mehr in ihrem Kontext existieren. Sie schließt sie ein und kann sie, wenn sie als Variablen vorliegen, auch verändern. Dieses Verhalten führte für Funktionen dieser Art zum Namen *Funktionsabschluss* oder *Closure*.

Funktionen, die eine oder mehrere Funktionen als Parameter entgegennehmen, eine Funktion als Ergebnis zurückgeben oder sogar beides anbieten, werden als *Funktionen höherer Ordnung* bezeichnet.

Quelltext 2.23
Funktion höherer Ordnung

```
// Erzeuge eine Addierfunktion mit einem festem Operand.
func Adder(a int) (func(b int) int) {
    return func(b int) int {
        return a + b
    }
}

// Hauptprogramm.
func main() {
    // Erzeugen einer Funktion zum Addieren von 3.

    ThreeAdder := Adder(3)

    // Ausgabe: "Ergebnis: 10."

    fmt.Printf("Ergebnis: %v.\n", ThreeAdder(7))
}
```

Ein weiterer Anwendungsfall ist die Verarbeitung einer Menge von Daten innerhalb von Strukturen, deren Aufbau nicht bekannt ist und dem Nutzer aus Gründen der Kapselung auch nicht bekannt gemacht werden soll. Auf diesem Weg kann der Nutzer dieser Struktur mit ihr arbeiten, ohne durch eine interne Umstellung betroffen zu sein. Betrachten wir ein Beispiel, in dem Messungen durch eine Komponente verwaltet werden. Von diesem Subsystem möchten wir den Minimal- sowie den Maximalwert der Messungen erhalten. Diese Funktionalität wird nicht durch den Anbieter des Messsystems geboten, dafür jedoch die Möglichkeit, eine Funktion auf alle Messungen anwenden zu lassen.

Quelltext 2.24
Anonyme Funktionen in der Kapselung

```
// Minimal- und Maximalwert ermitteln.
func AnalyzeMinMax() (int, int) {
    min := measuringSystem.maxValue
    max := measuringSystem.minValue

    // Analysefunktion an Messsystem übergeben.

    measuringSystem.Do(func(m Measuring) {
        v := m.Value()

        // Minimalwert prüfen.

        if v < min {
            min = v
        }
        // Maximalwert überprüfen.

        if v > max {
            max = v
        }
    })

    // Werte zurückgeben.

    return min, max
}
```

Die an die Funktion `Do()` übergebene anonyme Funktion wird vom Messsystem einmal pro Messung aufgerufen, die Messung wird als Parameter übergeben. Nun kann sie den jeweiligen Messwert auslesen und mit den bisherigen Minimal- und Maximalwerten vergleichen. Bei Bedarf setzt sie diese neu. Hier wird deutlich, wie die anonyme Funktion trotz Aufrufs innerhalb des Messsystems auf Variablen in ihren Definitionskontext zugreifen kann.

Die Bereitstellung eines solchen Interfaces ist einfach. Die als Parameter übergebene Funktion wird hier innerhalb der eigenen Funktion für jedes Element aufgerufen.

Quelltext 2.25
Nutzung anonymer Funktionen anbieten

```
// Funktionstyp für Kundenauswahl.
type Selector func(Customer) bool

// Funktionstyp für Analyse.
type Analyzer func(Customer) *Result
```

```
// Kunden auswählen und analysieren.
func AnalyzeCustomers(selFunc Selector,
    anaFunc Analyzer) []*Result {
    customers := SelectCustomers(selFunc)
    results := make([]*Result, len(customers))

    for idx, customer := range customers {
        results[idx] = anaFunc(customer)
    }

    return results
}
```

Hier wird deutlich, wie leicht mithilfe von Funktionen als Parametern Typen oder Module derart gestaltet werden können, dass sie durch ihren Nutzer flexibel erweitert werden können. Gelegentlich geht der Bedarf jedoch über die Möglichkeiten eines einzelnen Funktionsaufrufs hinaus. Viermehr soll mit Typen und ihren Methoden gearbeitet werden, ohne dass der tatsächliche Typ zuvor feststeht. Hier bieten die im kommenden Abschnitt vorgestellten Interfaces mehr.

2.8 Interface

Mithilfe von *Interfaces* werden die Namen und Signaturen einer Menge von Methoden deklariert. Die Implementierung dieser Methoden kann dann für unterschiedliche Typen erfolgen. Hierbei muss dem System nicht explizit mitgeteilt werden, dass ein Typ ein Interface realisiert. Vielmehr findet ein Vergleich der gesamten durch einen Typ implementierten Methoden mit den benötigten Methoden statt. Nun kann eine Variable oder ein Parameter mit einem Interface als Typ deklariert werden. Bei einer Zuweisung prüft der Compiler, ob der Typ der Instanz alle notwendigen Methoden des Interfaces implementiert. Ist dies nicht der Fall, wird während des Kompilierens eine Fehlermeldung ausgegeben.

Der Nutzen ist vielfältig. So kann sich der Nutzer eines Interfaces darauf verlassen, dass der Typ, der dieses Interface implementiert, alle Methoden zur Verfügung stellt. Dabei muss er nicht wissen, wie die Implementierung ausschaut. So zeigt sich dann auch der zweite Vorteil. Dem Entwickler eines Typs mit einem oder mehreren Interfaces steht der exakte Weg der Implementierung frei. Einzig die Signaturen der zu realisierenden Methoden stehen fest.

Quelltext 2.26
Anbieten eines Interface

```
// Durch Handler zu implementierendes Interface.
type EventHandler interface {
    Id() string
    Init()
    Terminate(mode int)
    Handle(event Event)
}

// Nutzung des Interfaces in einem Event Manager.
func (em *EventManager) Subscribe(eh EventHandler) {
    if actEh, ok := em.handlers[eh.Id()]; ok {
        actEh.Terminate(ModeNormal)
    }

    // Initialisierung.

    eh.Init()

    // Registrierung.

    em.handlers[eh.Id()] = eh
}

// Ereignis verarbeiten.
func(em *EventManager) Handle(event Event) {
    // Über alle Event Handler iterieren.

    for _, eh := range em.handlers {
        eh.Handle(event)
    }
}
```

Nun kann für jeden Event Handler individuell festgelegt werden, wie dieser startet, wie er im Normalfall oder in einer Fehlersituation beendet werden kann und wie er Ereignisse verarbeitet.

Quelltext 2.27
Implementieren eines Interface

```
// Id liefern.
func (ac *ArticleCounter) Id() string {
    return ac.id
}

// Zähler starten.
func (ac *ArticleCounter) Init() {
    ac.counter = make(map[string]int)
}
```

```
// Zähler beenden.
func (ac *ArticleCounter) Terminate(mode int) {}

// Ereignis verarbeiten.
func (ac *ArticleCounter) Handle(event Event) {
    switch payload := event.Payload().(type) {
    case evtOrder:
        for articleId, count := range payload.items {
            if _, ok := ac.counter[articleId] {
                ac.counter[articleId] += count
            } else {
                ac.counter[articleId] = count
            }
        }
    case evtReset:
        ac.counter[payload.articleId] = 0, false
    case evtResetAll:
        ac.counter = make(map[string]int)
    }
}

// Artikel zählen.
func (ac *ArticleCounter) Count(articleId string) int {
    if count, ok := ac.counter[articleId] {
        return count
    }

    return 0
}
```

Die Funktion `Count()` zeigt, dass der Typ weitere Methoden über das Interface hinaus anbieten kann. Andere Handler können im Gegensatz andere Aufgaben realisieren und dank des Interface parallel beim Event Manager angemeldet werden – so beispielsweise zur dynamischen Überwachung der Lagerbestände und zum Auslösen von Bestellungen bei der Unterschreitung von Schwellenwerten.

In obigem Beispiel findet sich keine Nebenläufigkeit. Es ist jedoch ein guter Kandidat dafür, lassen sich so doch die Verarbeitungen von Ereignissen durch die Handler parallelisieren. Zur Vermeidung von Seiteneffekten sind jedoch spezielle Sprachmittel notwendig, von denen Sie eines in der Form von Channels im kommenden Abschnitt kennenlernen.

Interfaces lassen sich problemlos kombinieren. So ist eine Menge fein granularer Interfaces möglich, die gezielt individuell einsetzbar sind. Zudem lassen sie sich leicht zusammengesetzte Interfaces deklarieren, die auf diesem Weg alle Methoden gemeinsam spezifizieren. Das Package `io` gibt hierzu ein gutes Beispiel.

Quelltext 2.28
Interfaces kombinieren

```
// Reiner Leser.
type Reader interface {
    Read(p []byte) (n int, err os.Error)
}

// Reiner Schreiber.
type Writer interface {
    Write(p []byte) (n int, err os.Error)
}

// Kombinierter Leser und Schreiber.
type ReadWriter interface {
    Reader
    Writer
}

// Sucher.
type Seeker interface {
    Seek(offset int64,
        whence int) (ret int64, err os.Error)
}

// Kombinierter Leser, Schreiber und Sucher.
type ReadWriteSeeker interface {
    Reader
    Writer
    Seeker
}
```

2.8.1 Empty Interface

Eine besondere Variante der Interfaces ist das *Empty Interface*. Es besteht aus der einfachen Anweisung **`interface{}`**. Damit sieht dieses Interface etwas eigenwillig aus, so ohne Methoden. Doch eben dies sorgt dafür, dass jeder Typ dieses Interface implementiert. Ein gutes Synonym wäre daher auch der Bezeichner *any*. Die Entwickler der Sprache bevorzugen jedoch obige Darstellung, um den speziellen Charakter des Empty Interface zu verdeutlichen.

Einer als Empty Interface deklarierten Variablen beziehungsweise einem solchen Parameter kann jeder beliebige Wert zugewiesen werden. Vor einer weiteren Verarbeitung ist dann allerdings ein *Type Switch* wie oben in Listing 2.27 in der Methode `Handle()` notwendig. Mehr hierzu finden Sie ab Seite 125.

Quelltext 2.29
Type Switch für Empty Interfaces

```
// Type Switch demonstrieren.
func TypeSwitch() {
    type unknownType float

    testFunc := func(value interface{}) {
        switch v := value.(type) {
        case bool:
            fmt.Printf("Wert %v ist ein 'bool'.", v)
        case int:
            fmt.Printf("Wert %v ist ein 'int'.", v)
        case string:
            fmt.Printf("Wert %v ist ein 'string'.", v)
        default:
            fmt.Printf("Typ ist unbekannt!")
        }
    }

    // Unbekannten Wert erzeugen und testen.

    var whatIsThis unknownType = 47.11

    testFunc(whatIsThis)
}
```

Es gibt auch Fälle, in denen nicht zwischen unterschiedlichen möglichen Typen für ein Empty Interface unterschieden werden muss. So kann der erwartete Typ beispielsweise bereits durch den Kontext feststehen. In diesem Fall kann eine *Type Assertion* angewandt werden. Hier wird dem Bezeichner mit einem Punkt als Trenner der Typ in Klammern angehängt.

Quelltext 2.30
Type Assertion für Empty Interfaces

```
// Zwei Integer aus Empty Interfaces addieren.
func Add(valueA, valueB interface{}) int {
    numA := valueA.(int)
    numB := valueB.(int)

    return numA + numB
}
```

An dieser Stelle muss sich der Entwickler schon sehr sicher sein, welchen Typ er hier für die Parameter erwartet. Sind diese keine **`int`**, wird das Programm mit einem Laufzeitfehler abgebrochen. Weitere Informationen hierzu finden Sie ab Seite 105.

2.9 Channels

Eine der bereits in der Einführung angesprochenen Stärken von Go ist die Ausführung nebenläufiger Programme. Mit der zunehmenden Verbreitung von Mehrkernrechnern, von heute zwei oder vier bis zukünftig 64 oder mehr Kernen in einem Prozessor, gewinnt die Entwicklung derartiger Programme an Bedeutung. Aufgaben müssen zerlegt und parallelisiert werden, die Ausführung ist zu koordinieren, Daten müssen ausgetauscht werden, und die Ergebnisse sind letztendlich wieder zusammenzufügen. Hierbei ist es wichtig, dass Änderungen an Zuständen nicht zu Seiteneffekten in anderen Ausführungssträngen führen.

In vielen Sprachen sind hierfür `Semaphoren` Mittel der Wahl, die Go über das Package `sync` ebenfalls zur Verfügung stellt. Massiv parallele Systeme benötigen hingegen alternative Sprachmittel. Der Lösungsansatz der Sprache Go beruht wie eingangs erwähnt auf den Forschungsergebnissen von Tony Hoare. Seine Prozessalgebra der Communication Sequential Processes – kurz CSP – spiegelt sich in der Zusammenarbeit von Goroutinen als leichtgewichtige Prozesse und deren Kommunikation über die in diesem Abschnitt behandelten Channels wider.

Herkömmliche, auf geteiltem Speicher (*Shared Memory*) basierende Systeme unterscheiden zwischen Daten und Programmteilen. Ohne einen Mechanismus zur Synchronisation würden Programmteile unkoordiniert auf Datum im Speicher zugreifen und ihn gegebenenfalls inkonsistent modifizieren. So kann ein Prozess A die ersten Felder eines zusammengesetzten Datums bereits ausgelesen haben, während sich dieses in Teilen durch einen Prozess B verändert. Im weiteren Lesevorgang erhält Prozess A so Informationen, die nicht mehr zum bereits verarbeiteten Datenbestand passen.

Ein solches Vorgehen ist in Go ebenfalls möglich, doch es ist nicht der empfohlene Weg. Es sollte nur in speziellen Ausnahmefällen zum Einsatz kommen, in denen Shared Memory sinnvoll ist. Ein Beispiel hierfür sei die Verarbeitung sehr großer Datenmengen. Sie könnten wie bereits zuvor gezeigt auf Slices aufgeteilt werden. Parallel arbeitende Goroutinen verarbeiten diese Daten dann parallel und unabhängig.

Soll eine Variable hingegen willkürlich durch mehrere Prozesse genutzt werden, sind andere Strategien notwendig. Änderungen an der Variable dürfen nur atomar durchgeführt werden, unabhängig von ihrer Komplexität. Daher werden sie in Go in Goroutinen gekapselt, und der Zugriff auf sie wird durch Channels ermöglicht. Eine im Regelfall endlos arbeitende Schleife innerhalb der Goroutine liest die Channels aus, verarbeitet die eintreffenden Anfragen beziehungsweise Daten und liefert bei Bedarf über weitere Channels Informationen wieder zurück.

Diese Arbeitsweise sorgt dafür, dass immer nur ein Zugriff zur Zeit erfolgen kann, der Zugriff also serialisiert wird.

Quelltext 2.31
Nebenläufiger Zähler

```
// Typ für das Zählergebnis.
type CountResult struct {
    count int
    sum   int
}

// Channel zur Kommunikation.

var valueChan  chan int = make(chan int, 1000)
var resetChan  chan bool = make(chan bool)
var resultChan chan CountResult = make(chan CountResult)

// Zählfunktion.
func counter(maxSum int) {
    count := 0
    sum := 0

    for {
        select {
        case value := <-valueChan:
            count += 1
            sum += value

            if sum >= maxSum {
                // Interessent benachrichtigen.
                resultChan <- CountResult{count, sum}

                count = 0
                sum = 0
            }
        case <-resetChan:
            count = 0
            sum = 0
        }
    }
}

// Start des Zählers in der init()-Funktion.
func init() {
    go counter(1000000)
}
```

Nun können beliebige Goroutinen ihre Werte über den `valueChan` zum Zählen an die Goroutine senden. Der Puffer sorgt bis zu einer definierten Grenze dafür, dass diese nicht blockieren, wenn der Zähler beschäftigt ist. Wird hingegen ein boolescher Wert, in diesem Fall egal ob **`true`** oder **`false`**, über den `resetChan` geschickt, so werden der Zähler sowie die Summe auf 0 zurückgesetzt. Eine auf den `resultChan` lauschende Goroutine kann beim Erreichen der Obergrenze die Summe und die Anzahl weiterverarbeiten.

Channels gehören zu den zusammengesetzten Typen. Sie machen erst mit der Angabe des Typs, der über diesen Channel gesandt werden soll, einen Sinn. Gleichzeitig gehören sie zu den Referenztypen; der initiale Wert nach der Deklaration ist **`nil`**. Für eine Nutzung sind erst mittels **`make()`** Instanzen zu erzeugen.

Eine Deklaration, die aus dem Schlüsselwort **`chan`** und dem zu übertragenden Typ besteht, definiert einen bidirektionalen Channel. Somit können Werte von allen Seiten sowohl gesendet als auch empfangen werden. In der Form `<-chan MyType` wird ein Channel für den ausschließlichen Empfang definiert. Entsprechend kennzeichnet die Form `chan<- MyType` einen Channel für den ausschließlichen Versand. Dies kommt insbesondere dann zum Einsatz, wenn Channels als Parameter einer Funktion oder Methode fungieren, und grenzt die Nutzung der Channels weiter ein.

Quelltext 2.32
Transferrichtung

```
// Beliebige Funktion im Programm.
func anywhere() {
    // Channels erzeugen.

    sendChan := make(chan int)
    recvChan := make(chan string)

    // Start der asynchronen Verarbeitung.

    go asyncProcessor(sendChan, recvChan)

    // Daten an Prozessor senden und empfangen.

    ...
}

// Datenverarbeitung im Hintergrund.
func asyncProcessor(in <-chan int, out chan<- string) {
    for inValue := range in {
        result := ...     // Verarbeitung der Eingabe.

        out <- result     // Ausgabe.
    }
}
```

Das Beispiel zeigt, wie die Channels `sendChan` und `recvChan` standardgemäß bidirektional erzeugt werden. Erst bei der Zuweisung als Parameter der Funktion `asyncProcessor()` wird der erste Channel aus Sicht der Funktion zu einem reinen Eingangs-Channel, der zweite hingegen zu einem reinen Ausgangs-Channel. Der Compiler überwacht diese Definition bei jeder Operation mit den Channels. Jeder Versuch, auf `in` zu schreiben oder aus `out` zu lesen, wird durch den Compiler mit einer Fehlermeldung quittiert.

Die Nutzung der Channels erfolgt synchron. Dies bedeutet, dass ein Wert, das in einen Channel geschrieben wurde, erst vom Empfänger gelesen werden muss, bevor sich ein weiterer Wert schreiben lässt. Ist dies noch nicht geschehen, so wird eine schreibende Goroutine so lange blockiert, bis der Channel ausgelesen ist. Ist jedoch eine asynchrone Verarbeitung gewünscht, so lässt sich der Channel während der Erzeugung mit einem Puffer versehen. Hier wird dem Befehl **`make()`** die gewünschte Kapazität als zweiter Parameter übergeben. Ist dieser 0 arbeitet der Channel synchron, wie schon bei einem Aufruf ohne diesen Parameter.

Quelltext 2.33
Erzeugung mit Puffer

```
// Send Queue mit bis zu 1000 ints.

sendChan := make(chan int, 1000)

// Receive Queue mit bis zu 50 strings.

recvChan := make(chan string, 50)
```

Solange die Kapazität nicht ausgeschöpft ist, werden sendende Goroutinen nicht blockiert. Erst bei voller Ausnutzung des Puffers wird die Programmausführung des Senders wieder aufgehalten, bis wieder ein Datum entnommen wird. Ebenso verhält es sich beim Lesen aus Channels. Liegen keine Daten an, wird die lesende Goroutine analog zur schreibenden blockiert. Mit Eintreffen eines Werts wird dieser aus dem Channel gelesen und die Verarbeitung wird fortgesetzt. Wird keine Blockade gewünscht, kann das Lesen aus dem Channel mit einer Zuweisung zu zwei Variablen erfolgen. Die zweite ist dabei vom Typ **`bool`**. Bei einem vorliegenden Wert im Channel ist diese Variable **`true`**, andernfalls **`false`**.

Quelltext 2.34
Nicht blockierender Zugriff

```
// Kopieren von einem Channel in den anderen.
func myCopy(in <-chan string, out chan<- string) {
    var value string
    var ok    bool
```

```
    if value, ok = <-in; ok {
        // Wert gelesen.

        out <- value
    } else {
        // Kein Wert vorhanden.

        out <- "[NO DATA]"
    }
}
```

Sowohl das Schreiben als auch das Lesen können durch mehrere Goroutinen parallel erfolgen, da die Vorgänge atomar behandelt werden. Damit lassen sich auch über Channels verknüpfte Funktionen synchronisieren oder lässt sich eine Drosselung durchführen. In diesem Fall wird die entsprechende Goroutine beispielsweise passend zur Anzahl der Rechenkerne mehrfach gestartet. Die Goroutinen lesen aus einem Channel und werden auf diese Art mit den zu verarbeitenden Daten versorgt. Das Ergebnis schreiben sie in einen Ergebnis-Channel. Die Funktion `asyncProcessor()` aus Listing 2.32 könnte beispielsweise in dieser Form genutzt werden.

Vielfach müssen Channels nicht explizit geschlossen werden. Sie werden durch den Garbage Collector bereinigt, wenn keine Referenz mehr besteht. Allerdings kann ein Channel mittels `close()` auch manuell geschlossen werden. In diesem Fall würde eine auslesende Goroutine nur Nullwerte je nach Typ des Channels erhalten. Nachdem zumindest ein solcher Wert empfangen wurde, kann mithilfe der Funktion `closed()` geprüft werden, ob der Channel geschlossen wurde. Ein mögliches Einsatzszenario ist die Signalisierung an eine empfangende Goroutine, dass keine zu verarbeitenden Daten mehr zu erwarten sind und sich die Goroutine beenden kann.

2.10 Was man sonst noch über Typen wissen sollte

Nach der Vorstellung der Go-Datentypen gibt es noch zwei Dinge, die für die Arbeit mit Variablen wissenswert sind. Hierbei handelt es sich einerseits um die Tatsache, dass jeder Typ über einen unterliegenden Typ verfügt. Dies ist unter anderem beim zweiten Punkt von Interesse, der Frage, welche Typen von Variablen einander zugewiesen werden dürfen.

2.10.1 Unterliegende Typen

Ein Datentyp in Go, egal ob es sich hierbei um einen einfachen oder zusammengesetzten Typ handelt, verfügt über einen *unterliegenden Typ* aus der Menge der Go-Standardtypen. Zur Ermittlung dieses Typs müssen die Typendefinitionen solange aufgelöst werden, bis sich ein Standardtyp ergibt.

Quelltext 2.35
Unterliegende Typen

```
// Identifikatoren.

type Id         [25]byte
type CustomerId Id
type ArticleId  Id

// Namen.

type Name      string
type FirstName Name
type LastName  Name
```

In diesem Beispiel werden die Typen `CustomerId` und `ArticleId` gemäß ihrer Definition auf den Typ `Id` aufgelöst. Bei diesem handelt es sich einen zusammengesetzten Typ von `[25]byte`. Somit ist der unterliegende Typ in allen vier Fällen das Array von 25 Bytes.

Im zweiten Beispiel sind `FirstName` und `LastName` vom Typ `Name`, der wiederum vom Typ `string` ist. Hier ist der unterliegende Typ also immer ein String.

2.10.2 Zuweisungskompatibilität

Die Zuweisung von Werten zu Variablen ist in Go wie in anderen Sprachen durch einen Regelwert definiert. Er legt fest, ob ein Wert w vom Typ W zu einem Typ T – egal ob Variable oder Parameter – zuweisungskompatibel ist. Hierfür muss mindestens eine der folgenden Bedingungen erfüllt sein:

- Der Typ W ist kompatibel zum Typ T.
- Beim Typ T handelt es sich um ein Interface, das durch den Typ W implementiert wird.
- Der Typ W ist ein Zeiger auf ein Array, und T ein Slice mit kompatiblen Datenelementen. Hierbei muss mindestens einer der beiden Typen unbenannt sein, also nicht auf einem selbst definierten Typ basieren. Der Grund hierfür verbirgt sich in den Methoden, die für benannte Typen definiert werden können. Es ginge dann um eine Zuweisung zwischen zwei möglicherweise nicht kompatiblen Typen.

Ist einer nicht benannt, so verweist nach der Zuweisung der Slice auf das Array.

- *W* ist als bidirektionaler Channel definiert, und *T* ein Channel für kompatible Datenelemente. Hierbei muss ebenfalls mindestens einer der beiden Typen unbenannt sein, also nicht auf einem selbst definierten Typ basieren.
- Bei einem Struct *T* müssen alle Felder exportiert sein, oder die Zuweisung muss im gleichen Package erfolgen. Andernfalls sind Felder des Struct aus Sicht des zuweisenden Packages nicht sichtbar.
- Eine Konstante *w* kann einem Typ *T* nur zugewiesen werden, wenn sich *w* als Wert von *T* darstellen lässt.
- Der Wert **`nil`** kann im Falle von Pointern, Slices, Maps, Channels, Functions und Interfaces zugewiesen werden.
- Zu guter Letzt darf dem *Blank Identifier* (_) jeder Typ zugewiesen werden.

2.11 Zusammenfassung

Die Bandbreite der unterschiedlichen Datentypen in Go ist groß. Sie gliedern sich in einfache und zusammengesetzte Typen sowie in Werte- und Referenztypen. Dabei erlauben sie aufgrund der exakt definierten und vielfältigen Größen eine exakte Kontrolle des Speichers. Dies ist insbesondere bei bei Entwicklung systemnaher Programme, bei Netzwerkprotokollen sowie bei Dateiformaten wichtig. Stellenweise wirken die Restriktionen der Typenkonvertierung umständlich, wie beispielsweise zwischen den Integertypen. Auf diese Weise werden jedoch auch Fehler durch implizite Konvertierungen vermieden.

Für die Nutzung der Datentypen ist es wichtig, ob sie als Werte oder als Zeiger übergeben werden. Während im ersten Fall eine Kopie stattfindet, erlaubt der Zeiger im zweiten Fall eine Veränderung einer übergebenen Variable durch eine Funktion. Dieser Weg ist bei den Referenztypen Slice, Map und Channel nicht notwendig: In ihrem Fall werden immer Referenzen übergeben – der Name legt es nahe. Dies muss bei der Nutzung speziell in nebenläufigen Programmen stets beachtet werden.

3 Strukturen und Ausdrücke

Die klare Strukturierung der Datentypen in Go setzt sich in den Ausdrücken und Anweisungen der Sprache fort. Diese ähneln in sehr weiten Teilen ihrem Urahn C, was bei den Eltern der Sprache kein Wunder ist. Allerdings haben die Entwickler darauf geachtet, die Sprache sowohl zu vereinfachen als auch gegenüber ihrem Urahn zu vereinheitlichen. Dies zeigt sich in der Struktur von Programmen, in Deklarationen und Zuweisungen sowie in Schleifen und Verzweigungen.

3.1 Programmstruktur

Eines der Designziele für die Sprache Go war die Beschleunigung der Entwicklung, unter anderem durch eine Verkürzung der Kompilierzeit. Ein Mittel hierzu ist der Verzicht auf Header-Dateien, die laufend sowohl bei der Übersetzung der zugehörigen Quelldatei als auch bei jedem zu nutzenden Programmteil eingelesen und interpretiert werden. Dies kostet unnötig Zeit. Go organisiert hingegen seinen Code in Packages, die wiederum durch andere Packages zur Nutzung importiert werden. So entsteht ein eindeutiger Abhängigkeitsgraph, der vom Compiler zur Steuerung der Übersetzungen genutzt wird.

3.1.1 Packages

Go erlaubt die Aufteilung von Packages in mehrere Dateien. Sie werden immer über das Schlüsselwort **package**, gefolgt vom Namen des Packages, eingeleitet. Dieser Name bildet die Klammer, während die Dateinamen hierzu keinen Bezug haben müssen. Zwingend ist einzig die Ablage in einem gemeinsamen Verzeichnis für das Package.

Quelltext 3.1
Aufteilung eines Packages

```
/* -------------------- */
/* Datei: types.go      */
/* -------------------- */
package analyzer

...
```

```
/* -------------------- */
/* Datei: container.go  */
/* -------------------- */
package analyzer

...

/* -------------------- */
/* Datei: io.go         */
/* -------------------- */
package analyzer

...
```

Innerhalb eines Packages gilt unabhängig vom Export eines Typs oder einer Funktion, dass der Zugriff auf alle Elemente über alle zum Package gehörigen Dateien hinweg erlaubt ist. Die Einschränkung durch die Schreibweise bezieht sich nur auf die Sichtbarkeit der Elemente durch andere Packages.

3.1.2 Importe

Während der Export von Konstanten, Variablen, Typen und Funktionen eines Packages mehr oder minder implizit über die Schreibweise erfolgt, muss das entsprechende Package für deren Nutzung explizit importiert werden. Dies erfolgt in einer Quelldatei als erster Block nach der **`package`**-Anweisung mittels des Schlüsselworts **`import`**. Ihm folgt der Name des Packages, bei Bedarf mit einem Pfadanteil, als String. Der Pfadanteil ergibt sich, wenn mehrere Packages unter einem gemeinsamen Oberverzeichnis gruppiert werden. Ein Beispiel hierfür ist das Verzeichnis `container` mit seinen Packages `heap`, `list`, `ring` und `vector`.

Um eine Überschneidung von Packagenamen unterschiedlicher Anbieter zu vermeiden, haben die Go-Entwickler eine weitere Konvention etabliert. Ausgangspunkt hierfür ist das Werkzeug `goinstall`, mit dem Packages direkt aus den Versionskontrollsystemen *Subversion*, *Mercurial* oder *Git* auf das eigene System installiert werden können. Die so auf den eigenen Rechner kopierten Quellen und die kompilierten Packages behalten dabei den Hostnamen und Pfad zum Package bei. Dies spiegelt sich im Import wider. Hierzu folgt mehr in Abschnitt 5.9.

Quelltext 3.2
Einfache Importe

```
import "fmt"
import "container/ring"
import "tideland-cgl.googlecode.com/hg/cglutl"
```

Zur Vereinfachung können mehrere Importe auch geklammert werden. Gerade bei einer längeren Liste spart dies Tipparbeit und ist übersichtlicher.

```
import (
    "fmt"
    "container/ring"
    "tideland-cgl.googlecode.com/hg/cglutl"
)
```

Quelltext 3.3
Gruppierte Importe

Bezeichnung der importierten Packages

Die importierten Packages werden im Programm ohne ihren Pfadanteil angesprochen, in diesem Fall also als `fmt`, `ring` und `cglutl`. Gegebenenfalls kann es hierbei zu dennoch Namenskonflikten kommen. Diese lassen sich durch die Vergabe eines eigenen Namens für den Import lösen. Der gleiche Mechanismus kann auch für eine Verkürzung des Packagenamens eingesetzt werden. Zudem erlaubt die Nutzung eines Punkts als Packagenamen eine direkte Nutzung aller exportierten Elemente ohne vorangestelltes Package.

```
// Nutzung des Typs ring.Ring

import   "ring"    // Nutzung als ring.Ring
import R "ring"    // Nutzung als R.Ring
import . "ring"    // Nutzung als Ring
```

Quelltext 3.4
Import mit eigenen Packagenamen

Die Nutzung von Importen definiert ein Abhängigkeitsverhältnis, das – wie oben bereits angesprochen wurde – der Optimierung von Übersetzungsvorgängen dient. Dabei darf ein Package sich selbst nicht importieren; ebenso muss ein importiertes Package auch genutzt werden. Ist ein Import ohne Referenzierung eines exportierten Elements ausschließlich wegen der Initialisierung gewünscht, ist dies über die Nutzung des Unterstrichs als Packagename möglich.

```
// Server wird initialisiert, aber nicht direkt genutzt.

import _ "myserver"
```

Quelltext 3.5
Import ohne Nutzung

Wie auch im Rahmen von Zuweisungen drückt dieser leere Bezeichner (*Blank Identifier*) aus, dass das Package oder die Rückgabe eines Funktionsaufrufs zu ignorieren sind.

3.1.3 Initialisierung

Der Startvorgang von Go-Programmen bis zur Ausführung der ersten Anweisung in der Funktion `main.main()` führt über verschiedene Stufen. Die erste ist die Zuweisung von Werten zu Konstanten. Diese Werte müssen konstante Ausdrücke sein oder ein nicht auf Variablen beruhendes Ergebnis von Funktionen. Anschließend folgt die Initialisierung der auf Package-Ebene deklarierten Variablen, entweder mit den ihnen zugewiesenen Werten oder ihren jeweiligen Initialwerten. Somit wird immer sichergestellt, dass sich keine Variable in einen undefinierten Zustand befindet.

Quelltext 3.6 *Initialwerte*

```
var foo int = 0     // Wert ist 0
var bar int         // Wert ist ebenfalls 0

type Test struct {
   id      string
   active  bool
   balance float
}

t := new(Test)

// Folgende Aussagen sind wahr.

t.id == ""
t.active == false
t.balance == 0.0
```

Neben konstanten Werten können den globalen Variablen der Packages auch die Ergebnisse von Funktionsaufrufen zugewiesen werden. Dies kann beispielsweise genutzt werden, um einen internen Server zu starten und seine Instanz einer Variablen zuzuweisen. Über diese können die weiteren Funktionen des Packages den Server ansprechen.

Quelltext 3.7 *Initialisierung von Packagevariablen*

```
package appserv

var container := startContainer()
var messageBus := startMessageBus()

// Einen Auftrag absenden.
func SendJob(job *Job) bool {
    // Message Bus nutzen.

    messageBus.SendJob(job)
}
```

Initialisierungsreihenfolge

Die Reihenfolge der Initialisierung wird durch ihre Abhängigkeit gesteuert. Wird für die Zuweisung eines Werts zu einer Variablen `foo` der Wert einer Variablen `bar` benötigt, so wird diese zuerst initialisiert. Zyklische Abhängigkeiten sind hierbei nicht gestattet. Sind Variablen nicht voneinander abhängig, erfolgt die Initialisierung in der Reihenfolge des Auftretens im Package.

Ein Problem bleibt die Nutzung von Funktionen aus einem anderen Package. Greift eine solche Funktion auf eine Variable des eigenen Packages zu, so ist die Variable eventuell noch nicht initialisiert. In diesem Fall kann es zu einem undefinierten Zustand kommen.

Im Anschluss an die Initialisierung der Variablen erfolgt der Aufruf von Initialisierungsfunktionen. Sie haben die Signatur **`func`** `init()` und dürfen mehrfach in einem Quelltext auftauchen. Die Reihenfolge der Auswertung durch die Laufzeitumgebung ist dabei nicht festgelegt. Ein manueller Aufruf im Programm ist nicht gestattet, auch wenn die Signatur einer Funktion entspricht.

Die gesamte Initialisierung findet sequenziell in einer Goroutine statt. Es ist zwar erlaubt, während der Initialisierung weitere Goroutinen zu starten. Die Ausführung dieser Routinen beginnt jedoch erst nach der vollständigen Initialisierung.

Quelltext 3.8 *Mehrfache Init-Funktionen*

```
// Eine Initialisierungsfunktion.
func init() {
    fmt.Printf("Programm Foo startet ...")
}

// Globale Variablen.
var (
    minBar  int           = 11
    maxBar  int           = 47
    cmdChan chan *Command = make(chan *Command)
)

// Noch eine Initialisierungsfunktion.
func init() {
    go server()
}
```

Bei einem Import eines Packages wird dieses vor dem eigenen zuerst vollständig initialisiert. Dabei wird jedoch jedes Package auch bei mehrfachem Import durch unterschiedliche Packages im Hauptprogramm nur genau einmal initialisiert. Für ein ausführbares Programm muss eines der Packages den Namen `main` tragen. Dieses Package ist das erste, das initialisiert wird und rekursiv den Startprozess aller eingebundenen Packages anstößt. Es muss eine Funktion `main()` enthalten, die weder Parameter entgegennehmen noch einen Rückgabewert haben darf. Diese Funktion ist das Hauptprogramm, das nach der Initialisierung aufgerufen wird. Mit der Beendigung dieser Funktion wird auch das Programm beendet. Auf im Hintergrund arbeitende Goroutinen wird hierbei nicht gewartet.

3.1.4 Konstanten

Die Definition von Konstanten erfolgt über das Schlüsselwort **`const`**, gefolgt von einem Variablennamen und einem konstanten Ausdruck. Dieser Ausdruck wird zur Laufzeit im Rahmen der Programminitialisierung ausgewertet. Konstante Ausdrücke können boolesche Werte, Integers, Floats und komplexe Zahlen sowie Strings in Form von Literalen erhalten. Alternativ sind Zuweisungen von Operationen mit Literalen oder weiteren Konstanten erlaubt. In der einfachsten Form erfolgt die Definition untypisiert.

Quelltext 3.9
Einfache untypisierte Konstanten

```
const A = 4711            // Numerisches Literal.
const B = 815             // Dito.
const C = A + B           // Verknüpfung von Konstanten.
const D = "Hello, world!" // Stringliteral.
const E = true            // Wahrheitsliteral.
```

Wird für die spätere Verarbeitung ein spezieller Typ benötigt, so kann dieser bei der Definition spezifiziert werden. Zur Vereinfachung der Definition kann diese wie schon der Import gruppiert werden, und ebenso können mehrere Zuweisungen in einer Zeile ausgeführt werden, auch mit unterschiedlichen Typen.

Quelltext 3.10
Definition mit Komfort

```
const (
    E          float64 = 2.71828182845904523536
    MaxLen     uint64  = 1024*1024*1024
    EOT                = -1
    A, B, C            = "one", "two", 3
    D, E, F float      = 1, 2, 3
)
```

Neben den Literalen können auch eingebettete Funktionen verwendet werden. Hierzu gehören **`cap()`** und **`len()`**, wenn sie auf Arrays und Slices angewendet werden, **`len()`**, wenn es auf Strings angewendet wird, sowie **`real()`** und **`imag()`**, wenn sie auf komplexe Zahlen angewendet werden. Weiter ist es erlaubt, mit der Funktion `Sizeof()` des Packages `unsafe` die Größe von Variablen zu ermitteln.

Generierung von Konstanten

Ein spezielles Schlüsselwort ist **iota**. Es generiert Integer-Werte beginnend mit dem Wert 0 bei der ersten Nutzung in einer zusammenhängenden Konstantendefinition. Jede weitere Nutzung erzeugt inkrementell höhere Integer-Werte. Damit eignet es sich hervorragend für die Generierung von Konstanten, deren eigentliche Werte weniger interessant sind als ihre Existenz selbst. Sie werden vielfach als Statuswerte zur Steuerung des Programmflusses eingesetzt.

Quelltext 3.11
Aufzählungen mit iota

```
// Die Definition ...

const (
    Zero  = iota   // 0
    One   = iota   // 1
    Two   = iota   // 2
    Three = iota   // 3
)

// ... entspricht ...

const (
   Zero = iota    // 0
   One            // 1
   Two            // 2
   Three          // 3
)
```

Mit dem zweiten **const**-Block wurde **iota** wieder auf 0 zurückgesetzt. Dies gilt ebenso für einzelne direkt aufeinanderfolgende und nicht gruppierte **const**-Anweisungen. Bei einer Verwendung mehrerer **iota**-Anweisungen in einer Mehrfachzuweisung geben diese immer den gleichen Wert zurück.

Quelltext 3.12
Wirkungskreis von iota

```
const a = iota   // 0
const b = iota   // 0

const (
    a1, b1 = iota, iota - 1   // 0, -1
    a2, b2                    // 1, 0
    a3, b3                    // 2, 1
)
```

Ebenso lassen sich andere Anfangswerte und Inkremente sowie das Überspringen von Werten erreichen. Hier kommen anonyme Konstante und konstante Ausdrücke zum Einsatz.

Quelltext 3.13 *Vielfache von 2*

```
const (
    _ = iota         // Ignorieren!
    a = iota * 2     // 2
    b = iota * 2     // 4
    _ = iota         // Ignorieren!
    c = iota * 2     // 8
    d = iota * 2     // 10
)
```

3.1.5 Typendeklaration

Die in Go zur Verfügung stehenden Typen haben Sie bereits in Kapitel 2 kennengelernt. Nun ist es allerdings müßig, gerade bei den zusammengesetzten Datentypen die komplette Definition stets zu wiederholen. Und auch bei den einfachen Datentypen sind für die Wartung des Quellcodes Typen mit semantischer Aussagekraft hilfreicher. Dieser Aufgabe dient die Deklaration eigener Typen. Mit ihr werden Bezeichner, die durch das Schlüsselwort **type** eingeleitet werden, an die jeweiligen einfachen oder zusammengesetzten Typen gebunden. Innerhalb der zusammengesetzten Typen ist dabei die Nutzung weiterer selbst definierter Typen erlaubt, ebenso die direkte Nutzung weiterer zusammengesetzter Typen ohne vorherige Deklaration.

Quelltext 3.14 *Einfache Typdeklaration*

```
// Typ für Anreden.

type Salutation int

// Anreden.

const (
    None = iota
    Mr
    Mrs
)

// Typ für Kontaktinformationen.

type Contact struct {
    salutation Salutation
    name       struct { first, last string }
    address    Address
}
```

In diesem Fall sind die Typen `Salutation` und **int** kompatibel, aber nicht identisch. Eine Identität definiert sich über eine absolute Gleichheit der Deklaration. Somit ist `Salutation` nur mit `Salutation` identisch, **`int`** nur mit **`int`**. Go unterscheidet an dieser Stelle restriktiv, damit Daten des gleichen Basistyps nicht an falscher Stelle eingesetzt werden können. Hierbei sind identische Typen immer kompatibel, aber kompatible Typen nicht zwingend identisch. Eine Kompatibilität ergibt sich über ein Herunterbrechen eines Typs bis auf die Basistypen ohne Beachtung der definierten Bezeichner.

Quelltext 3.15
Identität und Kompatibilität

```
// Typendefinition für die Kommunikation.

type (
    Protocol string
    Hostname string
)

// Verbindung zu einem Host aufbauen.
func Connect(p Protocol, h Hostname) bool {
    pl := len(p)    // Basistyp string ist kompatibel.
    hl := len(h)

    ...
}

// Hauptprogramm.
func main() {
    // Zuweisung string wegen Basistyp erlaubt.

    var p Protocol = "testprot"
    var h Hostname = "somewhere.in.the.net"

    // Wird nicht kompiliert, da p und h
    // vertauscht sind.

    Connect(h, p)
}
```

Das Beispiel zeigt, dass man auch die Deklaration von Typen komfortabel über eine Klammerung bündeln kann. Dieses Verhalten ist uns bereits vom Import und der Konstantendefinition bekannt.

Vererbung

Eine *Vererbung* im Sinne klassischer objektorientierter Sprachen gibt es in Go nicht. Im Rahmen von Strukturen können Typen jedoch anonym integriert werden. Deren Methoden werden dann direkt vererbt. Ihr Zugriff ist dabei jedoch, wie in Quelltext 3.16 gezeigt, auf den eigenen Typ beschränkt. der umgebende Typ ist für die Methoden nicht sichtbar.

Quelltext 3.16
Vererbung von Methoden

```
// Schaltertyp.
type Switch struct { status bool }

// Einschalten.
func (s *Switch) SwitchOn() {
    s.status = true
}

// Ausschalten.
func (s *Switch) SwitchOff() {
    s.status = false
}

// Test, ob der Schalter eingeschaltet ist.
func (s *Switch) IsSwitchedOn() bool {
    return s.status
}

// Ableitung ohne Methoden.
type DebugSwitch Switch

// Nutzung als Einbettung.
type Flag struct {
    id String
    Switch
}

// Erlaubte Operationen.

var f Flag = Flag{"4711", Switch{true}}

if f.IsSwitchOn() { ... }
```

Ist ein Überladen einer eingebetteten Methode gewünscht, kann diese in der Typendefinition überladen werden. Die Adressierung erfolgt dabei in Ermangelung eines Variablenbezeichners über den Namen des eingebetteten Typs.

Quelltext 3.17
Methoden überladen

```
// Schalter "umdrehen".
func (f *Flag) IsSwitchedOn() bool {
    return !f.Switch.IsSwitchedOn()
}
```

Bei der Deklaration eigener Interfaces auf Basis vorhandener Interfaces werden hingegen alle deklarierten Methoden übernommen. Andernfalls würde diese Art von Deklaration auch keinen Sinn machen. Ebenso können hier einzelne Interfaces zu größeren kombiniert werden.

Quelltext 3.18
Interfaces

```
// Abgeleitete Reader, Writer, Seeker.
type (
    MyReader Reader
    MyWriter Writer
    MySeeker Seeker
)

// Kombination der Ableitungen.
type MyReaderWriterSeeker interface {
    MyReader
    MyWriter
    MySeeker
}
```

Die Definition eigener Typen auf der Basis von einfachen Datentypen erlaubt es zudem, Methoden für diese zu entwickeln. Dies ist direkt für die Basistypen sonst nicht möglich.

Quelltext 3.19
Einfache Typen mit Methoden

```
// Konstanten für die interne Nutzung.
const (
    Locked iota
    Closed
    Opening
    Open
    Closing
)

// Alias des Basistyps "int".
type DoorStatus int

// Ausgabe des neuen Typs als String.
func (ds DoorStatus) String() string {
    str := "unbekannt"

    switch str {
    case Locked:
        str = "abgesperrt"
    case Closed:
        str = "geschlossen"
    case Opening:
        str = "öffnend"
```

```
        case Open:
            str = "offen"
        case Closing:
            str = "schließend"
        }

        return str
}
```

3.2 Variablendeklaration

3.2.1 Normale Deklaration

Die Deklaration von Variablen wird durch das Schlüsselwort **var** eingeleitet. Ihm folgt der Bezeichner der Variablen sowie optional ein Typ, ein den Initialwert bestimmender Ausdruck oder beides. Eine Variable ohne Angabe eines Wertes benötigt immer einen Typ. Ihr Anfangswert entspricht dem Initialwert. Ohne Typenangabe und mit einem Startwert wird der Typ hingegen über den Typ des Wertes bestimmt.

Quelltext 3.20 *Einfache Variablendeklarationen*

```
var a int               // a == 0
var b       = 0         // Wird als int interpretiert.
var c       = a + b     // int + int = int
var d float = 2         // d == 2.0

// Typ wird durch Funktion bestimmt.

var e = UpperCase("hello")
```

Wie schon bei der Deklaration von Konstanten sind Gruppierungen und Mehrfachzuweisungen als Komfortmaßnahme erlaubt. Bei einer Mehrfachzuweisung muss entweder allen deklarierten Variablen oder keiner ein Wert zugewiesen werden. In diesem Fall wird den Variablen initial passend zum deklarierten Typ der Initialwert zugewiesen. Werden die Variablen ohne Typ deklariert, so dürfen diese bei der Mehrfachzuweisung variieren, andernfalls müssen alle Zuweisungen dem Typ entsprechen.

Quelltext 3.21 *Deklaration mit Komfort*

```
var (
    a, b, c float = 1, 2, 3                // 1.0, 2.0, 3.0
    d, e, f       = 4, true, "Hello"
)
```

Wird auf die Angabe eines Typs verzichtet und dafür eine initiale Konstante angegeben, so ist der Typ entsprechend **bool**, **int**, **float** oder **string**.

Quelltext 3.22
Standardtypen

```
var (
    myBool   = true
    myInt    = 1
    myFloat  = 47.11
    myString = "Hello"
)
```

3.2.2 Verkürzte Deklaration

Lässt der Verzicht auf eine explizite Typenangabe bei der Variablendeklaration schon halbwegs das Gefühl einer dynamisch typisierten Programmiersprache aufkommen, so wird dies durch die kurze Deklaration noch verstärkt. Hierbei wird auf das Schlüsselwort **var** und die Angabe eines Typs verzichtet, dafür findet jedoch immer eine Zuweisung statt. Dem Gleichheitszeichen wird dabei ein Doppelpunkt vorangestellt. Diese nur in Funktionen erlaubte Form erleichtert Ihnen das Leben sehr.

Quelltext 3.23
Verkürzte Deklarationen

```
specs := make(map[string]*childSpec)

cc := make(chan interface{})

t := time.NewTicker(interval)

sup := &Supervisor{id, specs, interval, oneForAll, cc, t}

finalizerFunc := func(s *Supervisor) {
    sup.Terminate(Normal)
}
```

Wie schon bei der regulären Deklaration ist bei der kurzen Deklaration eine Mehrfachzuweisung gestattet. Dies wird vielfach von Funktionen ausgenutzt, die neben einem Funktionsergebnis auch noch über eine boolesche Variable den Erfolg der Aktion zurückliefern. Hierbei kommt es zu einer weiteren Besonderheit der kurzen Deklaration. Während die reguläre Deklaration einer Variable nur einmal in einem Block erlaubt ist, kann sie in kurzer Form mehrfach erfolgen. Diese Art der Redeklaration erzeugt jedoch keine neue Variable. Vielmehr wird der existierenden Variablen ein neuer Wert zugewiesen. Dies verringert den Schreibaufwand erneut. Wird einer der zurückgelieferte Werte einer

Funktion mit Mehrfachrückgabe nicht benötigt, so kann auch hier wieder ein Unterstrich als Platzhalter eingesetzt werden.

Quelltext 3.24 *Kurze Mehrfachdeklarationen*

```
valueA, ok := readValue(stream)

if !ok { ... }

valueB, ok := readValue(stream) // ok wird neu zugewiesen.

if !ok { ... }

// Funktion findet Minimum und Maximum heraus.
// min interessiert nicht, nur max.

_, max := minMax(values)
```

Während sich die Nutzung der kurzen Zuweisung auf Funktionen beschränkt, sind sie jedoch zur Initialisierung innerhalb von **`if`**, **`for`** und **`switch`** erlaubt.

Quelltext 3.25 *Deklaration in Ausdrücken*

```
if max, ok := config.Max(); ok {
    for value := source.Read(max) {
        switch v := value.(type) {
        case int:
            ...
        case string:
            ...
        }
    }
}
```

Diese Kurzform verringert den Aufwand für die Deklaration temporärer Variablen erheblich.

3.3 Funktionen

Für die Ausführung dynamischer Programmteile bietet Go drei Arten von Funktionen:

- reguläre Funktionen mit einem Bezeichner
- anonyme Funktion
- Methoden

Alle drei werden ähnlich deklariert, können über Parameter verfügen und sind in der Lage, Ergebnisse an den Aufrufer zurückzugeben. Diese dürfen wie in vielen anderen Sprachen auch ignoriert werden. Die Kombination aus Parametern und Rückgabe wird als *Signatur* bezeichnet. Diese muss bei der Verwendung von Funktionen als Variablen, Parameter oder Rückgaben exakt mit der Deklaration übereinstimmen.

Quelltext 3.26
Funktionen als Typen

```
// Signatur as Typ.
type intProcessor func(int) int

// Multiplikation mit 5.
func mulFive(n int) int {
    return n * 5
}
// Generischer Aufruf.
func call(n int, f intProcessor) int {
    return f(n)
}

// Hauptprogramm.
func main() {
    addSix := func(n int) int {
        return n + 6
    }

    fmt.Printf("Ergebnis: %v!\n", call(6, mulFive))
    fmt.Printf("Ergebnis: %v!\n", call(5, addSix))
}
```

3.3.1 Funktionen mit Bezeichnern

Funktionen mit einem Bezeichner werden durch das Schlüsselwort **func** eingeleitet, gefolgt vom gewünschten Bezeichner. Für diesen Bezeichner gilt (wie schon wie für die Bezeichner für Typen, Konstanten und Variablen), dass seine Schreibweise die Sichtbarkeit festlegt. Beginnt er mit einem Großbuchstaben, so ist die Funktion über die Package-Grenze hinaus verwendbar. Kleingeschriebene Funktionen sind hingegen dem Package vorbehalten.

Quelltext 3.27
Einfache Funktionsdeklarationen

```
// Einfachste Form.
func simplest() { ... }

// Dito, nur extern.
func simplestExternal()

// Ein Parameter, eine Rückgabe.
func oneInAndOut(n int) true { ... }
```

```
// Parameter und Rückgabe mehrfach.
func multiple(s string, l int) (n int, ok bool) { ... }
```

Dem Namen folgen in Klammern die optionalen Parameter, anschließend die ebenfalls optionalen Rückgaben und in der Regel der Funktionsrumpf. Die Deklaration von extern in C implementierten Funktionen verzichtet auf den Funktionsrumpf.

Einfache Parameter

Die Definition der Parameter einer Funktion erfolgt mit einem Bezeichner und dem Typ des Parameters. Sind mehrere aufeinanderfolgende Parameter vom gleichen Typ, so muss dieser erst nach dem letzten Parameter aufgeführt werden. Die Parameter selbst müssen innerhalb einer Funktion nicht alle genutzt werden, der Compiler gibt hier keine Warnung aus. Ein Grund hierfür liegt beispielsweise in der Verwendung von Funktionen als Parameter einer anderen Funktion. Der Entwickler der nutzenden Funktion hat durch seine Deklaration die Signatur der erwarteten Funktion festgelegt. Für den Entwickler der übergebenen Funktion mag hingegen nur einer der Parameter interessant sein.

Quelltext 3.28
Funktionen als Parameter

```
// Funktionstyp für Verarbeitung.
type MeasurementProcessor func(int, int, int)

// Messungen verarbeiten.
func processMeasurements(f MeasurementProcessor) {
    ...
}

// Berechne das absolute Minimum.
func absoluteMinimum() int {
    absMin := MAX_MEASUREMENT_VALUE
    minProc := func(min, avg, max int) {
        // Nur min ist interessant.

        if min < absMin {
            absMin = min
        }
    }

    processMeasurements(minProc)

    return absMin
}
```

Variable Parameter

Neben Funktionen mit einer fest definierten Anzahl an Parametern mit ihren jeweiligen Typen können auch Funktionen mit einer flexiblen Anzahl an Parametern deklariert werden. Diese können dabei über einen festen Typ verfügen oder auch vollkommen unspezifiziert sein. Hiervon hängt dann die weitere Verarbeitung ab.

Allen gemeinsam ist, dass die *variablen Parameter* die letzten einer Signatur sind. Sie werden durch seinen Bezeichner und drei Punkte eingeleitet. Der Typ folgt den drei Punkten. Innerhalb der Funktion kann dieser Parameter wie ein Slice seines Typs gehandhabt werden. Die Anzahl der Elemente im Slice entspricht der Anzahl übergebener Parameter und darf dabei auch null sein.

Quelltext 3.29
Variable Parameter mit Typ

```
// Summe bilden.
func sum(nums ...int) int {
    s := 0

    for _, num := range nums {
        s += num
    }

    return s
}

// Hauptprogramm.
func main() {
    s1 := sum(1, 2, 3, 4, 5, 6, 7)
    s2 := sum()

    fmt.Printf("Summe 1: %v\n", s1)    // 28
    fmt.Printf("Summe 2: %v\n", s2)    // 0
}
```

Ist die Übergabe beliebiger Parameter gewünscht, kommt als Typ **interface{}** zum Einsatz, sowohl bei einfachen als auch bei variablen Parametern. Die Unterscheidung des Typs erfolgt dann über den Type Switch (siehe Abschnitt 3.8.3) oder Reflection (siehe Abschnitt 4.2.1).

Quelltext 3.30
Empty Interface als variabler Parameter

```
// Typprüfung.
func typecheck(values ...interface{}) int {
    for _, value := range values {
        switch v := value.(type) {
        case int:
            fmt.Printf("%v ist ein int.\n", v)
```

```
        case float:
            fmt.Printf("%v ist ein float.\n", v)
        case string:
            fmt.Printf("%v ist ein string.\n", v)
        case bool:
            fmt.Printf("%v ist ein bool.\n", v)
        default:
            fmt.Printf("Ooops, hab' keinen Plan.\n")
        }
    }
}

// Hauptprogramm.
func main() {
    typecheck(47.11, "Hello, world!", 815, true)
}
```

Für die Weiterleitung von variablen Parametern an eine Funktion müssen dem Bezeichner bei der Übergabe drei Punkte folgen. Andernfalls erfolgt die Übergabe als nur ein Argument vom Typ `[]T`. Auf dem gleichen Weg lassen sich auch Slices erzeugen und als individuelle Argumente übergeben.

Quelltext 3.31
Variable Parameter weiterleiten

```
func Foo(s ...string) {
    // Weiterleitung als variable Parameter.

    Bar(s...)

    // Weiterleitung als Slice.

    Yadda(s)

    // Neues Slice übergeben.

    ns := []string{"alpha", "beta", "gamma"}

    Bar(ns)
    Yadda(ns)
}

func Bar(s ...string) { ... }

func Yadda(s []string) { ... }
```

Rückgabe

Wird für eine Funktion eine Rückgabe definiert, so müssen alle Ablaufpfade innerhalb der Funktion zu einer **return**-Anweisung führen. Ihr folgen entsprechend der Definition der Rückgabe passende Variablen, Konstanten oder Ausdrücke. Sind die Rückgaben im Rahmen der Funktionssignatur mit Namen definiert, so kann diesen bereits im Funktionsrumpf ein Wert zugewiesen werden. Dem **return** müssen hier keine Ausdrücke mehr folgen. Aber Obacht! Innerhalb der Funktion können die gleichen Namen erneut definiert und in ihrem jeweiligen Block genutzt werden. So ist es leicht möglich, versehentlich diesen lokalen Variablen die Werte zuzuweisen, die eigentlich als Rückgabe vorgesehen sind. Dieser Fehler hätte die Beendigung der Funktion mit den jeweiligen Initialwerten der Rückgabetypen zur Folge.

Quelltext 3.32 *Rückgabe mit Bezeichnern*

```
// Positive Zahlen addieren.
func positiveAdd(a, b int) (result int, ok bool) {
    if a >= 0 && b >= 0 {
        result = a + b
        ok = true
    } else {
        result = 0
        ok = false
    }

    return
}
```

Hier würde eine versehentliche Verwendung von `:=` für die Zuweisungen neue Variablen erzeugen, `result` wäre immer 0 und `ok` immer **false**. Daher ist dies genau zu prüfen.

Quelltext 3.33 *Rückgabe ohne Bezeichner*

```
// Positive Zahlen addieren.
func positiveAdd(a, b int) (int, bool) {
    if a >= 0 && b >= 0 {
        return a + b, true
    }

    return 0, false
}
```

Im Rahmen einer Mehrfachrückgabe kann es nun auch vorkommen, dass nur einzelne Werte benötigt werden, andere hingegen nicht. Diese können dann durch einen Unterstrich als Platzhalter ausgeblendet werden. Ebenso kann die Rückgabe einer Funktion auch komplett ignoriert werden.

Quelltext 3.34 *Ignorieren der Rückgabe*

```
// Vollstaendige Nutzung.

resultA, okA := positiveAdd(-5, 10)

// Ignorieren des Ergebnisses.

_, okB := positiveAdd(10, 20)

// Ignorieren der gesamten Rückgabe.

positiveAdd(47, 11)
```

3.3.2 Anonyme Funktionen

Für anonyme Funktionen – auch als *Closures* bekannt – gilt im Rahmen der Definition nahezu das alles genau so, wie für Funktionen mit einem Bezeichner. Ihr fehlt nur genau das, was sie zu anonymen Funktionen macht: der fehlende Bezeichner. Bezüglich der Parameter und Rückgabe verhält sich eine anonyme Funktion hingegen so, wie im vorherigen Abschnitt beschrieben wurde.

Eine anonyme Funktion kann im Rahmen ihrer Definition einer Variablen oder einem Parameter zugewiesen werden. Diese bilden dann in ihrem Kontext den Bezeichner für den Aufruf der Funktion. Ebenso kann eine anonyme Funktion direkt nach der Deklaration aufgerufen werden, beispielsweise im Rahmen einer Verwendung mit **go**, um die Ausführung in den Hintergrund zu verlegen. In diesem Fall folgen der Definition unmittelbar die Parameter in Klammern.

Closures können auf die Variablen einer sie umgebenden Funktion zugreifen. Diese werden dann zwischen der anonymen und der sie enthaltenden Funktion geteilt. Hierin liegt der besondere Reiz. Funktionen oder Methoden nehmen diese Closures als Parameter entgegen und führen sie mit eigenen Daten als Parameter aus. Dies erlaubt eine leichte Verarbeitung interner Daten ohne direkten Zugriff auf die Struktur.

Quelltext 3.35 *Anonyme Funktionen unterstützen Kapselung.*

```
// Durchschnittlichen Kundenumsatz ermitteln.
func AvgCustomerTurnover() float {
    sum := 0.0
    count := 0

    // Anonyme Funktion zur Addition der Umsätze
    // und dem Zählen der Kunden.
```

```
    turnoverRetriever := func(c Customer) {
        sum += c.Turnover()

        count++
    }

    // Kundenverwaltung im Package 'customer'.

    customer.CustomersDo(turnoverRetriever)

    // Durchschnitt berechnen.

    if count > 0 {
        return sum / count
    }

    return 0.0
}
```

In welcher Form die Funktion `CustomersDo()` die Kunden verwaltet und über sie iteriert, ist für den Aufrufer nicht relevant, ebenso wenig wie eine Änderung der Implementierung. Das Interface ist klar definiert.

Quelltext 3.36 *Nutzung der anonymen Funktion*

```
// Einsatz der übergebenen Funktion
// für alle Kunden.
func CustomersDo(f func(Customer)) {
    for _, c := range allCustomers { f(c) }
}
```

Ein weiterer Vorteil eines Closures ist auch die Sicherung eines Kontexts über dessen eigentliche Lebenszeit hinaus. So kann eine anonyme Funktion auch weiter eingesetzt werden, wenn der Aufrufer bereits beendet wurde.

Quelltext 3.37 *Sicherung des Kontexts*

```
// Mail an Kunden mit einem Mindestumsatz senden.
func SendMail(mt MailTemplate, turnover float) {
    // Mailfunktion definieren.

    mailSender := func(c Customer) {
        if c.Turnover() >= turnover {
            mail := NewMail(c, mt)

            mailer.Send(mail)
        }
    }
```

```
    // Als Goroutine im Hintergrund verarbeiten.

    go customer.CustomersDo(mailSender)
}
```

Im Beispiel wird die Funktion `SendMail()` beendet, nachdem eine Goroutine mit der Verarbeitung gestartet wurde. Während der Programmverlauf für den Aufrufer weitergeht, werden die entsprechenden Mails im Hintergrund an ausgewählte Kunden versandt. Die hierfür zum Einsatz kommende anonyme Funktion hat dabei weiterhin Zugriff auf die Parameter `mt` und `turnover`. Erst nach der Beendigung der Goroutine werden auch diese dem Garbage Collector zur Bereinigung freigegeben.

3.3.3 Methoden

Bei Methoden handelt es sich um Funktionen mit einem Empfänger. Die Deklaration ähnelt der Deklaration von Funktionen mit Bezeichnern; bei der Definition von Parametern und der Rückgabe existiert kein Unterschied. Allerdings wird zwischen dem Schlüsselwort **func** und dem Bezeichner der Empfänger spezifiziert. Die Angabe erfolgt in Form eines optionalen Bezeichners, gegebenenfalls mit einem Sternchen für die Definition als Pointer sowie dem Typ des Empfängers. Innerhalb der Methode ist der Empfänger über seinen Bezeichner verfügbar, der Aufruf von außen erfolgt über den Empfänger, gefolgt von einem Punkt und dem eigentlichen Methodenaufruf.

Quelltext 3.38 *Deklaration von Methoden*

```
type Mail struct {
    sender   string
    receiver string
    subject  string
    text     string
}

// Eine Mail erzeugen.
func NewMail(sender, receiver string) *Mail { ... }

// Den Betreff setzen.
func (m *Mail) SetSubject(subject string) {
    m.subject = subject
}

// Den Betreff auslesen.
func (m *Mail) Subject() string {
    return m.subject
}
```

Ein Unterschied zwischen den beiden Methoden `SetSubject()` und `Subject()` ist die Verwendung des Empfängers mal als Pointer, mal nicht. Der Unterschied liegt im schreibenden Zugriff auf den Empfänger. Dies ist nur bei einem Pointer erlaubt. So setzt im Beispiel die Methode `SetSubject()` den Betreff der Mail. Innerhalb von `Subject()` wird der Empfänger nur gelesen. Ohne eine Referenzierung über den Pointer ist die Zuweisung zwar auch gestattet, wirkt aber nur innerhalb des Methodenblocks. Der Empfänger ist in diesem Fall eine Kopie. Nach Verlassen der Methode hat `m` hingegen wieder den alten Wert.

Die Verwendung einer Methode für einen Empfänger erfolgt über einen Punkt – wie schon die Referenzierung eines exportierten Bezeichners oder der Felder einer Struktur.

Quelltext 3.39
Nutzung von Methoden

```
// mailA ist eine Referenz.

mailA := NewMail("from.me@go.go", "to.you@go.go")

mailA.SetSubject("Hello, world!")

subject := mailA.Subject()

// mailB ist eine regulaere Variable.

var mailB Mail

mailB.SetSubject("Hello, world!")
```

Die Definition von Methoden für einen Typ ist auf das Package beschränkt, in dem auch der entsprechende Typ deklariert wurde. Damit ist klar, dass keine Methode zu einem der Standardtypen definiert werden kann.

Allerdings ist es möglich, mittels **type** einen einfachen Alias anzulegen. Für diesen können anschließend eigene Methode deklariert werden.

Quelltext 3.40
Aliase für Standardtypen

```
// Eine Größe.
type Size uint

// Ausgabe der Größe als String.
func (s Size) String() string {
    switch {
    case s > 1000000:
        return "extrem groß"
    case s > 10000:
        return "sehr groß"
```

```
    case s > 100:
        return "groß"
    case s > 10:
        return "klein"
    }

    return "winzig"
}
```

Wird nun eine Variable vom Typ `Size` definiert und ihr eine Zahl zugewiesen, so wird bei der Ausgabe über `fmt.Printf()` auf die Methode `String()` zurückgegriffen und die textuelle Klassifizierung der Zahl ausgegeben.

3.3.4 Goroutinen

Goroutinen sind – zusammen mit den Channels – eine der besonderen Spezialitäten von Go. Sie sind ein wichtiges Strukturierungsmittel für Programme in nebenläufig agierenden und miteinander kommunizierenden Einheiten. Dabei geht es in erster Linie nicht um eine parallele Programmausführung, sondern um die Organisation des Codes ähnlich der Objektorientierung. Dass diese Form mit zunehmender Anzahl an Rechenkernen gut skaliert, ist ein willkommener Nebeneffekt.

Bei Goroutinen handelt es sich um sehr leichtgewichtige nebenläufige Prozesse, die über einen Thread-Pool sowie eine optimierte Speicherverwaltung effizient durch Go ausgeführt werden können. Dabei sind mehrere Tausend gleichzeitiger Goroutinen kein Problem für das System. Natürlich spielt für die Ausführung auch die Anzahl der zur Verfügung stehenden Rechenkerne eine wichtige Rolle. Doch vielfach ist es so, dass Goroutinen auf zu verarbeitende Daten aus Channels warten, während relativ wenige am Arbeiten sind. Diese verteilt Go optimal auf die zur Verfügung stehende Hardware.

Für die Ausführung einer Goroutine ist nur eine Funktion oder Methode sowie das Schlüsselwort **go** erforderlich. Dieses wird dem Aufruf der Funktion vorangestellt. Die Verarbeitung der Funktion wird hiermit in den Hintergrund verlegt, der Programmfluss des Aufrufers unmittelbar fortgesetzt. Wurde die entsprechende Funktion mit einer Rückgabe deklariert, so wird diese logischerweise verworfen. Daher muss ein eventuelles Ergebnis über einen oder mehrere Channels zurückgeliefert werden.

Quelltext 3.41
Goroutinen mit go starten

```
go server()

go twittertracker.Listener(tracklist)

go func(msgChan chan *Message) {
    for {
        msg := <-msgChan

        msg.ReplyChan <- msg.Text
    }
}()
```

Der Aufbau der Goroutinen ist auf unterschiedlichste Art und Weise möglich. Da sind einerseits reine sequenzielle Aufgaben, die aus einem einmaligen einfachen Ablauf von Anweisungen bestehen. Die Verarbeitung beginnt mit dem Start der Goroutine, nach der letzten Anweisung wird sie beendet. Eine Spielform hiervon ist eine Goroutine mit einem Eingangs- sowie einem oder mehreren Ausgangskanälen. In einer Schleife werden Daten über den Eingangs-Channel empfangen, bis dieser geschlossen wird. Innerhalb der Funktion werden die empfangenen Daten verarbeitet und das Ergebnis über einen der Ausgangskanäle an einen Empfänger geliefert. Die Ausgangskanäle können Eingangskanäle weiterer derartiger Goroutinen sein. So baut sich eine als *Pipes and Filters* bezeichnete Architektur auf. Abschnitt 6.4.2 stellt diese noch einmal detaillierter vor.

Für die Realisierung von Servern beziehungsweise nebenläufigen Komponenten innerhalb einer Anwendung kommen Goroutinen mit einer Endlosschleife zum Einsatz. In dieser werden typischerweise über ein `select` Daten aus verschiedenen Channels empfangen. Hierbei handelt es sich um Kommandos zur Abfrage und Steuerung des Servers sowie unterschiedliche direkt zu verarbeitende Daten. Funktionen oder Methoden stellen anschließend den Zugriff auf diesen Server bereit. Das nachfolgende Beispiel verdeutlicht diese Struktur.

Ein Rechner als nebenläufiges Objekt

Als Basis für eine nebenläufige Komponente kommt in der Regel eine exportierte Struktur zum Einsatz. Sie enthält ein oder mehrere Felder für die Verwaltung des Zustands sowie einen oder mehrere Channels für die Kommunikation. Ein sehr generischer, in Go üblicher Weg für Kommandos ist die Verwendung eines Typs mit einer Closure für die zu erledigende Aufgabe plus einem Rückgabe-Channel. Ein Taschenrechner als Beispiel soll dies verdeutlichen.

Quelltext 3.42
Typen für den Taschenrechner

```
// Kapselung eines Kommandos.
type command struct {
    task      func(float64) float64
    replyChan chan float64
}

// Der Taschenrechner als Typ.
type Calculator struct {
    register float64
    cmdChan  chan command
    quitChan chan bool
}
```

Nun wird der neue Taschenrechner über eine eigene Funktion erzeugt. Dies entspricht dem Konstruktor klassischer objektorientierter Sprachen. Nach Erzeugung der Struktur werden initiale Werte – im Beispiel das Register – sowie der Channel für die Kommandos erzeugt. Vor der Rückgabe der erzeugten Struktur wird die Methode des dazugehörigen Backends als Goroutine gestartet. Es hat die Aufgabe, Kommandos in einer Endlosschleife entgegenzunehmen, die jeweils enthaltene Closure auszuführen und das Ergebnis sowohl im Register zu speichern als auch an den Aufrufer zurückzuliefern. Diese sequenzielle Verarbeitung sorgt für einen konsistenten Zustand auch bei gleichzeitiger Nutzung durch eine Vielzahl weiterer Goroutinen.

Quelltext 3.43
Erzeugung und Goroutine

```
// Konstruktor des Taschenrechners.
func NewCalculator(init float64) *Calculator {
    // Calculator erzeugen.

    c := new(Calculator)

    // Initialisieren.

    c.register = init
    c.cmdChan = make(chan command)
    c.quitChan = make(chan bool)

    // Hintergrundroutine starten.

    go c.backend()

    return c
}
```

```
// Nebenläufiger Teil des Rechners.
func (c *Calculator) backend() {
    for {
        select {
        case cmd := <-c.cmdChan:
            // Verarbeitung eines Kommandos.
            c.register = cmd.task(c.register)

            cmd.replyChan <- c.register
        case <-c.quitChan:
            // Rechner beenden.
            return
        }
    }
}
```

Abschließend werden dem Nutzer des Typs weitere Methoden für die eigentlichen Aufgaben zur Verfügung gestellt. Sie erzeugen intern jeweils das Closure für die Aufgabe sowie einen Rückgabe-Channel. Dieses Kommando wird über den Kommando-Channel an das Backend gesandt, und anschließend wird auf das Ergebnis gewartet. Dieses wird dem Aufrufer zurückgeliefert.

Quelltext 3.44
Arbeitsmethoden

```
// Addition eines Werts.
func (c *Calculator) Add(value float64) float64 {
    task := func(register float64) float64 {
        return register + value
    }
    reply := make(chan float64)

    c.cmdChan <- command{task, reply}
    return <-reply
}

// Subtraktion eines Werts.
func (c *Calculator) Subtract(value float64) float64 {
    task := func(register float64) float64 {
        return register - value
    }
    reply := make(chan float64)

    c.cmdChan <- command{task, reply}

    return <-reply
}
```

Quelltext 3.45
Einfache Zuweisungen

```
// Einfacher Wert.
a = 4711

// Array, Slice oder Map.
b[a] = "Köln"

// Channel.
*c = <-customerChan

// Funktion.
d[c.id] = readAddress(c.id)
```

```
// Beendigung des Rechners.
func (c *Calculator) Quit() {
    c.quitChan <- true
}
```

Dieses einfache Muster lässt sich problemlos variieren und für eine Vielzahl interner Server einsetzen. So verwundert es nicht, dass es sich auch in den Go-Standard-Packages wiederfindet.

3.4 Zuweisungen

Im Rahmen einfacher Zuweisungen lassen sich die Ergebnisse von Ausdrücken Variablen, Verweisen von Zeigern, Feldern in Strukturen und Elementen in Maps, Arrays oder Slices zuweisen. Zusätzlich ist der leere Bezeichner erlaubt. Der Zuweisungsoperator hierfür ist das Gleichheitszeichen.

3.4.1 Zuweisungen mit Deklaration

Die in Abschnitt 3.2.2 beschriebene verkürzte Deklaration von Variablen verbindet die Deklaration mit einer gleichzeitigen Zuweisung. Der Operator hierfür ist die Kombination aus Doppelpunkt und Gleichheitszeichen.

Quelltext 3.46
Zuweisungen mit verkürzten Deklarationen

```
// Einfache Wert.

a := 4711

// Arrays Slice oder Map.

b := x[a]
```

```
// Channel, nicht blockierend und mit Prüfung.

c, ok := <-customerChan

// Funktion.

d := readAddresses()
```

3.4.2 Mehrfachzuweisungen

Neben den einfachen Zuweisungen sind auch Mehrfachzuweisungen erlaubt. Sie existieren in zwei Varianten. Bei der ersten ist auf der rechten Seite ein Ausdruck, der mehrere Ergebnisse zurückliefert. Hierzu gehören Funktionen mit mehreren Rückgaben, Zugriffe auf Channels und Maps oder Type Assertions (siehe hierzu auch Abschnitt 3.5.2). In diesem Fall muss die Anzahl der Operanden auf der linken Seite genau der Anzahl der gelieferten Werte entsprechen. Diese werden durch Kommata getrennt.

Werden einzelne Werte nicht benötigt, ist an deren Stelle der Einsatz des leeren Bezeichners gestattet. Die Rückgaben beziehungsweise Ergebnisse des rechten Ausdrucks werden in diesem Fall ignoriert.

Quelltext 3.47
Mehrfachzuweisungen

```
// Funktion mit zwei Rückgaben.

x, y := point.Coordinates()

// Map-Zugriff mit Prüfung.

listener, ok := listeners[id]

// Verwerfen eines Datums.

date, _ := record.DateAndTime()
```

Im zweiten Fall muss die Anzahl der Operanden auf der linken Seite der Anzahl der Ausdrücke auf der rechten Seite entsprechen. Erneut erfolgt die Trennung durch Kommata. Hier erfolgt die Zuweisung von links nach rechts entsprechend der jeweiligen Position.

Somit wird dem ersten Operanden also das Ergebnis des ersten Ausdrucks zugewiesen, dem zweiten das Ergebnis des zweiten und so fort. Vor der ersten Zuweisung werden zuerst alle Ausdrücke der rechten Seite komplett ausgewertet. Weiter ist die Auswertungsreihenfolge jedoch nicht spezifiziert.

Quelltext 3.48 *Mehrfache Zuweisungen*

```
// Initialisierung mehrerer Variablen.

a, b, c = 1, 2.0, true

// (Unübersichtliche) Auswertung mehrerer Funktionen.

e, f = doThis(), doThat()

// Tausch zweier Variablen.

g, h = h, g
```

3.4.3 Operatoren kombiniert mit Zuweisungen

Neben reinen arithmetischen Operationen und Zuweisungen verfügt Go wie viele weitere Sprachen auch über eine Kombination aus beidem. Hier wird die Variable links der Operatorzuweisung gemäß dem Operator sowie dem Ergebnis des Ausdrucks rechts modifiziert. Dies verringert die Schreibarbeit.

Quelltext 3.49 *Operatoren mit Zuweisungen*

```
a += 5     // a um 5 erhöhen.
b -= 2     // b um 2 vermindern.
c |= 1     // Letztes Bit in c setzen.
d <<= 4    // d um 4 verschieben (mit 16 multiplizieren).
```

3.5 Vom Umgang mit Typen

Go arbeitet als Vertreter der statisch typisierten Sprachen mit einer sehr strikten Überprüfung der Typen. So lässt sich der Wertebereich eines **int16** innerhalb eines **int32** abbilden. Dennoch darf keine direkte Zuweisung erfolgen. Die Entwickler der Sprache Go wollten mögliche Fehler durch eine zu leichtfertige Handhabung vermeiden. Daher muss die Umwandlung zwischen Typen explizit erfolgen. Ein Schlupfloch ist der Typ **interface{}** als Platzhalter für jeden Datentyp. Für seine weitere Nutzung sind dann die weiter unter aufgeführten *Type Assertions* oder *Type Switches* notwendig.

3.5.1 Typkonvertierung

Die Konvertierung von Werten eines Typs in einen anderen sind in Go unter bestimmten Voraussetzungen erlaubt. Der Ausdruck für eine *Conversion* eines Werts `w` vom Typ `W` in einen Typ `T` lautet `T(w)`.

Eine Konvertierung in dieser Form ist erlaubt, wenn

- die unterliegenden Typen von `W` und `T` gleich sind (siehe Abschnitt 2.10.1),
- der Wert `w` zum Typ `T` zuweisungskompatibel ist (siehe Abschnitt 2.10.2),
- `W` und `T` Pointer sind und ihre Basistypen identische unterliegende Typen haben,
- `W` oder `T` beides jeweils Integers, Floats oder komplexe Zahlen sind,
- `w` ein Integer, ein `[]`**`byte`** oder ein `[]`**`int`** sowie `T` vom Typ String ist oder
- `w` ein String und `T` vom Typ `[]`**`byte`** oder `[]`**`int`** ist.

Diese Konvertierungen werden direkt durch die Sprache gehandhabt. Weitere Konvertierungen von und nach String sind im Package `strconv` realisiert. Es ist ab Seite 148 dokumentiert.

3.5.2 Typprüfung

Zur Konvertierung eines Typs in einen anderen ist es hilfreich, den aktuellen Typ zu kennen. Das ideale Konstrukt hierfür ist der in Abschnitt 3.8.3 vorgestellte Type Switch. Doch auch in einer Reihe individueller Anweisungen können Sie einen Wert auf einen Typ überprüfen und dementsprechend darauf reagieren. Der Ausdruck `v.(T)` prüft, ob der Ausdruck `v` ungleich **`nil`** und vom Typ `T` ist oder – im Falle eines Interface – diese von `v` implementiert wird. Go spricht hier von *Type Assertions*.

Wird dieser Prüfung standgehalten, so ist der geprüfte Typ korrekt. Andernfalls löst das Laufzeitsystem von Go eine *Panic* aus. Das System bricht mit einem Laufzeitfehler ab. Zur Sicherstellung eines korrekten Typs mag dies hinreichend sein, für eine kontrollierte weitere Programmausführung ist es hingegen zu wenig. Daher kommen hier Ausdrücke mit einer zweifachen Zuweisung zum Einsatz.

Bei einer Zuweisung der Konvertierung zu zwei Variablen kommt es nicht zu einer Panic. Hierbei ist die erste Variable vom Zieltyp, die zweite ist eine boolesche Variable. Dies kann in einer Abfrage geprüft werden. Im folgenden Quelltext wird das Ergebnis der Typprüfung den Variablen `y` und `ok` zugewiesen. Im positiven Fall hat `ok` den Wert **`true`** und `y` enthält den gesuchten Wert. Andernfalls hat `ok` den Wert **`false`** während `y` den Initialwert des jeweiligen geprüften Typs erhält.

Quelltext 3.50
Einfache Typprüfung

```
// Leeres Interface.

var x interface{}

x = 4711

// Sichere Konvertierung von x in ein int.

if y, ok := x.(int); ok {
    // x ist ein int und typsicher nach y
    // konvertiert.

    ...
}
```

Ein Typ in Go kann mehrere Interfaces gleichzeitig realisieren. Nun kann es manchmal ganz hilfreich sein, auch hier genauere Informationen über die Implementierung zu erfahren. Als Beispiel definieren wir im Folgenden das Interface `Initiable` mit der Methode `Init()`. Unser Ziel ist die optionale Initialisierung im Rahmen einer Bibliothek und ebenso die Fähigkeit zur Terminierung über das Interface `Terminable` und deren Methode `Terminate()`. Sie können mit der Type Assertion flexibel eingesetzt werden. Beide können gemeinsam mit dem Interface `Component` zum Einsatz kommen, die als einzige Methode `Run()` für die eigentliche Arbeit definiert hat.

Quelltext 3.51
Optionaler Einsatz von Interfaces

```
// Eine Komponente arbeiten lassen.
func Run(c Component) {
    // Optionale Initialisierung.

    if i, ok := c.(Initiable); ok {
        i.Init()
    }

    // Einzige verlässliche Methode
    // der Komponente.

    c.Run()

    // Optionale Terminierung.

    if t, ok := c.(Terminable); ok {
        t.Terminate()
    }
}
```

Hier kommen die optionalen Methoden nur zum Einsatz, wenn die übergebene Komponente die entsprechende Interfaces auch implementiert.

3.6 Operatoren

Operatoren dienen dem Vergleich von Werten, der logischen Verknüpfung, der Kommunikation und vielfältigen arithmetischen Operationen. Es wird zwischen binären Operatoren mit zwei Operanden und unären Operatoren mit nur einem Operanden unterschieden. Gleichzeitig lassen sie sich verketten und über Klammerung verschachteln. Die Auswertungsreihenfolge richtet sich dabei nach dem in Abschnitt 3.6.7 beschriebenen Vorrang.

3.6.1 Vergleich

Der Vergleich zweier Werte gleichen Typs ergibt immer ein Wahrheitswert. Die genaue Ausprägung richtet sich dabei nach den zu vergleichenden Datentypen. Beide Operanden müssen hierfür vergleichbar, ihre Typen müssen also einander zuweisbar sein.

Tab. 3-1 *Vergleichsoperatoren*

Operator	Bezeichnung
`a == b`	gleich
`a != b`	ungleich
`a < b`	kleiner
`a <= b`	kleiner oder gleich
`a > b`	größer
`a >= b`	größer oder gleich

Die Vergleiche auf Gleichheit (==) beziehungsweise Ungleichheit (!=) lassen sich auf alle Typen außer Arrays und Strukturen anwenden. Alle anderen arbeiten nur auf Ganzzahlen und Fließkommazahlen sowie auf Strings. Die Ergebnisse der Vergleiche sind:

- Ganzzahlen werden in natürlicher Weise verglichen.
- Der Vergleich von Fließkommazahlen entspricht der Definition des IEEE-754-Standards.
- Komplexe Zahlen sind gleich, wenn ihre jeweiligen Real- und Imaginärteile gleich sind. Diese sind Fließkommazahlen, der indivi-

duelle Vergleich richtet sich demnach wieder nach dem IEEE-754-Standard.

- Strings werden Byte für Byte verglichen.
- Wahrheitswerte sind gleich, wenn jeweils beide Operanden *wahr* oder *falsch* sind.
- Zwei Zeiger müssen für eine Gleichheit auf die gleiche Adresse verweisen. Alternativ können beide auch den Wert **`nil`** haben.
- Der Vergleich zweier Funktionswerte ist dann *wahr*, wenn beide auf die gleiche Funktion beziehungsweise beide auf **`nil`** verweisen.
- Ein Slice kann nur gegen **`nil`** verglichen werden. Inhaltliche Vergleiche sind nicht möglich.
- Maps werden ebenfalls nicht inhaltlich verglichen. Zwei sie repräsentierende Variablen gelten dann als gleich, wenn sie durch den gleichen Aufruf von **`make()`** entstanden sind. Dies ist nur über Zuweisungen im Programmverlauf erreichbar. Alternativ können beide Variablen auch den Wert **`nil`** haben.
- Der Vergleich zweier Channel-Variablen entspricht dem Vergleich zweier Maps.
- Für die Gleichheit zweier Interfaces müssen sowohl die sie implementierenden Typen als auch deren Werte gleich sein. Auch hier ist eine Gleichheit gegeben, wenn beide den Wert **`nil`** haben.

Für den Vergleich von Zeigern, Funktionswerten, Slices, Maps, Channels oder Interfaces mit dem Wert **`nil`** dürfen diese noch nicht initialisiert sein, also implizit über diesen Wert verfügen. Alternativ kann ihnen explizit **`nil`** oder eine Variable mit diesem Wert zugewiesen werden.

3.6.2 Logisch

Logische Operatoren dienen zur Verknüpfung der logischen Werte *wahr* (**`true`**) und *falsch* (**`false`**). Die boolesche Algebra ist einfach anzuwenden und hilft bei der Kombination von Bedingungen. Das Ergebnis einer logischen Operation ist immer ein Wahrheitswert.

Tab. 3-2
Logische Operatoren

Operator	Bezeichnung	Bedeutung
`a && b`	und	Wenn a **`true`** ist, dann b, sonst **`false`**.
`a || b`	oder	Wenn a **`true`** ist, dann **`true`**, sonst b.
`!a`	Negierung	Gegenteil von a.

Wenn bei den beiden binären Operatoren bereits der linke Operand für das Ergebnis hinreichend ist, wird ein Ausdruck auf der rechten Seite nicht mehr ausgewertet. Daher sollte bei einer Verknüpfung zweier Ausdrücke der weniger rechenintensive Ausdruck links platziert werden. Beim `&&` (*und*) wird der länger andauernde Ausdruck erst ausgewertet, wenn der linke Ausdruck **`true`** ergibt, beim `||` (*oder*) geschieht dies hingegen bei einem **`false`**.

Quelltext 3.52
Optimierung der Auswertung

```
// Hier Variable, kann auch schnelle Funktion
// oder Ausdruck sein.

control := false   // Oder true.

// Ungünstige Reihenfolge

if longLastingOperation() && control { ... }

if longLastingOperation() || control { ... }

// Ausführung longLastingOperation() vermeiden.

if control && longLastingOperation() { ... }

if control || longLastingOperation() { ... }
```

Mehrere Operatoren lassen sich miteinander verketten. Die Auswertung erfolgt dabei von links nach rechts. Andere Reihenfolgen lassen sich durch eine Klammerung erreichen.

Quelltext 3.53
Verkettung logischer Operatoren

```
// Ergibt false wg. der letzten Operation.

a := true && true && true && false && true

// Ergibt true.

b := true && false || true

// Auswertungsreihenfolge:
// false || (true && (false || true))
// => false || (true && true)
// => false || true
// => true

c := false || true && false || true
```

```
// Kurze Auswertungsreihenfolge:
// true || (false && (false || true))
// => true

d := true ||false && false || true
```

3.6.3 Kommunikation

Zum Versand und Empfang von Informationen über Channels dient der Operator `<-`. Dabei wird beim Senden die den Channel repräsentierende Variable links vom Operator platziert, rechts der zu versendende Wert beziehungsweise ein Ausdruck, aus dem er sich ergibt. Der Typ des Werts muss dem definierten Typ des Channels entsprechen. Beim Empfang wird der Channel hingegen rechts vom Operator notiert. Links kann eine Zuweisung zu einer Variablen stehen. Ohne diese wird ein Wert ausgelesen, steht jedoch nicht für eine weitere Verwendung zur Verfügung.

Tab. 3-3 *Operatoren zur Kommunikation*

Operator	Bezeichnung
`ch <- v`	Versand
`ok := ch <- v`	Nicht blockierender Versand
`<-ch`	Empfang
`v := <-ch`	Empfang mit Zuweisung
`v, ok := <-ch`	Nicht blockierender Empfang mit Zuweisung

Vor einem Versand werden die Ausdrücke auf beiden Seiten des Operators ausgewertet. So stehen anschließend sowohl der zu nutzende Channel als auch das zu übertragende Datum fest. Ist der Channel ungepuffert, blockiert diese Übertragung, bis der Empfänger für den Empfang bereit ist. Gepufferte Channels können hingegen Werte aufnehmen, bis ihre Kapazität ausgeschöpft ist. Dann blockiert der Versand auch hier.

Zur Verhinderung einer Blockade kann der Versand auch kombiniert mit einer Zuweisung erfolgen. Dabei liefert die Operation einen Wahrheitswert zurück. Dieser ist im Falle eines erfolgreichen Versands **`true`**, ansonsten **`false`**. So kann im Programm manuell auf die Situation reagiert werden. Die Ausdrücke für den Channel und Wert werden auf jeden Fall ausgeführt, können also zu Seiteneffekten führen.

Quelltext 3.54
Versenden von Daten

```
// Regulärer Versand.
func (mt *MyType) Quit() {
    mt.quitChan <- true
}

// Nicht blockierender Versand mit Prüfung.
func CheckedSend(st SendTask) bool {
    ok := st.Channel() <- st.Data()

    if !ok {
        log.Printf("Daten %v konnten nicht " +
            "gesendet werden!", st.Id())
    }

    return ok
}
```

Für den Empfang wird der Ausdruck rechts des in diesem Fall unären Operators <- ausgeführt. Er blockiert den Programmverlauf so lange, bis ein Datum am Channel anliegt. Dieses kann anschließend einer Variablen zugewiesen oder direkt weiterverwendet werden.

Quelltext 3.55
Blockierender Empfang von Daten

```
// Hintergrundfunktion des Servers.
func (s *Server) backend() {
    for {
        cmd := <-s.cmdChan

        switch cmd {
            ...
        }
    }
}

// Warten aus ein Ticker-Signal.
// Siehe Package 'time'.
func cronLoop() {
    for {
        // Auf Signal warten.

        <-ticker.C
        // Verarbeitung starten.

        ...
    }
}
```

Auch für den Empfang existiert eine nicht blockierende Variante. Hier muss eine Zuweisung zu zwei Variablen erfolgen. Die erste Variable enthält das ausgelesene Datum, die zweite einen Wahrheitswert. Ist dieser **true**, wurde ein Datum empfangen. Bei einem **false** lag hingegen kein Datum am Channel an, und die Variable enthält den Initialwert des Channel-Typs.

Quelltext 3.56 *Nicht blockierender Empfang von Daten*

```
if order, ok := <-orderChan; ok {
    fmt.Printf("Auftrag Nr %v empfangen.\n", order.Id())
} else {
    fmt.Printf("Keinen Auftrag empfangen.\n")
}
```

3.6.4 Adressen

Der Adressoperator & liefert die Adresse

- einer Variablen beliebigen Typs,
- eines durch einen Zeiger adressierten Datums,
- eines indizierten Elements eines Arrays oder eines Slices oder
- eines Feld einer Struktur

zurück. So können Referenzen auf diese Daten für eine Übergabe als Funktionsparameter erzeugt werden. Nur in diesem Fall ist es möglich, die Daten innerhalb der Funktion zu verändern. Mit dem Operator * kann anschließend das Datum hinter einer Referenz ausgelesen werden.

Quelltext 3.57 *Adressen ermitteln und nutzen*

```
// Knotentyp.
type Node struct {
    predecessor *Node
    successor   *Node
    data        interface{}
}

// Knoten erzeugen.
func NewNode(predecessor, successor *Node) *Node {
    n := &Node{predecessor, successor, nil}

    return n
}

// Knotendaten setzen.
func (n *Node) SetData(data interface{}) {
    n.data = data
}
```

3.6.5 Arithmetisch

Die arithmetischen Operationen werden auf die unterschiedlichen Zahlenformate von Go angewandt und liefern als Ergebnis den gleichen Typ wieder zurück. Einer der Operatoren, das +, dient zudem zur Verknüpfung von Strings. Die vier Standardoperatoren (+, -, *, /) lassen sich auf alle drei Zahlentypen Ganzzahlen, Fließkommazahlen und komplexe Zahlen anwenden. Alle weiteren beziehen sich nur auf Ganzzahlen. Die Operanden der binären Operatoren müssen dabei den jeweils gleichen Subtyp, also die gleiche Größe vorweisen.

Tab. 3-4 *Arithmetische Operatoren*

Operator	Bezeichnung	Anwendbar auf
a + b	Summe	Ganzzahlen, Fließkommazahlen, komplexe Zahlen, Strings
a - b	Differenz	Ganzzahlen, Fließkommazahlen, komplexe Zahlen
a * b	Produkt	Ganzzahlen, Fließkommazahlen, komplexe Zahlen
a / b	Quotient	Ganzzahlen, Fließkommazahlen, komplexe Zahlen
a % b	Rest	Ganzzahlen
a & b	binäres Und	Ganzzahlen
a | b	binäres Oder	Ganzzahlen
a ^ b	binäres Exklusiv-Oder	Ganzzahlen
a &^ b	binäres Und-Nicht	Ganzzahlen
a << b	Verschiebung links	Ganzzahlen (Stellenanzahl ohne Vorzeichen)
a >> b	Verschiebung rechts	Ganzzahlen (Stellenanzahl ohne Vorzeichen)

String

Die Verkettung von Strings ist nicht gerade eine arithmetische Operation. Doch die Konkatenation kommt der Addition im übertragenden Sinne recht nahe. Und so verwundert es nicht, dass die Entwickler von Go hierfür das Pluszeichen als Operator gewählt haben.

Wie nicht anders zu erwarten ist, werden zwei Strings mit dem Operator + zusammengefügt. Dies funktioniert jedoch nur bei zwei Strings beziehungsweise bei Ausdrücken, die Strings zurückliefern. Ein Zusammenfügen von Strings und beispielsweise Zahlen ist auf diesem

Weg nicht erlaubt. Hierfür dienen die Funktionen des Packages `fmt` oder die Kombination von Verkettung und Konvertierungsfunktionen.

Der zweite Operator ist der nahe Verwandte des Pluszeichens, das `+=`. Hier wird der String der Variablen links des Operators sowie der String rechts konkateniert und das Ergebnis gleichzeitig der Variablen zugewiesen. Auch in diesem Fall muss der Operand ein String oder ein Ausdruck sein, der einen String zurückliefert.

Quelltext 3.58
Strings verknüpfen

```
// Variable definieren.
var h string

// Neues und erweiterndes Zusammensetzen.
h = "Hel" + "lo,"

h += " world!"

// Gibt "Hello, world!" aus.
fmt.Printf(h)
```

Integer

Für die Integers in Go verhalten sich Addition, Subtraktion und Multiplikation wie erwartet. Bei einer Division wird das Ergebnis ganzzahlig gegen 0 abgeschnitten; der Rest lässt sich mit der entsprechenden Operation ermitteln.

Quelltext 3.59
Division und Rest

```
fmt.Printf("Wert des Quotienten: %f", 9 / 4)  // 2
fmt.Printf("Rest der Division  : %f", 9 % 4)  // 1
```

Eine Division durch 0 ist wie zu erwarten nicht gestattet und führt zu einem Abbruch mit einer *run-time panic*.

Die Verschiebeoperation verschieben die Operanden links bitweise um die Anzahl der Stellen rechts vom Operator. So entspricht eine Linksverschiebung um 1 einer Multiplikation um 2, eine Rechtsverschiebung von 1 einer Division durch 2. Bei dieser Operation wird ähnlich der Division in Richtung *-Unendlich* abgeschnitten.

Der linke Operand darf sowohl vorzeichenlos als auch vorzeichenbehaftet sein. Beim rechten Operand muss es sich hingegen um eine positive Zahl handeln. Sie darf beliebig groß sein, bei Werten, die größer als die Anzahl der Bits des linken Operanden minus 1 sind, führt die Operation jedoch zu einem Überlauf des Ergebnisses.

Quelltext 3.60
Verschiebungen

```
var o1 uint64 = 4294967296
var o2 int64 = -4294967296
var s uint = 16

var r1 uint64 = o1 << s
var r2 int64 = o2 << s
var r3 uint64 = o1 >> s
var r4 int64 = o2 >> s

fmt.Printf("%v << %v = %v\n", o1, s, r1)
fmt.Printf("%v << %v = %v\n", o2, s, r2)
fmt.Printf("%v >> %v = %v\n", o1, s, r3)
fmt.Printf("%v >> %v = %v\n", o2, s, r4)

// Ausgabe:
// 4294967296 << 16 = 281474976710656
// -4294967296 << 16 = -281474976710656
// 4294967296 >> 16 = 65536
// -4294967296 >> 16 = -65536
```

Die Operatoren `+`, `-` und `^` lassen sich auch unär verwenden. Dabei verhält sich `+ x` wie `0 + x` und `- x` wie `0 - x`. `^ x` erstellt das Zweierkomplement.

Der Überlauf im Rahmen der Operationen `+`, `-`, `*` und `<<` bei Integers ohne Vorzeichen führt zu einem Verwerfen der hohen Bits. Nach Überschreitung des Maximalwerts wird demnach wieder bei 0 begonnen.

Anders verhält es sich bei Integers mit Vorzeichen. Überläufe werden hier vom System intern durch die Kombination aus der Zahl, dem Operator und die Operanden abgebildet. Für den Compiler ist dies deterministisch, er löst keinen Fehler aus. Vielmehr nutzt er diesen Zustand für die weiteren Operationen. Dies kann dazu führen, dass nicht immer `x < x + 1` gilt.

Float

Die Berechnung von Summen, Differenzen, Produkten und Quotienten bei Floats ähnelt dem Verhalten bei Integers. Allerdings ist hier die Division nicht weiter als durch den Standard *IEEE-754* vorgegeben definiert. So kann je nach Compiler-Implementierung der Wert *+Unendlich* zurückgegeben oder eine *run-time panic* ausgelöst werden. Die unäre Verwendung von `+` und `-` verhält sich bei Floats wie bei Integers.

3.6.6 Sonderfall Inkrement und Dekrement

Eine besondere Rolle haben die Anweisungen `++` und `--`. In den bekannten C-Sprachen sind sie Operatoren, die je nach Position vor oder hinter dem Operanden einen Integer vor oder nach dem Zugriff um 1 erhöhen oder herunterzählen.

In Go handelt es sich hingegen nicht um Operatoren. Sie sind im Gegensatz zu den C-Sprachen immer nur nach einer Variablen, einem Zeiger, einem Verweis auf ein Feld einer Struktur oder einem Index-Ausdruck zu notieren und wirken auf das so bezeichnete Element. In dieser Form sind sie äquivalent zur Kombination aus Addition beziehungsweise Subtraktion von 1 mit gleichzeitiger Zuweisung. Die Motivation der Go-Entwickler liegt in der Tatsache, dass Go keine Zeigerarithmetik kennt. So haben sie die Gelegenheit genutzt und die Evaluierung von Ausdrücken vereinfacht. Die Wahl auf die Postfix-Notation wurde nur wegen der gewohnten Schreibweise getroffen.

Quelltext 3.61
Inkrement und Dekrement

```
x := 5

x += 1  // 6
x++     // 7
x--     // 6
x -= 1  // 5
```

3.6.7 Vorrang der Operatoren

In zusammengesetzten Ausdrücken haben unäre Operatoren den höchsten Vorrang. Die binären Operatoren sind in sechs Klassen zusammengefasst. Sie reichen von der Multiplikation über die Addition, den Vergleich, den Versand und das logische *Und* bis zum logischen *Oder*.

Tab. 3-5
Vorrang

<table>
<tr><th>Klasse</th><th>Operatoren</th></tr>
<tr><td>6</td><td>* / % << >> & &^</td></tr>
<tr><td>5</td><td>+ - | ^</td></tr>
<tr><td>4</td><td>== != < <= => ></td></tr>
<tr><td>3</td><td><-</td></tr>
<tr><td>2</td><td>&&</td></tr>
<tr><td>1</td><td>||</td></tr>
</table>

Bei Operatoren der gleichen Klasse findet die Auswertung von links nach rechts statt. Das Ergebnis lässt sich durch Klammerung beeinflussen.

Quelltext 3.62 *Verkettung arithmetischer Operatoren*

```
// Auswertung Multiplikation vor Addition.

a := 2 * 5 + 3 * 3      // 19

// Auswertung Addition in Klammern vor Multiplikation
// von links nach rechts.

b := 2 * (5 + 3) * 3    // 48
```

3.7 Anfügen und Kopieren von Slices

Für den Umgang mit Slices bietet Go zwei unterstützende eingebettete Funktionen. Die erste fügt Daten an einen Slice an. Die Funktion **append()** nimmt als ersten Parameter einen existierenden Slice sowie anschließend eine Reihe weiterer Parameter entgegen. Diese müssen zum Elementtyp des Slices zuweisungskompatibel sein, wie es in Abschnitt 2.10.2 beschrieben ist. Als Ergebnis wird das neue Slice mit den angefügten Elementen zurückgeliefert. Wichtig und praktisch zugleich ist, dass bei einem zu kleinen Slice ein neues und hinreichend großes Slice gleichen Typs erzeugt wird. Daher kann das von **append()** zurückgelieferte Slice auch auf ein von der Eingabe abweichendes unterliegendes Array verweisen.

Quelltext 3.63 *Daten an Slice anfügen*

```
s0 := []int{0, 8, 15}

// Ein Element anfügen, s1 ist []int{0, 8, 15, 42}.

s1 := append(s0, 42)

// Mehrere Elemente anfügen, s2 ist []{0, 8, 15, 47, 11}.

s2 := append(s0, 47, 11)

// Slice anfügen, s3 ist []int{0, 8, 15, 42, 47, 11}

tmp := []int{42, 47, 11}

s3 := append(s0, tmp...)
```

Für das Anfügen eines Slices sind die drei Punkte zu beachten. Gleichzeitig muss das anzufügende Slice vom gleichen Typ sein. Nur so werden dessen Elemente angefügt. Andernfalls würde versucht, das Slice `tmp` als einzelnes Element anzufügen. Hierfür jedoch müsste `s0` als `[][]int` definiert sein, wäre also ein Slice von Slices von Integers.

Für das Kopieren von Elementen aus einem Slice oder String in ein entsprechendes Slice steht die interne Funktion **`copy()`** zur Verfügung. Hierbei müssen das Ziel als erster Parameter und die Quelle als zweiter Parameter den gleichen Elementtyp haben. Im Fall eines Strings als Quelle ist der Elementtyp das **`byte`**. Die Anzahl der zu kopierenden Elemente kann nicht über einen Parameter bestimmt werden. Vielmehr ist es das Minimum der mit **`len()`** von Quelle und Ziel ermittelten Längen. Dies kann jedoch mit der Angabe des ersten und/oder letzten Elements der Quelle beeinflusst werden. Das Ergebnis der Funktion ist die Anzahl der kopierten Elemente.

Quelltext 3.64
Slices und Strings kopieren

```
a := [...]int{0, 8, 15, 42, 47, 11, 51}
s := make([]int, 4)
b := make([]byte, 3)

// Kopieren ohne Grenzen.
// countA ist 4 und s ist []int{0, 8, 15, 42}.
// Array a muss als Slice übergeben werden.

countA := copy(s, a[:])

// Kopieren mit Begrenzung.
// countB ist 3 und s ist []int{15, 42, 47, 42}.
// Das letzte 42 stammt aus der vorherigen Kopie.

countB := copy(s, a[2:5])

// Kopieren von Bytes eines Strings.
// countC ist 3 und b ist []byte{"foo"}.

countC := copy(b, "foo bar")
```

3.8 Verzweigungen

Für Verzweigungen im Programmverlauf stellt Go drei unterschiedliche Anweisungen. In ihrem strukturellen Aufbau ähneln sie sich, unterscheiden sich jedoch in der Art des Vergleichs und der Zweige. Hierbei handelt es sich um **`if`** für die bedingte Ausführung, **`switch`** für eine Mehrfachverzweigung und **`select`** für das Auslesen verschiedener Channels. Sie liegen jeweils in unterschiedlichen Varianten vor.

3.8.1 if

Die einfachste Form, den Programmverlauf innerhalb einer Funktion oder Methode zu steuern, ist die **if**-Anweisung. Sie steuert eine bedingte Ausführung eines Blocks über einen booleschen Ausdruck.

Im Gegensatz zu anderen C-Sprachen fällt auf, dass die Bedingung nicht geklammert ist. Dafür wird der bedingte Block immer durch geschweifte Klammern eingerahmt.

```
// Bedingte Ausführung.
if sum < 1000.0 {
    fmt.Printf("Die Summe ist kleiner als 1000 Euro.")

    return sum
}
```

Quelltext 3.65
Einfaches if mit einem Block

Neben der bedingten Ausführung nur eines Blocks ist eine weitere Variante der **if**-Anweisung die Verzweigung zwischen zwei Blöcken. Der zweite Block wird dem ersten durch eine **else**-Anweisung angefügt und ist ebenfalls immer in geschweiften Klammern.

```
// Bedingte Ausführung zweier Alternativen.
if primary.IsActive() {
    // Hauptzweig.
    redundancy.Standby()
} else {
    // Alternativer Zweig.
    primary.Activate()
    redundancy.Link(sysA)
}
```

Quelltext 3.66
if mit einem else

In der dritten Variante können weiterer Verzweigungen durch eine Verkettung von **else** und **if** erreicht werden. So lassen sich umfangreichere Fallunterscheidungen erstellen, auch wenn Go hierfür mit **switch** ein eleganteres Mittel zur Verfügung stellt. Hierzu später jedoch mehr.

```
// Mehrfachverzweigung.
if avg < 100 {
    // Hauptzweig.
    ...
} else if avg > 99 && avg < 1000 {
   // Alternative.
   ...
} else if avg > 999 && avg < 10000 {
    // Weitere Alternative.
    ...
```

Quelltext 3.67
Mehrfache Fallunterscheidungen

```
} else if avg > 9999 && avg < 100000 {
    // Noch eine Alternative.
    ...
} else {
    // Notbehelf.
    ...
}
```

Kombination aus Zuweisung und Verzweigung

Dem Wahrheitsausdruck einer **if**-Anweisung darf auch eine einfache Anweisung vorangestellt werden. Die Anweisung kann beispielsweise aus einer Zuweisung bestehen, während sich der durch ein Semikolon getrennte nachfolgende Wahrheitsausdruck auf eine Variable der Zuweisung bezieht. Wird die Zuweisung mit `:=` durchgeführt, so beschränkt sich die Sichtbarkeit der so erzeugten Variablen auf den **if**- beziehungsweise **else**-Block. Dies ermöglicht einen sehr kompakten Quellcode und hilft, Seiteneffekte zu vermeiden.

Quelltext 3.68 *Zusammengesetzte Ausdrücke*

```
// Nutzung der Erfolgskontrolle von readData().

if value, ok := readData(); ok {
    ...
}

// Bedingung basierend auf gelesenen Daten.

if value := process(data); value > max {
    max = value
}
```

Rückgaben in einem if-Block

Eine im Zusammenhang mit **if**-Anweisungen auftretende Problematik betrifft Funktionen mit einer Rückgabe. Diese basiert vielfach auf der internen Auswertung einer Fallunterscheidung, beispielsweise dem Test auf die erfolgreiche Ausführung der vorherigen Anweisungen. Hier bietet sich auf den ersten Blick ein **if** zusammen mit einem **else** an. Beide Blöcke enthalten in Abhängigkeit von der Bedingung entsprechende **return**-Anweisungen.

Quelltext 3.69 *Fehlerhafte bedingte Rückgabe*

```
// Größenvergleich (fehlerhaft).
func isGreater(x, y int) bool {
    if x > y {
        return true
```

```
    } else {
        return false
    }

    // Kein return hier!
}
```

Diese Implementierung wird jedoch durch den Go-Compiler mit der Fehlermeldung *»function ends without a return statement«* abgewiesen. Er geht in seiner Analyse nicht so weit, dass er den Standardweg in einer Verzweigung, sei es hier das **`else`** oder später im **`switch`** das **`default`**, auf das Vorhandensein eines **`return`** überprüft. Daher wird hier auf den **`else`**-Zweig verzichtet und dessen Rückgabe nach dem **`if`**-Block angewiesen.

Quelltext 3.70
Korrekte bedingte Rückgabe

```
// Größenvergleich (korrekt).
func isGreater(x, y int) bool {
    if x > y {
        return true
    }

    return false
}
```

3.8.2 switch

Wir hatten in Abschnitt 3.8.1 gesehen, wie sich mit mehreren **`if`**-Anweisungen in Folge auch mehrfache Verzweigungen realisieren lassen. Jedoch ist dies nicht gerade eine komfortable und elegante Form. Als schönere Lösung hierfür bietet Go wie seine C-Geschwister die **`switch`**-Anweisung in verschiedenen Spielformen. Im Gegensatz zu diesen ist das **`switch`** in Go jedoch nicht nur auf Integers beschränkt.

Vielmehr wird der **`switch`**-Ausdruck zuerst ausgewertet, anschließend folgen die **`case`**-Ausdrücke von links nach rechts und oben nach unten. Beim ersten gleichen Ergebnis wird die Ausführung der Anweisungen nach dem **`case`** angestoßen. Sind die **`case`**-Ausdrücke abgearbeitet, wird die Programmausführung nach dem **`switch`** fortgesetzt.

Quelltext 3.71
Reguläre Mehrfachverzweigung

```
// Flexible Operation.
func op(opcode int, fst, sec float64) (float64, bool) {
    switch opcode {
    case OP_ADD:
        return (fst + sec), true
```

```
    case OP_SUBTRACT:
        return (fst - sec), true
    case OP_MULTIPLY:
        return (fst * sec), true
    case OP_DIVIDE:
        if snd == 0.0 {
            return 0.0, false
        }

        return (fst / sec), true
    case OP_RAISE:
        return math.Pow(fst, sec), true
    }

    return 0.0, false
}
```

Für den Fall gleicher Anweisungen bei unterschiedlichen Bedingungen erlaubt Go die Definition einer Liste von Ausdrücken in einer **case**-Anweisung. Diese können erneut Konstanten, Variablen oder weitere einfache Ausdrücke sein. Damit wird die Definition umfangreicherer **switch**-Anweisungen verkürzt.

Quelltext 3.72 *Listen von Ausdrücken*

```
// Jahreszeit ermitteln.
func Season(month int) string {
    switch month {
    case 3, 4, 5:
        return "Frühling"
    case 6, 7, 8:
        return "Sommer"
    case 9, 10, 11:
        return "Herbst"
    case 12, 1, 2:
        return "Winter"
    }

    return "unbekannt"
}
```

switch ohne Term

Eine weitere Vereinfachung ist die Nutzung von **switch** ohne einen Ausdruck. Hier müssen die **case**-Ausdrücke boolesche Werte zurückgeben. Beim ersten **true** wird der entsprechende **case**-Block ausgeführt.

Quelltext 3.73
switch ohne Ausdruck

```
// Absolute Minimal- und Maximalwerte verwalten.
func (s *StaySetIndicator) Set(value int) {
    switch {


    case value < s.min:
        // Neuer Wert ist kleiner als der
        // Minimalwert.

        s.min = value
    case value > s.max:
        // Neuer Wert ist größer als der
        // Maximalwert.

        s.max = value
    }

    s.total += value

    s.count++
}
```

Kombination aus Zuweisung und Mehrfachverzweigung

Letztendlich ist wie schon in der **if**-Anweisung im **switch** eine Kombination aus einer einfachen Anweisung sowie einer durch ein Semikolon getrennten **switch**-Anweisung erlaubt. Erneut wird hier der Code kompakter.

Quelltext 3.74
Anweisung und Ausdruck

```
// Analyse eines Puffers.
func (b *Buffer) PrintInDetail() {
    var out string

    // Endlosschleife.

    for {
        // Byte für Byte untersuchen.

        switch ch := b.next(); ch {
        case CH_WHITESPACE:
            out = "whitespace"
        case CH_TAB:
            out = "tab"
        case CH_NEWLINE:
            out = "new line"
```

```
            case ...:
                ...
            default:
                out = fmt.Sprintf("char %v", ch)
            }

            // Ausgabe der Analyse.

            fmt.Printf("> %v\n", out)
        }
}
```

default

Wie im letzten Beispiel zu sehen war, kann im Rahmen der Fallunterscheidungen ein Standardzweig erwünscht sein. Er wird durch das Schlüsselwort **`default`** kenntlich gemacht. Die Position innerhalb des **`switch`**-Blocks ist dabei irrelevant: Der Zweig kann auch am Anfang notiert werden. Dabei darf er jedoch immer maximal einmal in der gesamten Verzweigung enthalten sein.

fallthrough

In der Regel sollen bei Mehrfachverzweigungen nur die Anweisungen von einem Zweig ausgeführt werden. Dies ist auch das Standardverhalten von **`switch`**. Mittels des Schlüsselworts **`fallthrough`** lässt sich die Abarbeitung jedoch auch mit der ersten Anweisung des folgenden **`case`**-Zweigs fortsetzen. Dies geschieht unabhängig von der Bedingung dieses Zweigs. Die **`fallthrough`**-Anweisung muss dabei als letzte Anweisung im **`case`**-Block ausgeführt sein.

Ein typischer Anwendungsfall ist eine Reihe von Anweisungen, deren Ausführungsumfang durch eine Variable eingeschränkt wird. Im folgenden Beispiel wird die Nachricht mit höchstem Sicherheits-Level verschlüsselt, mit einer Signatur versehen, mit der Anforderung einer Empfangsbestätigung versehen und abschließend in einen Umschlag verpackt und versandt. Beim nächstgeringeren Level wird auf die Verschlüsselung verzichtet, der Rest wird wie zuvor durchgeführt. So geht es immer weiter, einzig das Verpacken und Versenden findet immer statt.

Quelltext 3.75 *Fallunterscheidung mit Durchlauf*

```
// Versand von Mails.
func (m *Mailer) Send(from, to *User, msg *Message) {
    // Verzweigung nach Sicherheitslevel der Mail.

    switch msg.SecurityLevel() {
```

```
    case LVL_HIGHEST:
        // Im höchsten Level verschlüsseln.

        msg.Encrypt(from.Cipher())
        fallthrough
    case LVL_HIGH:
        // Ab Level "hoch" mit Signatur.

        msg.AddSignature(from.Signature())
        fallthrough
    case LVL_RECEIPT:
        // Empfangsbestätigung.

        msg.SetReceipt(true)
        fallthrough
    default:
        // Immer durchführen.

        env := NewEnvelope(to, msg)
        m.transfer(env)
    }
}
```

Ein vergleichbares Konstrukt lässt sich natürlich auch durch aufeinander folgende und geschachtelte **if**-Anweisungen erreichen. Dieser Weg ist jedoch nicht entsprechend transparent und flexibel. Über die Kombination von **switch**, **case** und **fallthrough** sind sehr kompakte Konstrukte möglich, und der Spielraum der erlaubten Bedingungen ist umfangreich.

3.8.3 Type Switch

Basieren die regulären **switch**-Anweisungen auf Werten, die mit denen der **case**-Ausdrücke verglichen werden, bietet der *Type Switch* eine Verzweigung auf der Basis eines Wertetyps. Hintergrund ist die Verwendung des Empty Interface als universelle Variable zu Aufnahme von Werten jeden Typs. Mit dieser Fähigkeit wird der Datentyp für flexibel einsetzbare Channels, Parameter oder Rückgaben genutzt.

Für die weitere Verarbeitung eines solchen Datums ist es nun notwendig, dessen Typ für eine gezielte Weiterverarbeitung zu ermitteln. Viele Sprachen bieten hierfür *Reflection* an; auch Go verfügt über ein derartiges Package. Eleganter ist hier jedoch der Type Switch. Er entspricht in weiten Zügen dem bekannten **switch**. Der zur Verzweigung herangezogene Ausdruck besteht aus einem primären Ausdruck – also einem Ausdruck, der einen Wert erzeugt – plus einer *Type Assertion*.

Letztere ermittelt den Typ des Werts, der in den individuellen **case**-Zweigen für einen Vergleich herangezogen wird.

Gleichzeitig ist noch eine verkürzte Zuweisung zu einer Variablen erlaubt. Diese kann innerhalb der **case**-Zweige direkt ohne eine extra Type Assertion als Variable des richtigen Typs genutzt werden. Innerhalb eines Zweigs des Typs **int** ist diese Variable also vom Typ **int**, ein **string** ist ein **string**, und ein eigener Typ `MyVerySpecialStruct` ist ein `MyVerySpecialStruct`.

Quelltext 3.76 *Verzweigung auf Basis des Typs*

```
// Hintergrundfunktion des Servers.
func (s *Server) backend() {
    for req := range s.requestChan {
        switch r := req.(type) {


        case reqGet:
            // Operation GET.
            resp := s.get(r.url)

            r.respChan <- resp
        case reqPut:
            ...
        case reqPost:
            ...
        case reqHead:
            ...
        default:
            // Standardzweig.

            log.Printf("Unbekannter Befehl: %v", req)
        }
    }
}
```

Neben konkreten Typen kann auch auf **nil** geprüft werden und so entsprechend auf diesen Wert ohne Typ reagiert werden. Im Gegensatz zum regulären **switch** ist eine Nutzung der Anweisung **fallthrough** nicht erlaubt. In diesem Fall wäre die Eindeutigkeit des Typs der zugewiesenen Variable auch nicht mehr gegeben.

Der Type Switch ist nicht der einzige verfügbare Weg für den Umgang mit Empty Interfaces, dafür jedoch der eleganteste und komfortabelste.

3.9 select für Channels

Eine in Go neu eingeführte Form der Verzweigung findet ihren Nutzen im Zusammenhang mit Channels zur Kommunikation. So ist ein nicht untypischer Einsatzfall, dass eine Goroutine auf mehreren Channels gleichzeitig lauscht. Ein Beispiel ist die Verarbeitung von Daten aus mehreren verschiedenen Eingangskanälen sowie einem Management-Channel für die Verwaltung der Goroutinen.

Mittels des **select**-Konstrukts ist es nun möglich, mehrere Channels in einem Ausdruck auszulesen oder auch in Channels zu schreiben, ohne bereits beim ersten Ausdruck zu blockieren. Hierzu werden die Ausdrücke aller **case**-Zweige von oben nach unten ausgewertet. Liegen an einem Channel Daten für den Empfang an, werden diese ausgelesen. Bei mehreren Channels versucht das System durch eine zufällige Verteilung die Channels gleichmäßig auszulesen. Ebenso verhält es sich mit dem Versand von Daten, für den rechts stehende Ausdrücke immer ausgewertet werden.

Können keine Daten versandt oder empfangen werden, wird ein eventuell vorhandener **default**-Zweig ausgeführt. In einer Schleife lassen sich so beispielsweise Daten aus einer internen Warteschlange verarbeiten. Kommt das **select** hingegen außerhalb einer Schleife für eine einmalige Verzweigung zum Einsatz, kann auch hier ohne Blockade auf die Situation reagiert werden. Ohne ein **default** blockiert das **select**, bis zu empfangende Daten anliegen oder Channels für den Versand wieder Daten annehmen. Ist einer der genutzten Channels **nil**, so verhält sich die Anweisung als ob der entsprechende Zweig nicht vorhanden wäre. Einzig ein eventuell beim Versand rechts stehender Ausdruck wird dennoch ausgeführt.

Die in einem **case** empfangenen Daten müssen keiner Variablen zugewiesen werden. Dies kann beispielsweise für eine Signalisierung herangezogen werden. Im Regelfall wird der ausgelesene Wert jedoch für eine Weiterverarbeitung einer vordefinierten oder direkt deklarierten Variablen zugewiesen.

Quelltext 3.77 *Verarbeitung mehrerer Channels*

```
// Hintergrundroutine.
func (s *Server) backend() {
    for {
        select {
        case inOne := <-s.inputOneChan:
            // Eingabe 1.
            ...
        case inTwo := <-s.inputTwoChan:
            // Eingabe 2.
            ...
```

```
            case s.statusChan <- s.status():
                // Ausgabe nach Ausführung eines Ausdrucks.
                ...
            case <-stopChan:
                // Stopp-Signal erhalten.
                return
            default:
                // Hintergrundoperation im
                // Standardzweig.
                s.backgroundOperation()
            }
        }
}
```

Das **select** sieht dem **switch** von der Struktur her zwar sehr ähnlich, dennoch steht in dieser Anweisung kein **fallthrough** zur Verfügung. Bei jedem Durchlauf wird immer nur aus einem Channel gelesen, in einen Channel geschrieben oder der **default**-Zweig ausgeführt.

Die für die Auswahl des Zweigs durchgeführte Auswertung aller Ausdrücke kann zu Seiteneffekten führen. Im obigen Beispiel ist es der Aufruf von `s.status()`. Wird hierin der Zustand des Servers verändert, tritt dieser Effekt auch auf, wenn keine Daten gesendet werden können – beispielsweise wenn der der `statusChan` den Wert **nil** hat – und ein Einlesezweig ausgewählt wird. Hierauf ist bei der Ausprägung des Konstrukts zu achten. Idealerweise sollten Sie daher in den Ausdrücken der **case**-Anweisungen nur Variablen oder Konstanten verwenden.

3.10 Die for-Schleife im Einsatz

Schleifen dienen der mehrfachen Ausführung einer Gruppe von Anweisung. Sie werden in verschiedenen Sprachen durch unterschiedliche Anweisungen mit eigenen Schlüsselworten realisiert. Die Entwickler der Sprache Go haben sich hingegen zur Vereinfachung auf das einzige Schlüsselwort **for** beschränkt. Es hat dafür vier unterschiedliche Varianten für

- Endlosschleifen,
- an Bedingungen gebundene Schleifen,
- Zählschleifen oder
- Iterationen über unterschiedliche Arten von Datenmengen.

Hierfür folgen dem **for** entsprechende Konstrukte, die im folgenden vorgestellt werden, sowie in geschweiften Klammern der Block mit den zu wiederholenden Anweisungen.

3.10.1 Endlosschleife

In seiner einfachsten Form kommt das **for** ohne eine Bedingung aus. In diesem Fall wird der Block als Endlosschleife ausgeführt Die bisherigen Server-Beispiele haben bereits ein typisches Anwendungsgebiet gezeigt.

Quelltext 3.78
for als Endlosschleife

```
// Hintergrundfunktion des Servers.
func (s *Server) backend() {
    // Endlose Verarbeitung.

    for {
        // Anfrage empfangen.

        request := <-s.requestChan

        // Je nach Typ weiter verfahren.

        switch req := request.(type) {
            ...
        }
    }
}
```

Ein **return** innerhalb der Schleife erlaubt das Beenden der umgebenden Funktion. Auf diesem Weg lassen sich Goroutinen auf Anweisung von außen oder nach Erreichen eines definierten Zustands kontrolliert beenden.

Soll hingegen nur die Schleife verlassen werden, kommt das in Abschnitt 3.11.1 vorgestellte **break** zum Einsatz.

3.10.2 Schleife mit Bedingung

Die zweite Form der **for**-Schleife ist an eine Bedingung gekoppelt und wird ausgeführt, solange diese den Wert **true** zurückgibt.

Quelltext 3.79
for mit Bedingung

```
// Einen Bezeichner lesen.
func (s *Scanner) scanIdentifier() int {
    // Erstes Zeichen immer lesen.

    ch := s.next()
```

```
    // Solange Zeichen '_', Unicode Letter
    // oder Unicode Digit ist, nächstes
    // Zeichen lesen.

    for ch == '_' ||
        unicode.IsLetter(ch) ||
        unicode.IsDigit(ch) {
        ch = s.next()
    }

    return ch
}
```

Die im vorigen Abschnitt vorgestellte Endlosschleife ist damit eine Kurzform der Schleife **for true** { ... }.

3.10.3 Zählschleife

Eine Form der **for**-Schleifen in Go entspricht der von anderen C-Sprachen bekannten Zusammenstellung aus Initialisierung, Bedingung und Nachanweisung vor dem zu wiederholenden Block. In der Regel wird sie für Zählschleifen eingesetzt.

Der Ausdruck der Initialisierung bestimmt den Anfangswert und wird einmalig vor dem ersten Durchlauf des Blocks ausgeführt, anschließend folgt vor jeder Blockausführung die Prüfung der Bedingung. Nach der Ausführung des Blocks wird in der Nachanweisung das Inkrement oder Dekrement der Zählervariablen durchgeführt. Während die Initialisierung in der Regel eine kurze Zuweisung zu einer Variablen enthält, darf diese in der Nachanweisung nicht zum Einsatz kommen.

Quelltext 3.80 *Zählschleife*

```
func InitBuffer(b []byte) {
    for i := 0; b < len(b); i++ {
        b[i] = 0xFF
    }
}
```

Jeder der Bestandteile Initialisierung, Bedingung und Nachanweisung ist optional. Einzig die Semikola sind Pflicht. Insofern entspricht ein **for** ; condition ; { ... } der **for**-Schleife mit Bedingung. Eine leere Bedingung condition wird als **true** evaluiert. Damit wird **for** ;; { ... } wie die Endlosschleife ausgeführt.

Auch wenn das Haupteinsatzgebiet dieser Form der **for**-Schleife die Erzeugung und der Durchlauf von Zählern ist, lässt sie sich auch vielfältiger einsetzen.

```go
si := NewStringIterator("Hello, world!")

for v := si.First(); si.HasNext(); v = si.Next() {
    fmt.Printf("Value: '%c'\n", v)
}
```

Quelltext 3.81
Zählschleife mal anders

Auch wenn dies ein möglicher Weg für die Verarbeitung einer Datenmenge ist, so ist es nicht der in Go übliche. Hierfür dient das Schlüsselwort **`range`** als vierte Variante der **`for`**-Schleife.

3.10.4 Schleife für Bereiche

Die letzte Version der Schleifen mit **`for`** ist gleichzeitig eine der mächtigsten und elegantesten. Sehr oft gibt es den Bedarf, über Datenmengen zu iterieren oder aus einem Channel zu lesen. Der dafür bisher übliche Weg ist die Bestimmung der Menge zu lesender Daten. Dazu kommt der Einsatz eines in der Schleife hochgezählten Index für den Zugriff auf die einzelnen Elemente, wie er oben in Quelltext 3.80 gezeigt wird.

Dies ist jedoch umständlich und auch fehlerträchtig. **`range`** arbeitet hier nach dem Verfahren *»Liefere mir das jeweils nächste Datum, solange noch Daten vorhanden sind.«* Quellen dieser Daten können Arrays, Slices, Maps, Strings und auch Channels sein. Gerade bei den Channels zeigt sich der große Vorteil von **`range`**, da die Menge der zu lesenden Daten nicht vorab bekannt ist. Zurückgeliefert werden je nach Quelle ein oder zwei Werte, die entsprechenden Variablen zugewiesen werden.

Array und Slice

Für Arrays und Slices sie liefert **`range`** jeweils zwei Werte zurück. Beim ersten handelt es sich um den jeweils aktuellen Index vom Typ **`int`**, beim zweiten um den dazugehörigen Wert. Sein Typ ist vom Elementtyp des Arrays oder Slices abhängig.

Auch die Zuweisung an nur eine Variable ist gültig. Dies ist dann der Index. Bei Bedarf kann dann der eigentliche Wert in der Schleife über diesen Index ermittelt werden. Ist der Entwickler hingegen nur am Wert interessiert, kann er für den Index den leeren Bezeichner _ einsetzen.

```go
seasons := []string{
    "Frühling",
    "Sommer",
    "Herbst",
    "Winter",
}
```

Quelltext 3.82
range für Arrays und Slices

```
// Index und Jahreszeit.

for idx, season := range seasons {
    fmt.print("Jahreszeit %v ist %v.\n", idx, season)
}

// Ohne Index und mit vorheriger Deklaration.

var season string

for _, season = range seasons {
    fmt.print("%v", season)
}
```

Neben den Arrays und Slices selbst kann **range** auch auf Zeiger auf Arrays angewendet werden. Wird eine kurze Deklaration genutzt, kann nur innerhalb der **for**-Schleife auf die Variablen zugegriffen werden.

Map

Die Anwendung von **range** auf Maps verhält sich ähnlich wie die Anwendung auf Arrays und Slices. Jedoch werden anstelle von Index und Wert der Schlüssel und sein zugeordneter Wert zurückgeliefert. Ähnlich der Rückgabe des Index bei der Verwendung nur einer Variablen wird bei einem **range** auf eine Map der Schlüssel zurückgeliefert.

Weder die Schlüssel noch die Werte sind bei der Iteration mit **range** sortiert. Dies muss in einem eigenen Schritt vorab vollzogen werden, beispielsweise durch die Erzeugung eines Slices mit den Schlüssel, deren Sortierung und einer Iteration über diese Werte.

Quelltext 3.83
range für Maps

```
drinks := map[string]string{"beer": "Bier",
    "wine": "Wein", "brandy": "Weinbrand"}

// Schlüssel und Wert.

for eng, ger := range drings {
    fmt.print("Englisch: %v / Deutsch: %v.\n", eng, ger)
}

// Nur Schlüssel.

for eng := range drings {
    fmt.print("Getränk: %v.\n", eng)
}
```

Die Typen von Schlüssel und Wert entsprechen bei der Verwendung der kurzen Deklaration auch hier wieder den für die jeweilige Map genutzten Typen. Das Verhalten bei Veränderungen einer Map durch eine weitere Goroutine ist vom jeweiligen Compiler abhängig. Gelöschte und noch nicht gelesene Einträge werden auf jeden Fall nicht mehr zugewiesen, bei hinzugefügten ist es undefiniert. Jeder Eintrag wird auf jeden Fall maximal einmal verarbeitet.

Modifikation während der Iteration

Soll ein Array, ein Slice oder eine Map während einer Iteration mit **range** für jedes Element modifiziert werden, mag der folgende Ansatz korrekt erscheinen:

Quelltext 3.84 *Fehlerhafte Modifikation*

```
// Array erzeugen und initialisieren.

items := [...]int{1, 2, 3, 4, 5, 6, 7, 8, 9}

// Über das Array iterieren.

for _, item := range items {
    item = item + 1
}

// Ausgabe: Items: [1 2 3 4 5 6 7 8 9]

fmt.Printf("Items: %v\n", items)
```

Hierbei ist `item` jedoch keine Referenz auf das tatsächliche Element des Arrays, des Slices oder der Map. Vielmehr handelt es sich um eine Kopie. Daher ist hier **range** mit nur einem Rückgabewert anzuwenden – dem Index beziehungsweise Schlüssel. Dieser kann anschließend in der Schleife zur Modifikation des Wertes herangezogen werden.

Quelltext 3.85 *Korrekte Modifikation*

```
// Array erzeugen und initialisieren.

items := [...]int{1, 2, 3, 4, 5, 6, 7, 8, 9}

// Über das Array iterieren, nur Indizes.

for idx := range items {
    items[idx] = items[idx] + 1
}

// Ausgabe: Items: [2 3 4 5 6 7 8 9 10]

fmt.Printf("Items: %v\n", items)
```

String

Die Iteration über Strings erleichtert die Verarbeitung bezüglich der enthaltenen Zeichen. Die Anwendung der Funktion **len()** auf einen String gibt die Länge ihrer internen Repräsentation zurück, also die Anzahl an Bytes. Jedoch sind Strings in Go in UTF-8 kodiert. Hierin benötigen ASCII-Zeichen ein Byte, die weiteren Zeichen zwei bis vier Bytes. Ein naiver Ansatz für eine Iteration würde mit einem Zähler die Bytes des Strings auslesen.

Quelltext 3.86
Ungünstige Iteration über einen String

```
// String mit Umlauten initialisieren.

str := "Iss nicht so spät, Müllerchen!"

// Schleife über die Bytes, Fehler bei Umlauten.

for idx := 0; idx < len(str); idx++ {
    fmt.Printf("Index: %v / ", idx)
    fmt.Printf("Zeichen: '%c'\n", str[idx])
}
```

Auf diese Weise würden jedoch im Falle der Umlaute nur die einzelnen Bytes der UTF-8-Kodierung ausgegeben. Dies ist in der Regel jedoch nicht im Sinne des Entwicklers, der vielmehr an den einzelnen Zeichen des Satzes interessiert ist. Der Ausweg ist in diesem Fall eine Schleife mit **range**. Sie liefert neben einem Index jedes einzelne Zeichen als **int** entsprechend der UTF-8-Kodierung zurück. Der Index entspricht der Position des ersten Bytes im String.

Quelltext 3.87
Korrekte Iteration über einen String

```
str := "Iss nicht so spät, Müllerchen!"

for idx, ch := range str {
    fmt.Printf("Index: %v / ", idx)
    fmt.Printf("Zeichen: '%c'\n", ch)
}
```

Auf diesem Weg werden 30 Zeichen ausgegeben, auch wenn **len(str)** den Wert 32 zurückgibt. Die Buchstaben *ä* und *ü* benötigen in Unicode zwei Bytes zur Speicherung.

Channel

Wie schon gesagt wurde, sind besonders Channels dankbare Datenspender für **for**-Schleifen mit **range**. Eine Iteration über eine Länge ist nicht möglich, da die Menge der über den Channel gelieferten Informationen nicht absehbar ist. Hier liest ein **range** so lange aus dem Channel, bis dieser geschlossen wird.

Ein weiterer Unterschied eines **range** über Channels im Gegensatz zu seinen Verwandten ist die Anzahl der zurückgelieferten Daten. Ohne Index und ohne Schlüssel liefert der Befehl hier einfach nur ein Datum zurück. Dessen Typ entspricht wie zu erwarten dem definierten Datentyp des Channels. Ein Server für nur einen Datentyp über einen Channel lässt sich so sehr einfach realisieren.

Quelltext 3.88
Einfacher Server

```
// Hintergrundfunktion des Servers.
func (s *Server) backend() {
    for cmd := range s.cmdChan {
        reply := cmd.cmdFunc(s)

        cmd.replyChan <- reply
    }
}
```

Häufiger anzutreffen ist diese Form der Schleife im Go-typischen Iteratormuster. Hier wird eine durch eine Methode gestartete Goroutine genutzt, um interne Daten über einen Channel an einen Aufrufer zu übermitteln. Direkte Rückgabe der Methode ist der Ausgabe-Channel. So kann die interne Form der Datenverwaltung vor dem Aufrufer versteckt werden.

Quelltext 3.89
Iteratormuster

```
// Iterator über Auftragspositionen.
func (o *Order) OrderItems() <-chan *OrderItem {
    oiChan := make(chan *OrderItem)

    go func() {
        for _, oi := range o.orderItems {
            oiChan <- oi
        }
    }()

    return oiChan
}

// Druckfunktion nutzt den Iterator.
func Print(o *Order) {
    // Auftragskopf und Positionen drucken.

    ...

    for oi := range o.OrderItems() {
        ...
    }
}
```

Hier wird ausgenutzt, dass sich anonyme Funktionen direkt erstellen und als Goroutine starten lassen. Eine interne Änderung der Datenstruktur, beispielsweise in einem größeren Rahmen von der internen Nutzung von Slices oder Maps hin zu einer Datenbank, bleibt dem Aufrufer verborgen.

3.11 break, continue und goto

Der reguläre Ablauf von Verzweigungen und Schleifen lässt sich durch die Anweisungen **break**, **continue** und **goto** beeinflussen. Sie erlauben das vorzeitige Verlassen oder das Fortsetzen ihrer Blöcke sowie Sprünge im Code.

3.11.1 Ausbruch mit break

Für das unmittelbare Verlassen einer Schleife mit **for** oder einer Verzweigung mit **switch** oder **select** steht das Schlüsselwort **break** ohne Argument zur Verfügung. Es verlässt die umgebende Schleife oder Verzweigung, und die Ausführung wird mit der nachfolgenden Anweisung fortgesetzt.

In einer zweiten Variante kann mit dem **break** ein Label angegeben werden. Hierbei handelt es sich um einen Bezeichner, der sich mitsamt einem Doppelpunkt vor einer der umgebenden **for**-, **switch**- oder **select**-Anweisungen wiederfinden muss. Das Label bezeichnet die Sprungmarke, hinter der die Anweisung anschließend fortgesetzt wird.

Quelltext 3.90
Abbruch auf kurzem Weg

```
// Nummern sortieren.
func NumberSorter(nc chan uint64) ([6]unit64, uint64) {
    counters := [6]unit64
    total := 0

    // Zählen bis die erste 0 kommt
    // oder keine Daten mit vorliegen.

    Done: for number := range nc {
        switch {
        case number > 100000:
            counters[5]++
        case number > 10000:
            counters[4]++
        case number > 1000:
            counters[3]++
```

```
        case number > 100:
            counters[2]++
        case number > 10:
            counters[1]++
        case number > 0:
            counter[0]++
        default:
            // Ende bei 0.

            break Done
        }
    }

    // Gesamtanzahl feststellen.

    for _, count := range counters {
        total += count
    }

    return counters, total
}
```

3.11.2 Weiter mit continue

Während mit einem **break** eine Verarbeitung vorzeitig abgebrochen werden kann, steht dem Entwickler die Anweisung **continue** für eine vorzeitige Fortsetzung einer umgebenden **for**-Schleife zur Verfügung. Ohne ein Label bezieht sie sich auf die innerste umgebende Schleife, mit einem Label auf die so gekennzeichnete.

Quelltext 3.91 *Beschleunigte Fortsetzung*

```
// Endlosschleife mit Sprungmarke.

Next: for {
    n := <-nc
    i := 0

    // Verarbeitung n, aber maximal 50-mal.

    for {
        // Test auf Maximum.

        if i > 50 { continue Next }

        // Nun eigentliche Verarbeitung von n.

        ...
```

```
        // i erhöhen.
        i++
    }
}
```

3.11.3 Das böse goto

Der Dritte im Bunde ist das seit Langem verpönte **goto**, das immer gemeinsam mit einem Label zum Einsatz kommt. Dabei ist darauf zu achten, dass zwischen dem Sprung und dem Label keine neuen Variablen deklariert werden, weder implizit noch explizit. Eine Folge wäre sonst, dass ein späterer Zugriff nach dem Label auf eine nicht deklarierte Variable erfolgt. Und so führt das zwar nicht zu einem Übersetzungsfehler, dafür aber zu einem unerwarteten Ergebnis.

Quelltext 3.92
Unsichere Hüpfer

```
a := 1

// Sprung über Zuweisung hinweg.

goto Target

b := 9

// Sprungziel.

Target:

b += a

fmt.Printf("A: %v / B: %v\n", a, b)

// A: 1 / B: 2
```

Und so gilt auch hier der Ratschlag aus anderen Sprachen: Auf den Einsatz von **goto** sollte verzichtet werden. Wenn er sich dennoch nicht vermeiden lässt, müssen Sie größte Vor- und Umsicht walten lassen.

3.12 Aufräumarbeiten

3.12.1 Verzögerte Ausführung mit defer

Eine besondere Funktionalität in Go dient der Verzögerung von Aktivitäten bis zum Verlassen einer Funktion. Dies klingt ungewöhnlich, ist jedoch praktisch. Vielfach werden Funktionen so entwickelt, dass sie am Ende Ressourcen wieder freigeben oder Zustände sauber wiederherstellen müssen. Dies ist über unterschiedliche Ablaufpfade in der Funktion nur aufwendig zu erreichen, insbesondere zusammen mit dem zu jeder Zeit möglichen **return**.

Das hierfür vorgesehene Schlüsselwort ist **defer**, gefolgt von einem Funktions- oder Methodenaufruf. Es lässt sich mehrfach in einer Funktion anwenden. Hierbei werden jedes Mal die übergebenen Parameter ausgewertet, die Funktion hingegen nicht ausgeführt. Stattdessen werden die Funktionsaufrufe auf einem Stapel abgelegt und kommen dann am Ende der Funktion unabhängig von der Art der Beendigung zur Ausführung. Gibt die umgebende Funktion Werte zurück, werden diese zuerst ausgewertet, anschließend die verzögerten Funktionen. Danach erst erfolgt der Rücksprung. Auf diese Weise kann eine in der Funktion definierte anonyme Funktion für das **defer** innerhalb ihres Rumpfs benannte Rückgaben noch verändern.

Quelltext 3.93
defer für das Aufräumen

```
// Rückgabe von MyType als String.
func (m *MyType) String() {
    // Sperre setzen und am Ende automatisch freigeben.

    m.mutex.Lock()
    defer m.mutex.Unlock()


    // String erzeugen.

    return fmt.Sprintf("{%v / %v / %d}",
        m.id, m.name, m.counter)
}
```

Dies ist schon so ein komfortables Hilfsmittel, insbesondere bei einer größeren Menge an Aktivitäten vor dem Verlassen der Funktion. Eine besondere Wichtigkeit erlangt der Mechanismus des **defer** jedoch im Zusammenhang mit *Laufzeitfehlern*. Auch hier kommt – ähnlich dem `finally` bei den Behandlung von *Exceptions* in Java – die mit **defer** verzögerte Funktion immer zum Einsatz und kann so Ressourcen wieder freigeben und Arbeiten ordnungsgemäß beenden.

3.12.2 Laufzeitfehler

Laufzeitfehler werden über die eingebaute Funktion **panic()** ausgelöst, sowohl durch das unterliegende Laufzeitsystem als auch in Bibliotheken. Der Funktion können beliebige Argumente als Details mitgeliefert werden. Diese stehen später für eine Analyse zur Verfügung. Für ihre Behandlung stehen jedoch keine umrahmenden *try* und *catch* zur Verfügung. Stattdessen kann innerhalb einer durch **defer** aufgerufenen Funktion geprüft werden, ob ein Laufzeitfehler aufgetreten ist. Die eingebaute Funktion hierfür ist die im folgenden Abschnitt vorgestellte Funktion **recover()**.

Wird nun ein Fehler mittels **panic()** ausgelöst, wird die aktuelle Programmausführung an Ort und Stelle unterbrochen. Diese Unterbrechung durchläuft den Stack bis zur obersten Funktion, wo das Programm mit einem Fehlerbericht abgebrochen wird. Einzig im Stack enthaltene und mit **defer** zurückgestellte Funktionen werden noch aufgerufen. Hier wird deutlich, warum die Funktion den Namen **panic()** trägt.

3.12.3 Rettungsarbeiten

Verfügen die unterbrochenen Funktionen über mittels **defer** zurückgestellte Funktionen, werden diese vor dem Abbruch ihrer umgehenden Funktionen wie oben beschrieben noch aufgerufen. In ihnen – jedoch nicht in hierin aufgerufenen Funktionen – kann nun mittels **recover()** geprüft werden, ob **panic()** aufgerufen wurde und welches Argument übergeben wurde. Gleichzeitig wird die rekursive Fehlerbehandlung an der Stelle des Aufrufs von **recover()** beendet und die reguläre Programmausführung im Gegensatz zum zuvor beschriebenen Standardverhalten fortgesetzt. Ein Aufruf von **recover()** außerhalb einer zurückgestellten Funktion ist zwar möglich, führt jedoch nur zu einer Rückgabe des Werts **nil**.

Quelltext 3.94
panic() und recover()

```
// Funktion auf Daten aus MyType ausführen.
func (m *MyType) Do(f func([]byte)) (err os.Error) {
    // Zurückstellung der Fehlerbehandlung.

    defer func() {
        if e := recover(); e != nil {
            if oe, ok := e.(os.Error); ok {
                // Fehler ist ein os.Error.

                err = oe
            } else {
                // Fehler als String zurückgeben.

                err = os.NewError(fmt.Sprintf(e))
            }
        }
    }()
```

```
    // Modifikation der Daten.

    f(m.data)

    return nil
}
```

Das Beispiel zeigt, wie bei ordentlicher Ausführung **nil** als Fehler zurückgegeben wird. Im Fehlerfall wird hingegen geprüft, ob der Laufzeitfehler bereits vom Typ `os.Error` ist. In diesen Fall wird er direkt an den Aufrufer geliefert. Andernfalls wird er aus einer Darstellung des Fehlers als String erzeugt.

Ein transaktionales Verhalten wird auf diese Weise jedoch nicht sichergestellt. Vor einem Laufzeitfehler bereits modifizierte Daten werden nicht wieder zurückgesetzt. Wird dies benötigt, so muss auf einer Kopie gearbeitet werden, die erst nach erfolgreicher Verarbeitung die originalen Daten ersetzt.

3.13 Zusammenfassung

Googles Entwickler haben Go einfache und dennoch mächtige Strukturen mitgegeben. Der Wortschatz wurde gering gehalten, beispielsweise beim **for**, bleibt jedoch flexibel im Einsatz. Type Assertion und Type Switch machen den Einsatz der Reflection oftmals überflüssig, und **defer** erlaubt ein bequemes Aufräumen am Ende. Exceptions werden nicht vermisst, da **recover()** sowie die Rückgabe von Erfolgs- oder Fehlerwerten durch Funktionen eine gute Kontrolle erlauben. So haben Go-Programmierer stets eine gute und mächtige Kontrolle, ohne dass der Wortschatz überladen erscheint oder eine übertriebene Sprachvielfalt die Auswahl des richtigen Wegs erschwert.

4 Die Go-Standardbibliothek

Eine Programmiersprache wie Go bildet den Kern einer Entwicklungsplattform, ist für sich alleine jedoch nicht hinreichend. Neben den in Kapitel 5 beschriebenen Werkzeugen ist die Standardbibliothek der wichtigste Bestandteil.

Der Umfang der Go-Standardbibliothek ist bereits heute groß. Und er nimmt mit jedem Entwickler-Release weiter zu. Unter der URL `http://golang.org/pkg/` wird online die jeweils aktuelle Referenz zur Verfügung gestellt. Weitere Funktionalitäten werden durch individuelle und Community-Projekte, wie in Abschnitt 7.3 beschrieben, geboten.

4.1 Datenverarbeitung

Einfache und zusammengesetzte Datentypen bieten gemeinsam mit den Operatoren der Sprache Go bereits einige Möglichkeiten. Diese decken jedoch nur die Basis ab. Daher enthält Go Packages zur unterstützenden Verarbeitung dieser Datentypen. Sie bündeln mathematische und Text verarbeitende Funktionen ebenso wie den Umgang mit großen Datenmengen oder speziellen Typen wie Datum und Zeit.

4.1.1 Mathematik

Als Operatoren innerhalb der Sprache stehen für mathematische Operationen nur die Grundrechenarten sowie spezielle Operatoren für Ganzzahlen zur Verfügung. Für eine Vielzahl von Anwendungen mag dies hinreichend sein, analytische oder statistische Anwendungen verlangen jedoch ebenso mehr wie der Umgang mit Zahlen größerer Präzision. Hierfür stehen die Packages `math` für Ganzzahlen und reelle Zahlen, `cmath` für komplexe Zahlen und `big` für große Ganzzahlen und rationale Zahlen zur Verfügung.

math

Das Package `math` bietet neben einer Vielzahl mathematischer Funktionen auf Basis der Standarddatentypen auch immer wieder benötigte Konstanten. Dies sind einerseits die Minimal- und Maximalwerte der unterschiedlichen Integers von **`int8`** bis **`uint64`** sowie der Floats **`float32`** und **`float64`**. Die Untergrenzen der vorzeichenlosen Integers sind immer 0 und daher nicht als Konstanten definiert. Gleichzeitig fehlen die Konstanten für **`int`** und **`float`**. Die Größen dieser beiden Typen sind von der Compiler-Implementierung abhängig und lassen sich daher nicht im Rahmen eines Packages definieren.

Neben diesen technischen Konstanten umfasst die zweite Gruppe gängige Werte wie e, π, ϕ, $\sqrt{2}$, $\ln 2$ und weitere. Sie sind nach `http://www.research.att.com/~njas/sequences/` definiert.

Die im Package `math` zur Verfügung gestellten Funktionen enthalten

- trigonometrische Funktionen zur Berechnung von Sinus, Kosinus, Tangens, aber auch von Arkussinus, Arkuskosinus und Arkustangens und weiteren Varianten,
- dazu auch Komfortfunktionen wie die direkte Berechnung der Hypothnuse,
- Logarithmusfunktionen,
- Exponentialfunktionen,
- Bessel-Funktionen,
- die Gammafunktion sowie
- verschiedene weitere Hilfsfunktionen für den Umgang mit Fließkommazahlen.

Nahezu alle Funktionen arbeiten auf dem Typ **`float64`** als Basis für die höchste Genauigkeit.

Quelltext 4.1 *Berechnung der Hypotenuse*

```
// Deklaration mit Typ.

var a float64 = 5.1
var b float64 = 3.7

c1 := math.Sqrt(a*a + b*b)
c2 := math.Hypot(a, b)

// C1: 6.300794 / C2: 6.300794

fmt.Printf("C1: %f / C2: %f\n", c1, c2)
```

cmath

Mit der Einführung komplexer Zahlen als native Datentypen in Go wuchs auch der Bedarf an entsprechenden Funktionen. Sie sind im Package `cmath` zusammengefasst und decken die Gebiete

- trigonometrische Funktionen,
- Logarithmusfunktionen,
- Exponentialfunktion,
- Ermittlung von Argument beziehungsweise Phase und entsprechend Ermittlung der Polarkoordinaten einer komplexen Zahl,
- Konjugation sowie
- verschiedene weitere Hilfsfunktionen für den Umgang mit komplexen Zahlen

ab. Die genutzten Datentypen sind nahezu immer **`complex128`** und **`float64`**.

Quelltext 4.2 *Berechnung der Polarkoordinaten*

```
// Deklaration der komplexen Zahl.

var c complex128 = 1.5 + 2i

r, phi := cmath.Polar(c)

// R: 2.500000 / Phi: 0.927295

fmt.Printf("R: %f / Phi: %f\n", r, phi)
```

big

Die Repräsentation von Ganz- und Fließkommazahlen mit 64 Bit erlaubt heute im Gegensatz zu früheren Rechnerarchitekturen bereits die Darstellung sehr großer beziehungsweise kleiner Zahlen. Dennoch gibt es genug Anwendungsgebiete, die mit dieser Größenordnung nicht auskommen. Für ihre Realisierung steht das Package `big` zur Verfügung. Es bietet die beiden Typen `Int` für beliebig große Ganzzahlen und `Rat` für entsprechende rationale Zahlen. Binär kodierte Dezimalzahlen sind allerdings nicht Bestandteil des Packages.

Die beliebige Größe ist natürlich auch nur theoretisch, die Grenzen werden durch den verfügbaren Speicher gesetzt. Gleichzeitig muss sich der Nutzer bewusst sein, dass alle Operationen nicht nativ durch den Prozessor unterstützt werden. Sie sind als Methoden auf diesen Typen implementiert, und ihre Laufzeit ist von der Größe sehr abhängig.

Viele dieser Operationsmethoden sind so implementiert, dass sie nicht nur die Zahl selbst verändern, sondern diese auch noch als Ergebnis zurückliefern. So können die Methoden verkettet werden.

Quelltext 4.3
Verkettung von Operationen

```
// Int.

ia := big.NewInt(math.MaxInt64)
ib := big.NewInt(math.MaxInt64)
ic := big.NewInt(4711)
iz := big.NewInt(0)

iz.Mul(ia, ib).Add(iz, ia).Div(iz, ic)

fmt.Printf("Big Int: %v\n", iz)

// Rat.

ra := big.NewRat(math.MaxInt64, 4711)
rb := big.NewRat(-4711, math.MaxInt64)
rc := big.NewRat(47, 11)
rd := big.NewRat(9998, 9999)
rz := big.NewRat(1, 1)

rz.Mul(ra, rb).Add(rz, rc).Mul(rz, rd)

fmt.Printf("Big Rat: %v\n", rz)

// Big Int: 18057862816861518967654485209315915
// Big Rat: 39992/12221
```

Der Nullwert für `Rat` ist 0/0. Dieser Wert ist ungültig, führt jedoch weder während der Übersetzung noch zur Laufzeit zu einem Fehler.

4.1.2 Textverarbeitung

Strings gehören zu den wichtigsten Datentypen. Die Sprache selbst bietet hier jedoch nur Zuweisungen und Konkatenationen sowie das Iterieren über die Zeichen eines Texts. Doch dies ist bei Weitem nicht hinreichend. Daher unterstützen unterschiedliche Packages die Verarbeitung von Strings. Sie stellen Tests, Konvertierungen, Umformungen oder den flexiblen Zusammenbau größerer Texte zur Verfügung. Ebenso ist es möglich, mit der internationalen Kodierung der Strings in Go umzugehen.

Eine weitere wichtige Aufgabe für internationale Anwendungen ist die Umsetzung von Textkonstanten sowie die korrekte Formatierung von Datums- und Währungsangaben auf Basis der konfigurierten

Sprach- und Ländereinstellungen. Man spricht hier von Internationalisierung oder kurz I18N – die englische Schreibweise besteht aus dem I und dem N mit 18 Buchstaben dazwischen. Hierfür sind in Go bisher leider keine Packages vorhanden.

strings

Das BasisPackage für für die Verarbeitung von Strings trägt sinnigerweise den Namen `strings`. Es enthält Funktionen für

- Tests auf enthaltene Strings, auch speziell am Anfang und Ende eines Strings,
- komfortable Verkettungen und Zerlegungen auf Basis von Separatoren,
- den Zusammenbau durch Wiederholungen,
- die Umwandlung in Klein- und Großbuchstaben sowie für die in manchen Ländern übliche Titelschreibweise,
- das Ersetzen von Strings und
- die Bereinigung von Strings am Anfang und am Ende.

Dazu kommt eine Implementierung des `Reader`-Interface auf Basis eines Strings. Die Bytes oder UTF-8-Zeichen werden aus dem bei der Anlage übergebenen String gelesen.

Quelltext 4.4
Textverarbeitung

```
fox := "   The Quick Brown Fox Jumps " +
       "Over The Lazy Dog   "

containsFox := strings.Contains(fox, "Fox")
trimmed := strings.TrimSpace(fox)
lower := strings.ToLower(trimmed)
bear := strings.Replace(lower, "fox", "bear", -1)
parts := strings.Split(bear, " ", -1)
joined := strings.Join(parts, ".")

// the.quick.brown.bear.jumps.over.the.lazy.dog

fmt.Printf(joined)
```

Für die Verarbeitung internationaler Strings ist dabei wichtig, dass sich die Funktionen des Packages `strings` nicht auf die interne technische Repräsentation in Form von Bytes beschränken. Vielmehr nutzt das Package die Kodierung in UTF-8 bei der Erkennung von Buchstaben oder Trennzeichen. Zusammen mit den weiteren Packages ist so die Basis für Anwendungen in unterschiedlichsten Sprachen gegeben.

strconv

Die Konvertierung von Strings in die weiteren Basistypen und zurück ist Aufgabe des Packages `strconv`. Für die komplexeren zusammengesetzten Datentypen sind weitere Packages zuständig, die im weiteren Verlauf noch vorgestellt werden.

Die im Package enthaltenen Funktionen behandeln somit

- boolesche Variablen, die als Strings »true« und »false« ausgegeben werden beziehungsweise die aus den Strings »1«, »t«, »T«, »true« oder »TRUE« den Wert **`true`** sowie aus »0«, »f«, »F«, »false« oder »FALSE« den Wert **`false`** erzeugen,
- Integers mit und ohne Vorzeichen in der Systemgröße und mit 64 Bit sowie auf Wunsch mit unterschiedlichen Zahlenbasen von 2 bis 36,
- Floats in der Systemgröße sowie mit 32 und 64 Bit in unterschiedlichen Präzisionen und Darstellungsformen und
- Strings, deren Sonderzeichen in Steuerzeichen und zurück konvertiert werden.

Für Konvertierungsfehler ist der Typ `NumError` definiert.

Quelltext 4.5
Hin und her

```
b, berr := strconv.Atob("t")
sb := strconv.Btoa(b)                   // "true"

i := strconv.Itob(4711, 36)             // "3mv"
f := strconv.Ftoa(47.110815, 'f', 3)    // "47.111"

// "\t\tHello, world!"

q := strconv.Quote("        Hello, world!")
```

unicode, utf8 und utf16

Die Basis internationaler Software ist die Fähigkeit, korrekt mit den Zeichen der jeweiligen Sprache zurechtzukommen. Reichten in der Anfangszeit der IT noch 7-Bit-Zeichensätze wie ASCII, sind heute umfangreichere Zeichensätze wichtig. Die Wahl der Go-Entwickler fiel auf *UTF-8*, was wegen Rob Pike und Ken Thopmson als zwei der Köpfe hinter UTF-8 nicht verwundert. Mit dieser Kodierung lassen sich effizient die potenziell 1.114.112 Zeichen des *Unicodes* abbilden. Glücklicherweise sind diese nicht alle vergeben; der aktuelle Standard umfasst *nur* 107.361 Zeichen.

Der Inhalt des ersten Packages zum Thema – es trägt passenderweise den Namen `unicode` – sind rudimentäre Definitionen und

Funktionen zu Eigenschaften und Gruppierungen, Tests hierauf und auf Groß- und Kleinschreibung sowie eine entsprechende Konvertierung. Die Funktionen arbeiten dabei auf der internen Darstellung von Unicode-Zeichen als **`int`**, die in Bezeichnern und der Dokumentation als *Rune* bezeichnet wird.

Zum Umgang mit der im System genutzten Kodierung UTF-8 dient das Package `utf8`. Diese Variante der Unicode-Kodierungen ist heute die Basis vieler Unix-Systeme und Anwendungen im Internet. Der Umfang des Packages `utf8` beschränkt sich auf Konvertierungen, Tests und Längenermittlungen. Einerseits werden hierfür Funktionen geboten, andererseits der praktische Typ `String`. So können Slices von Bytes oder Strings mit einem Zeichen in das Unicode-Zeichen als **`int`** (Rune) oder auf dem gleichen Weg wieder zurück umgewandelt werden. Ebenso ist es möglich, vorliegendes Datenmaterial auf Vollständigkeit für eine Rune zu prüfen und die Anzahl der Unicode-Zeichen in einen String oder einem Slice von Bytes zu ermitteln.

Eine weitere der vielen Kodierungen für Unicode ist UTF-16, das sich sowohl in Betriebssystemen wie Windows als auch in Entwicklungsplattformen wie Java und .NET wiederfindet. Für die entsprechende Kodierung und Dekodierung bietet Go das Package `utf16`. Dies hilft beim Datenaustausch mit besagten Plattformen.

regexp

Die Extraktion von Informationen aus Strings, um sie dann einer weiteren Verarbeitung zuzuführen, ist ebenfalls eine stetig wieder auftretende Arbeit, ebenso wie die Validierung eingelesener Strings gegen ein vordefiniertes Format. Hierfür sind reguläre Ausdrücke ein bewährtes Mittel. Sie erlauben die Definition von relativ einfachen Mustern wie Zeichengruppen, Wiederholungen, Alternativen und Positionierungen am Anfang oder Ende des Texts. Diese Muster lassen sich nun auf einen String anwenden.

Quelltext 4.6
Reguläre Arbeiten

```
// Eingabe und Muster.

in := "A: 123.45 B: 67.89 C: 8642.10"
p := "[0-9]+.[0-9]+"

// Anzuwendende Funktion.

f := func(n string) string {
    v, _ := strconv.Atof(n)

    return strconv.Ftoa(v * 2, 'f', 2)
}
```

```
// Funktion auf alle Fundstellen anwenden.

re, _ := regexp.Compile(p)
out := re.ReplaceAllStringFunc(in, f)

// Ausgabe: "Result: 'A: 246.90 B: 135.78 C: 17284.20'"

fmt.Printf("Result: '%v'", out)
```

Die einfachste Anwendung des Musters ist die Prüfung, ob das Muster auf den String passt. Enthält der String ein mehrfaches Auftreten von auf das Muster passenden Teilzeichenketten, so können diese ebenfalls direkt oder über die Rückgabe eines Iterators herausgelöst werden. Zu guter Letzt können alle auf das Muster passenden Teilstrings ersetzt werden. Einerseits kann hier ein fester String übergeben werden, andererseits kann eine Funktion übergeben werden. Diese erhält dann den gefundenen Teilstring als Parameter.

suffixarray

Google ist für das Durchsuchen großer Datenmengen bekannt. Ihre berühmten Routinen hierfür sind – noch – nicht in Go integriert. Dafür das Package `index/suffixarray` für die Suchen mit logarithmischen Zeitverhalten in sehr großen Textdokumenten von mehreren Megabytes. Hierzu wird im Speicher ein Suffix-Array erzeugt. Es enthält die Suffixe des übergebenen Strings in lexikografischer Ordnung, was eine schnelle Suche aller Vorkommen eines enthaltenen Strings ermöglicht. Ergebnis der Suche ist eine Liste aller oder einer definierten Anzahl an Fundstellen.

Quelltext 4.7
Nadel im Heuhaufen suchen

```
// Index der Textdaten bilden.

data := []byte("the quick brown fox jumps " +
            "over the lazy dog...")

index := suffixarray.New(data)

// Suche des Strings "the" (alle Fundstellen).

search := []byte("the")
offsets := index.Lookup(search, -1)

// Ausgabe: "Offsets: [31 0]"

fmt.Printf("Offsets: %v", offsets)
```

html

Für die Analyse von HTML5-Dateien stellt das Package `html` einen Tokenizer zur Verfügung. Auf dessen Ergebnisse kann auf zwei Wege zugegriffen werden. Der High-Level-Weg liefert in einer Schleife durch Aufrufe der Methode `Next()` den Typ des nächsten *Tokens* zurück. Zeigt dieser keinen Fehler an, so verweist er auf einen *Text*, einen öffnenden oder schließenden *Tag* oder ein sich selbst schließendes *Tag*. Diese können mit der Methode `Token()` ausgelesen und weiter verarbeitet werden. Bei Tags ist so auch der Zugriff auf *Attribute* möglich.

Die Low-Level-API greift ebenfalls auf den `TokenType` zurück. Für die folgende Weiterverarbeitung bietet der `Tokenizer` weitere Methoden, die jedoch mit Bedacht eingesetzt werden müssen, da weitere Aufrufe von `Next()` Seiteneffekte auf die zurückgegebenen Werte haben.

template

Widmen sich die Package `regexp` und `html` mehr dem Zerlegen allgemeiner Strings beziehungsweise von HTML-Dokumenten in ihre interessanten Bestandteile, so ist es die Aufgabe des Packages `template`, umfangreichere Strings auf der Basis von Daten zu erzeugen. Dabei geht es über einfache Einzeiler deutlich hinaus. Vielmehr haben die Entwickler Gos auf Strings basierende Dokumente wie HTML im Blick. Allerdings beschränkt sich das Package nicht nur auf dieses Format. Vielmehr lassen sich alle Arten von Textdokumenten erzeugen. Für individuelle Formatierungen der Daten lassen sich entsprechende Funktionen definieren.

Die Ausgangsbasis für die Erzeugung der Texte sind Vorlagen. Hierbei handelt es sich um Strings oder Textdateien, die neben einem immer auszugebenden Rumpf einfache Anweisungen für bedingte oder wiederholte Ausgaben enthalten. Diese Vorlagen lassen sich nach einer vorherigen Analyse auf eine Struktur oder eine Map anwenden. Die eingebetteten Anweisungen fügen auf Basis der übergebenen Daten feste Inhalte – hier dienen die Daten als Schalter – oder die Daten selbst in die Vorlage ein.

Quelltext 4.8
Vorlagen ausfüllen

```
// Typ für Vorlageninhalte.
type TemplateData struct {
	Switch bool
	On     string
	Off    string
}
```

```
// Switch, On, Off beziehen sich auf die Struktur.

tmplStr := "{.section Switch}On = {On}" +
           "{.or}Off = {Off}{.end}"
td := &TemplateData{true, "Yeah!", "Oh, no!"}
fm := template.FormatterMap{}

// Vorlage erzeugen und anwenden.

tmpl, _ := template.Parse(tmplStr, fm)

var buf bytes.Buffer

tmpl.Execute(td, &buf)

// Ausgabe: "Template: Yeah!"

tmp.Printf("Template: %v", buf.String())
```

Die der Vorlage mit übergebene `FormatterMap` ist eine Map für die Zuweisung von Namen zu Formatierfunktionen. Diese haben die Signatur `func(io.Writer, interface{}, string)` und dienen einer benutzerdefinierten Formatierung der in der Vorlage ausgegebenen Daten. Die Parameter sind

1. der `Writer` für die Ausgabe,
2. das zu formatierende Datum und
3. eine Formatanweisung, die intern beispielsweise mit den Funktionen des Packages `fmt` genutzt werden kann.

Mit dem `HTMLFormatter` und dem `StringFormatter` werden bereits zwei mitgeliefert, Letzterer ist Standard. Für die Nutzung einer Formatierfunktion ist deren Name in der Map getrennt durch einen senkrechten Strich (Pipe) nach dem Feldnamen anzugeben. So kann leicht eine eigene Funktion definiert und in die Map eingetragen werden, beispielsweise für die Konvertierung des Strings des jeweiligen Datums in Großbuchstaben.

Quelltext 4.9 *Eigene Formatierfunktion*

```
// Formatierfunktion.
func UpperFormatter(w io.Writer, value interface{},
    format string) {
    s := fmt.Sprint(value)
    u := strings.ToUpper(s)

    fmt.Fprint(w, u)
}
```

```
// Nutzung (s.o.), Ausgabe: "Template: YEAH!"

tmplStr := "{.section Switch}On = {On|upper}" +
           "{.or}Off = {Off|upper}{.end}"
fm := template.FormatterMap{"upper": UpperFormatter}
```

Die Anweisungen in den Vorlagen selbst umfassen neben der direkten oder formatierten Ausgabe von Feldinhalten Kommentare, bedingte Inhalte mit optionalen Alternativen sowie bedingte Wiederholungen mit Zwischeninhalten und optionalen Alternativen.

4.1.3 Verschiedenes

Neben den wichtigen Ausprägungen für Zahlen und Texte bietet Go weitere Bibliotheken für den Umgang mit Daten. So sind Arrays, Slices und Maps zwar mächtige Konstrukte, der Umgang mit ihnen ist jedoch ab und an unkomfortabel. Manchmal wird auch ein besonderes Verhalten für das Hinzufügen und Entnehmen benötigt, dass auf Basis der Standardstrukturen nur mühsam nachzubilden ist. Die Alternative hierfür sind die verschiedenen mitgelieferten Container-Typen. Weitere Package widmen sich der Sortierung von Slices sowie der Behandlung von Kalenderdaten und Zeiten.

container

Eine sehr mächtige Speicherstruktur ist der Typ `Vector` des Packages `vector`. Neben dieser auf **`interface{}`** basierenden Implementierung bietet das Package mit `IntVector` und `StringVector` zwei spezialisierte Varianten für die entsprechenden Datentypen. Sie basieren auf Slices und bieten hierfür viele Methoden für das Hinzufügen, Löschen, Zusammenfügen, Sortieren und Iterieren. Die Inhalte des Typs `Vector` sind vom Typ **`interface{}`**. Damit dürfen sie sich auch untereinander unterscheiden. Für eine Nutzung sind sie jedoch über eine Type Assertion oder einen Type Switch in den eigentlichen Typ umzuwandeln.

Dem auf einem Slice basierenden `Vector` ähnlich ist die doppelt verkettete Liste `List` aus dem Package `list`. Sie erlaubt das Hinzufügen, Löschen, Verschieben und Iterieren der Elemente einer Liste. Der Wert eines Elements ist wieder vom Typ **`interface{}`**, sodass hier bezüglich der Konvertierung das gleiche wie beim `Vector` gilt.

Eine Sonderform der Liste ist der `Ring` des Packages `ring`, dessen Elemente im Kreis aufeinander verweisen. Ein Ring wird initial mit einer vorgegebenen Größe initialisiert und verschiedene Ringe können zu einem großen kombiniert werden. Weitere Methoden dienen dem Navigieren, Iterieren und Herauslösen von Teilringen. Der in den Ringsegmenten verwaltete Wert ist auch hier vom Typ **interface{}**.

Das letzte Package der Container liefert keine Speicherstruktur. Vielmehr bietet das Package heap die Definition eines Interface sowie hierauf arbeitende Funktionen, um eine eigene Speicherstruktur mit der Funktionalität eines sortierten Stapels auszustatten.

Quelltext 4.10 *Komfortabel speichern*

```
mv := new(vector.StringVector)

mv.Push("Januar")
mv.Push("Februar")
mv.Push("März")
mv.Push("April")
mv.Push("Mai")
mv.Push("Juni")

for m := range mv.Iter() {
    fmt.Printf("Month: %v", m)
}

fmt.Printf("Vector Len: %v", mv.Len())
```

sort

Das Package sort bietet hilfreiche Funktionen für Tests und Sortierungen von **int**-, **float**- und **string**-Listen. Diese werden interessanterweise als Arrays bezeichnet, obwohl die dazugehörigen Typen und Parameter Slices sind. Die Slices können über Funktionen auf ihre Sortierung überprüft oder in jeweils aufsteigender Ordnung sortiert werden. Alternativ sind diese drei Slices als eigene Typen mit den notwendigen Methoden für die Sortierung definiert.

Quelltext 4.11 *Sortierung von Strings*

```
authors := []string{"MacLeod, Ian R.", "Adams, Douglas",
    "Zeigler, Arnd", "Eco, Umberto", "Schätzing, Frank",
    "Shakespeare, William"}

before := sort.StringsAreSorted(authors)
sort.SortStrings(authors)
after := sort.StringsAreSorted(authors)

// Ausgabe: "Sorting before: false and after: true"

fmt.Printf("Sorting before: %v", before)
fmt.Printf(" and after: %v", after)
```

Die Sortierung für Standardtypen in einfachen Slices ist klar. Komplexer wird es jedoch bei eigenen Datentypen und Strukturen. Einerseits muss das Sortierkriterium definiert sein, andererseits müssen für die entsprechende Struktur Möglichkeiten zum Tausch von Daten im Rahmen der Sortierung existieren. Hierfür definiert das Package ein Interface für die Struktur. Sie umfasst neben der Rückgabe der Elementanzahl mit `Len()` den Vergleich mit `Less()` und den Tausch mit `Swap()`. Wird dieses Interface realisiert, stehen Funktionen für Test und Sortierung zur Verfügung.

Quelltext 4.12
Sortierung eigener Strukturen

```
// Ein Autor.
type Author struct {
    firstName string
    lastName  string
    ...
}

// Eine Menge von Autoren.
type Authors []Author

// Anzahl der Autoren ermitteln.
func (a Authors) Len() int {
    return len(a)
}

// Vergleich zweier Autoren.
func (a Authors) Less(i, j int) bool {
    in := a[i].lastName + ", " + a[i].fistName
    jn := a[j].lastName + ", " + a[j].fistName

    return in < jn
}

// Zwei Autoren vertauschen.
func (a Authors) Swap(i, j int) {
    a[i], a[j] = a[j], a[i]
}
```

Eine weitere Funktionalität des Package betrifft die Suche in indizierbaren Daten. Die Funktion `Search()` geht von sortierten Daten aus und setzt eine binäre Suche ein. Ihr wird die Länge der Daten und eine Funktion übergeben. `Search()` liefert den kleinsten Index zurück, für den das Ergebnis der übergebenen Funktion **true** ist. In ihr hat der Entwickler seinen Vergleich zu implementieren.

Quelltext 4.13
Suche in Slices

```
data := []int{1, 5, 7, ..., 4711, ..., 8912, 9999}
value := 4711
cmp := func(i int) bool { return data[i] >= value }

idx := sort.Search(len(data), cmp)

if idx < len(data) && data[idx] == value {
    // value ist an Position idx vorhanden.

    ...
} else {
    // value ist nicht in data vorhanden,
    // wäre jedoch an Position idx.

    ...
}
```

Man sieht, dass `Search()` kein Wissen über die zu durchsuchenden Daten hat. Dies alles steckt in der übergebenen Vergleichsfunktion. Für Slices von **`int`**, **`float`** und **`string`** enthält das Package bereits vorgefertigte Funktion.

time

Bei der Wichtigkeit von Datums- und Zeitangaben in fast allen Arten von Programmen ist es verwunderlich, wie selten diese zum nativen Sprachumfang gehören. Dies ist auch in Go nicht anders, das Package `time` realisiert die entsprechende Funktionalität. In ihm wird einerseits ein **`int64`** zur Darstellung der verstrichenen Nanosekunden seit Beginn der Unix-Zeitrechnung am 1. Januar 1970 um 0:00 Uhr UTC genutzt. Andererseits wird mit `Time` eine Struktur mit einzelnen Informationen vom Jahr bis zur Sekunde sowie zu Wochentag und Zeitzone definiert.

Mit der Funktion `Nanoseconds()` wird die Anzahl der verstrichenen Nanosekunden der Unix-Zeitrechnung ermittelt, entsprechend die Anzahl der Sekunden im gleichen Zeitraum mit `Seconds()`. Die Zeit in Form des Typs kann auf mehrere Weisen erzeugt werden. So gibt `UTC()` die aktuelle UTC-Zeit und `LocalTime()` die lokale Zeit auf Basis der im System konfigurierten Zeitzone zurück.

Quelltext 4.14
Wie spät ist es?

```
// Lokale Zeit.

t := time.LocalTime()

// Ausgabe: "11 Jul 10 2117 CEST"

fmt.Printf(t.Format(time.RFC822))
```

```
// Ausgabe: "11.07.2010"

fmt.Printf("%02d.%02d.%4d", t.Day, t.Month, t.Year)
```

Weiterhin können Sekundenwerte umgerechnet und Strings analysiert werden. Hierfür sind typische Formate vordefiniert. Gleichzeitig lassen sich Zeiten in diesen und eigenen Formaten ausgeben oder in die Anzahl der Sekunden seit 1. Januar 1970 0:00 Uhr UTC konvertieren. Ergänzende arithmetische Operationen für Berechnungen auf Daten und Zeiten – beispielsweise für Differenzen oder für Erhöhungen oder Verminderungen um definierte Einheiten – stehen leider nicht zur Verfügung.

Neben der Arbeit mit Zeiten bietet das Package `time` noch weitere Funktionalitäten. So kann mit `Sleep()` die aktuelle Goroutine für eine definierte Anzahl an Nanosekunden pausiert werden. Mittels `After()` wird hingegen ein Channel generiert, auf dem nach Ablauf der übergebenen Anzahl an Nanosekunden die aktuelle Uhrzeit geliefert wird. Abschnitt 6.5.3 zeigt im Zusammenhang mit Zeitüberschreitungen, wie praktisch diese Funktion ist. Hilfreich ist zudem auch der `Ticker`. Er dient zur Erzeugung eines Channels, der regelmäßige Ticks, also Zeitereignisse, liefert. Dies kann für regelmäßige Aufgaben innerhalb einer Goroutine genutzt werden.

Quelltext 4.15 *Regelmäßige Tätigkeiten*

```
// Ein kleiner Server.
type MyServer struct {
    ...
    background *time.Ticker
    timeout    <-chan int64
}

// Server starten.
func New() *MyServer {
    // Regelmäßige und einmalige Ereignisse.

    b := time.NewTicker(5e9)    // 5 Sekunden
    t := time.After(36e11)      // 1 Stunde

    // Server starten.

    ms := &MyServer{..., b, t}

    go ms.backend()

    return ms
}
```

```
// Hintergrundroutine des Servers.
func (ms *MyServer) backend() {
    for {
        select {
        case cmd := <-ms.commandChan:
            // Kommando an Server

            ...

            // Timeout zurücksetzen

            ms.timeout = time.After(36e11)
        case <-ms.background.C:
            // Arbeit im Hintergrund

            ....
        case <-ms.timeout.C:
            // Timeout (1 Stunde kein Kommando)

            return
        }
    }
}
```

4.2 Ganz dicht am System

Da Go als Systemsprache gedacht ist, würde es verwundern, wenn das Laufzeit- oder das Betriebssystem zu sehr abgeschottet wären. Ganz zu schweigen von der Entwicklung von Client- und Server-Anwendungen im Netzwerk.

Neben einer Vielzahl von Typen und Funktionen für die untersten Anwendungsschichten liefert die Go-Standardbibliothek ein umfangreiches Ein-/Ausgabesystem inklusive der Datenkomprimierung. Im Bereich der Netzwerke finden sich neben rudimentären Funktionen auch Package für eine leichte direkte Kommunikation zwischen Go-Programmen. Protokollimplementierungen wie HTTP runden den Umfang ab.

4.2.1 Betriebssystem

Die folgenden Package konzentrieren sich auf den Zugriff auf die Laufzeitumgebung und das Betriebssystem. Durch diese Nähe sind sie zum Teil mit Vorsicht anzuwenden.

runtime

In der Regel kommen Anwendungen ohne den direkten Zugriff auf die unterliegende Laufzeitumgebung aus. Für den Fall, dass doch ein Zugriff notwendig ist, stellt das Package `runtime` Typen und Funktionen zur Verfügung. Ein Großteil dieser Typen repräsentiert die internen Go-Typen und wird für das Package `reflect` benötigt. Andere Typen beinhalten Speicherinformationen.

Die enthaltenen Funktionen dienen der manuellen Speicherverwaltung, jedoch nur für Debugging und Tests und zum Auslösen des Garbage Collectors. Sie bieten Operationen zu den Themen *Funktionsaufrufern*, *Semaphoren*, *Threads* und *Signalen* und dienen zur Einflussnahme auf Goroutinen.

reflect

Mit dem Package `reflect` liefert Go eine wichtige und mächtige Bibliothek für den Umgang mit Werten und Typen zur Laufzeit mit. Die Reflection kann in zweierlei Richtungen eingesetzt werden. So ist es einerseits möglich, mehr Informationen über einen Wert beliebigen Typs – auch **`interface{}`** – zu erhalten. So kann der exakte Go-Typ mit dem Package, dem Namen, der Größe oder auch den Methoden ermittelt werden. Gleichzeitig ist es möglich, auch generisch auf die Inhalte zusammengesetzter Typen zuzugreifen und eventuelle Methoden je nach Typ des Werts aufzurufen.

Die Reflection in Go unterscheidet hierfür zwischen `Value` und `Type`. Beides sind Interfaces, deren Implementierungen sich aus einem gegebenen Wert erzeugen lassen. Die hier definierten Methoden bieten bereits erste wichtige Informationen, sodass anschließend für die weitere Verarbeitung mit einer Type Assertion der korrekte Typ angesprochen werden kann. So wird aus `Value` für eine Funktion beispielsweise eine `FuncValue`, oder aus `Type` für eine Struktur wird ein `StructType`. Nun sind weitere Operationen auf Daten und Typen möglich.

Quelltext 4.16
Hinter den Kulissen

```
// Das unbekannte Wesen.
type UnknownType struct {
    a, b, c string
}

// Ausgabe des unbekannten Wesens als String.
func (u UnknownType) String() string {
    return u.a + "." + u.b + "." + u.c
}
```

```
// Zu untersuchende Variable.
var unknown interface{} = UnknownType{
    "foo",
    "bar",
    "yadda",
}

// Analysearbeit.
func main() {
    value := reflect.NewValue(unknown)

    if type, ok := value.Type().(*reflect.StructType); ok {
        // Typ als Struktur erkannt.

        knownValue := value.(*reflect.StructValue)

        // Über die Felder iterieren.

        for i := 0; i < type.NumField(); i++ {
            fieldValue := knownValue.Field(i)
            fieldData := fieldValue.Interface()

            fmt.Printf("Field %v: %v", i, fieldData)
        }

        // Erste Methode (String()) aufrufen.

        results := value.Method(0).Call(nil)
        firstResult := results[0].Interface()

        fmt.Printf("Unknown Value: %v", firstResult)
    }
}
```

Ein weiteres Einsatzgebiet der Reflection ist die Abbildung von Strings als Bezeichner auf die Felder von Strukturen, auf Schlüssel von Maps oder auf Funktionen und Methoden. Dies kommt beispielsweise im Package `template` zum Einsatz. Ebenso lassen sich so Methoden dynamisch ausführen. Ein mögliches Szenario hierfür ist eine Kommandostruktur mit Strings für Komponente, Befehl sowie einer Nutzlast. Eine zentrale Goroutine empfängt nun derartige Kommandos, prüft auf registrierte Komponenten entsprechend dem Bezeichner und sendet das Kommando anschließend an diese Komponente.

Quelltext 4.17
Komponenten-Server

```
// Kommandostruktur.
type Command struct {
    CompId    string
    Commmand  string
    Payload   interface{}
    ReplyChan chan []interface{}
}

// Verteiler des Servers.
func (s *Server) dispatch() {
    for {
        cmd := <-s.commandChan

        if compChan, ok := s.registry[cmd.CompId]; ok {
            // Kommando an Komponente senden.

            compChan <- cmd
        } else {
            // Fehlerbehandlung.

            ...
        }
    }
}
```

Hierfür müssen die Komponenten initialisiert werden. In dieser Methode werden alle Methoden der Komponente untersucht. Die gültigen für die Verarbeitung müssen über zwei Parameter verfügen, der zweite Parameter hat den Typ `Command`.

Quelltext 4.18
Komponente initialisieren

```
// Tabelle gültiger Methoden für schnelleren
// Zugriff erzeugen.
func (c *Component) init() {
    // Typ untersuchen.

    cv := reflect.NewValue(c)
    cvt := cv.Type()
    cnm := cvt.NumMethod()

    // Puffer für Methoden anlegen.

    c.methods = make(map[string]reflect.Method)

    // Schleife über alle Methoden.

    for i := 0; i < cnm; i++ {
        m := cvt.Method(i)
```

```
            // Anzahl der Parameter prüfen.

            if m.Type.NumIn() == 2 {
                // Typ des zweiten Parameters prüfen.

                if m.Type.In(1).Name() == "Command" {
                    // Methode merken.

                    c.methods[m.Name] = m
                }
            }
        }
}
```

Die Komponente prüft, ob eine Methode mit dem gleichen Bezeichner wie der Befehl sowie Parametern entsprechend der Kommandostruktur existiert. In diesem Fall wird über die Reflection die Methode ausgeführt. Über einen integrierten Antwort-Channel lässt sich so auch automatisiert die Antwort zurücksenden.

Quelltext 4.19 *Anfragen an Methoden verteilen*

```
// Verteiler der Komponente.
func (c *Component) dispatch() {
    // Kommandos empfangen und verarbeiten.

    for cmd := range s.commandChan {
        // Prüfung, ob Kommando bekannt.

        if m, ok := c.methods[cmd.Command]; ok {
            // Aufruf vorbereiten und durchführen.

            args := make([]reflect.Value, 2)

            args[0] = reflect.NewValue(c)
            args[1] = reflect.NewValue(cmd.Payload)

            results := m.Func.Call(args)

            // Antwort senden.

            if cmd.ReplyChan != nil {
                for _, r := range results {
                    cmd.ReplyChan <- r.Interface()
                }

                close(cmd.ReplyChan)
            }
```

```
        } else {
            // Fehlerbehandlung.

            ...
        }
    }
}
```

Die Variante der dynamischen Methodenaufrufe ist sicherlich nicht sofort eingängig und nicht so elegant und schnell wie der direkte Umgang mit festen Typen und Methoden. Doch gestattet dieser Weg den Aufbau einer flexiblen Komponentenarchitektur.

unsafe

Die Laufzeitumgebung von Go entlastet den Entwickler von der Speicherreservierung sowie der Freigabe und schützt ihn vor unzulässiger und riskanter Zeigerarithmetik. In der Regel ist dies auch nicht notwendig. Das Package `unsafe` erlaubt es jedoch, diese Eingrenzungen und diesen Schutz zu umgehen. So lässt sich mit der Funktion `New()` basierend auf Typeninformationen Speicher für eine einzelne Instanz beziehungsweise mit `NewArray()` für ein Array reservieren und als unsicherer Zeiger zurückliefern. Weitere Funktionen helfen bei der Analyse von Typen bezüglich der Speicherauslegung. Dies kommt zum Beispiel bei Datenkonvertierungen zum Einsatz.

syscall

Ein sehr mächtiges Package für Systemzugriffe auf das unterliegende Betriebssystem steht mit `syscall` zur Verfügung. Die Anzahl der definierten Konstanten und Funktionen ist im Gegensatz zu den weiteren Packages der Go-Standardbibliothek sehr groß. Der erste Blick in die generierte Dokumentation ist nahezu erschlagend, wenn auch nicht sehr aussagekräftig. Während bei den Konstanten für die Systemaufrufe die Signaturen der C-Funktionsaufrufe dokumentiert sind, verfügen die entsprechenden Funktionen in der Regel über keine Hinweise mehr. Nur wenige Varianten werden knapp beschrieben. Die Namen vieler Funktionen sind Entwicklern aus der Unix-Welt jedoch oft bekannt.

`syscall` wird abhängig von der Systemarchitektur und dem Betriebssystem kompiliert. Der intern genutzte Code für die Realisierung der Funktionen differiert also. Die Funktionalitäten selbst werden dann in anderen Packages wie `os` genutzt. So greift die Funktion `os.Chdir()` intern auf `syscall.Chdir()` zu und ergänzt es um die in Go übliche Fehlerbehandlung. Dies verdeutlicht den Charakter von `syscall` als Package für die interne Nutzung.

os

Im Gegensatz zum Package `syscall` handelt es sich bei dem Package `os` um die für den Entwickler gedachte Bibliothek für den Zugriff auf das Betriebssystem. Die Funktionen und Typen bieten Zugriff auf

- Informationen über den aktuellen Benutzer und dessen Gruppe,
- Dateien und Verzeichnisse sowie deren Rechte,
- Prozessinformationen und den Start neuer Funktionen,
- Systeminformationen und
- Umgebungsvariablen.

Der Aufbau der Funktionen orientiert sich an Unix, was ja nicht verwundert. Die Anwendung ist leicht.

Quelltext 4.20
In Datei schreiben

```
// Strings in Datei schreiben.
func WriteStrings(fn string, data []string) os.Error {
    // Datei öffnen.

    flag := os.O_WRONLY|os.O_CREATE|os.O_EXCL
    f, err := os.Open(fn, flag, 0600)

    if err != nil { return err }


    // Datei am Ende schließen.

    defer f.Close()

    for s := range data {
        f.WriteString(s)
    }

    return nil
}
```

exec

Sollte es einmal notwendig sein, Programme durch das eigene Programm starten zu lassen, bietet das Package `exec` einen entsprechenden Typ. Die Funktion `Run()` liefert eine Struktur `Cmd` zurück. Diese enthält neben der Prozess-ID des gestarteten Programms drei Zeiger auf `os.File` für *stdin*, *stdout* und *stderr*. Ihr Verhalten kann über die Parameter von `Run()` beeinflusst werden, ebenso wie das zu startende Programm, dessen Argumente, die Umgebungsvariablen und das

Startverzeichnis. Über die drei Zeiger können Informationen an das gestartete Programm gegeben beziehungsweise ausgelesen werden.

4.2.2 Ein- und Ausgabe

Packages zur Ein- und Ausgabe waren in Go frühzeitig Bestandteil der Bibliothek. Sie umfassen generische Interfaces, Typen und Funktionen zum Lesen, Schreiben und Suchen, auch gepuffert. Dazu kommen Datenformatierung und die Ausgabe von Protokollen mit Informationen, Warnungen oder Fehlern.

io

Die Basis für die Ein- und Ausgabe in Go wird durch das Package `io` realisiert. Die hierin definierten Typen und Funktionen gruppieren sich rund um die beiden ebenfalls in diesem Package definierten Interfaces `Reader` und `Writer`. Die hierin definierten Methoden lesen aus oder schreiben in Slices von Bytes. Weitere Interfaces sind der `Closer` für das Schließen und der `Seeker` für das Suchen. Aus diesen vier Interfaces werden in der Kombination weitere Interfaces gebildet. Diverse Implementierungen, unter anderem auch eine `Pipe`, sowie Hilfsfunktion für das Kopieren von einem `Reader` zu einem `Writer` oder für das Schreiben eines Strings in einen `Writer` runden das Package ab. Weitere Hilfsfunktionen, insbesondere für den Umgang mit Dateien, liefert das UnterPackage `ioutil`.

bufio

Für gepufferte Ein- und Ausgaben werden im Package `bufio` `Reader` und `Writer` entsprechend der Interfaces des Packages `io` implementiert. Bei ihrer Erzeugung nehmen sie andere `Reader` oder `Writer` auf und umhüllen sie (Wrapper). So können eigene Implementierungen dieser Interfaces ohne Puffer auskommen, sie erhalten automatisch einen durch dieses Package. Gleichzeitig erhalten sie auf diesem Weg weitere Methoden, mit denen die Ein- und Ausgabe von Bytes über einzelne Unicode-Runen bis hin zu Strings unterstützt wird.

fmt

Bereits seit dem ersten Kapitel taucht in den Beispielen immer wieder das Package `fmt` auf. Es fasst Funktionen für die formatierte Aus- und Eingabe von Werten zusammen. Ziele und Quellen sind dabei entweder *stdout*, `Writer` oder `Reader` oder Strings.

Für die Ausgabe wird eine Reihe von `Print()`-Funktionen geboten. Sie alle erhalten als Parameter eine unbestimmte Anzahl von Empty Interfaces. In der einfachsten Form werden diese durch Leerzeichen getrennt in einer Standardformatierung auf *stdout* ausgegeben. Die Variante `Println()` hängt der Ausgabe noch einen Zeilenumbruch an. Interessanter wird es dann mit der Funktion `Printf()`, die vor den auszugebenden Werten eine Formatzeichenkette entgegennimmt. Diese kann neben festem Text Steuerzeichen für die Formatierung der Werte enthalten. So sind für Ganzzahlen unterschiedliche Stellenwertsysteme wie Hexadezimalzahlen sowie für Fließkommazahlen verschiedene Notationen möglich. Weiterhin können die Ausgabe von Vor- oder Füllzeichen definiert sowie Nachkommastellen bestimmt werden. Die drei Funktionen stehen jeweils noch in unterschiedlichen den Varianten zur Verfügung. `Fprint()`, `Fprintln()` und `Fprintf()` geben in einen `Writer` aus und als `Sprint()`, `Sprintln()` und `Sprintf()` liefern dem Aufrufer einen String zurück.

Die Ausgabe von Standardtypen ist relativ einfach, sie ist durch die Entwickler der Sprache geregelt. Doch wie ist es mit eigenen Typen, insbesondere den zusammengesetzten? Ohne eigene Maßnahmen gibt es auch für diese eine standardisierte Ausgabeform, die jedoch sehr technisch und wenig elegant ist. Hier hilft die ebenfalls im Package definiertes Interface `Stringer`. Es definiert die Methode `String()` für die Ausgabe des Werts als String. Implementiert einer der übergebenen Typen dieses Interface, so wird die Methode für die Ausgabe herangezogen.

Quelltext 4.21
Ausgabe für eigene Typen

```
// Eine Person.
type Person struct {
    Male      bool
    FirstName string
    LastName  string
}

// Interface "Stringer".
func (p Person) String() string {
    var salutation string

    if p.Male {
        salutation = "Herr "
    } else {
        salutation = "Frau "
    }

    return salutation + p.FirstName + " " + p.LastName
}
```

```
// Hauptprogramm.
func main() {
    pa := Person{true, "Frank", "Müller"}
    pb := Person{false, "Daisy", "Duck"}

    fmt.Printf("Name A: %v\n", pa")
    fmt.Printf("Name B: %v\n", pb")
}
```

Auf diesem Weg ist es allerdings nicht möglich, die Ausgabe weiter zu beeinflussen. Die Methode des Interfaces kennt keine Parameter, die während der Formatierung herangezogen werden können. Dafür ist das Interface `Formatter` mit der Funktion `Format()` zuständig. Wird diese implementiert, so sind die Steuerzeichen inklusive Parameter für die Ausgabe verfügbar.

Für eine Ausgabe von Typ und Wert in Go-Syntax stehen ebenfalls Formatanweisungen zur Verfügung. Wird dies für eigene Typen benötigt, ist das Interface `GoStringer` mit der Methode `GoString()` zu implementieren.

Der umgekehrte Weg ist komplexer, existiert aber ebenfalls. Neben der Funktion `Scan()` stehen auch wieder die Formen `Scanln()` und `Scanf()` für *stdin* zur Verfügung. Gleichzeitig stehen Varianten für eigene `Reader` oder Strings als Quellen zur Verfügung. Die Daten werden in übergebene Variablen geschrieben, die für diesen Schreibzugriff als Referenzen übergeben werden müssen.

Quelltext 4.22
Ausgabe für eigene Typen

```
var f float
var i int
var s string

input := "47.11 / 0815 / Foo"
format := "%f / %d / %s"
n, err := fmt.Sscanf(input, format, &f, &i, &s)
```

Auf diese Art und Weise können alle einfachen Datentypen eingelesen werden. Alle weiteren müssen das Interface `Scanner` mit der Methode `Scan()` implementieren. Diese ist dann für die Analyse der Eingabedaten zuständig.

log

Neben der kontrollierten Ein- und Ausgabe, wie sie das Package `fmt` bietet, gehört auch die Protokollierung zu den typischen Tätigkeiten innerhalb eigener Anwendungen. Go bietet hierfür das Package `log` mit Funktionen für die Protokollierung von Werten oder Strings mit Werten. In der Regel wird dabei nach *stderr* geschrieben. Dies kann jedoch über die Funktion `SetOutput()` auf einen eigenen `io.Writer` umgeleitet werden. Weiterer Einfluss auf das Ausgabeformat ist mit den Funktionen `SetFlags()` und `SetPrefix()` möglich.

Die normale Ausgabe erfolgt mit einer der Funktionen `Print()`, `Println()` oder `Printf()`. Dieses Trio existiert auch noch für `Exit()`, das das Programm nach der Ausgabe mit `os.Exit(1)` beendet, und `Panic()`, das der Ausgabe den Aufruf von **`panic()`** folgen lässt.

Quelltext 4.23
Protokollierungen

```
log.Printf("Ich informiere nur.")

fn := 4711

log.Printf("Fehler %v: Hier ist was passiert!", fn)

log.Exit("Ich mache dann mal Schluss.")

log.Panic("Aaargh! Was soll ich tun? Panik!")
```

Weiter ist es möglich, eigene Instanzen vom Typ `Logger` zu erzeugen. Bei der Erzeugung lassen sich der Ausgabeweg, ein Präfix und Flags definieren. Anschließend kann mit `Print()` und seinen Varianten protokolliert werden. `Exit()` und `Panic()` stehen jedoch nicht zur Verfügung.

syslog

Während in einfachen Fällen ein Logging auf die Konsole oder in Dateien hinreichend ist, wird auf Systemebene ein professionellerer Ansatz verfolgt. Der *Syslog Daemon* ist ein zentraler Dienst, dem auf unterschiedlichen Wegen Protokollzeichenketten inklusive Priorität und Einrichtungsinformationen gesandt werden können. Der Daemon kann nun diese Daten lokal in das Dateisystem schreiben. Dies ist jedoch nicht die Regel. Vielmehr werden die Informationen kaskadiert und fließen in Managementsystemen zusammen. So können gezielte Auswertungen vollzogen und automatisiert Alarme ausgelöst werden.

Das hierfür zuständige Package ist `syslog`. Eine in ihm gebotene Variante ist ein einfacher Zugriff entsprechend des Interfaces `Logger` aus dem Package `log`. In der zweiten Variante lässt sich manuell eine Verbindung zu einem Daemon aufbauen. Das Ergebnis ist ein spezieller `Writer`, der sich über seine Methoden für das Logging nutzen lässt.

Quelltext 4.24
Professionell protokollieren

```
// Information an Log-Server senden.
func WriteInfo(server, msg string) os.Error {
    // Verbindung mit Server aufnehmen.

    level := syslog.LOG_INFO
```

```
    log, err := Dial("udp", server, level, "MyApp")

    // Fehlerkontrolle und sichere Beendigung.

    if err != nil {
        return err
    }

    defer log.Close()

    // Protokollierung.

    log.Info(msg)

    return nil
}
```

compress

Die Komprimierung von Daten ist Bestandteil von Datenarchivierungen und eines effektiven Transports. Go unterstützt diese Aufgabe mit drei Packages:

- `compress/flate` realisiert die Datenkompression DEFLATE von Phil Katz entsprechend RFC 1951,
- `compress/zip` schreibt und liest Dateien im ZIP-Format nach RFC 1950.
- `compress/gzip` schreibt und liest Dateien im GZIP-Format nach RFC 1952.

Die Package `zip` und `gzip` greifen dabei auf die Funktionalität des `flate`-Packages zurück.

4.2.3 Netzwerk

Bei einem Unternehmen wie Google verwundert es wenig, dass sich die Entwickler der Sprache die möglichst nahtlose Integration von Netzwerkfunktionalitäten für das Internet zum Ziel gesetzt haben. Das Ergebnis sind eine Reihe von Bibliotheken für die grundlegende Netzwerkkommunikation, den Datenaustausch mit Diensten, die Verbindung von Channels über Netzwerke hinweg sowie für die Protokolle HTTP und Web Socket als Client und als Server.

net

Das Package `net` bildet die Basis für die Kommunikation sowohl über das Netzwerk als auch über Unix Domain Sockets für die Interprozesskommunikation. Dabei erlauben eine Vielzahl von Typen den Umgang mit dem Internetprotokoll *IP* sowie den hierauf basierenden *TCP* und *UDP*. Dabei lassen sich sowohl Clients als auch Server realisieren. Weitere Funktionen erlauben DNS-Anfragen.

rpc

Die Kommunikation zwischen zwei Go-Programmen kann mittels des Packages `rpc` – RPC ist die generelle Bezeichnung für *Remote Procedure Calls* – etabliert werden. Hiermit lassen sich erzeugte Objekte auf der Server-Seite registrieren, jeder Typ jedoch nur einmal.

Für die registrierten Objekte können die öffentlichen Methoden über das Netzwerk aufgerufen werden, wenn sie über

- zwei Argumente vom Typ *Zeiger auf öffentliche Typen* sowie
- den Ergebnistyp `os.Error`

verfügen. Bei einem Aufruf erhält das erste Argument den Aufrufparameter des Clients und das zweite dient zur Rückgabe eines Ergebnisses. Gibt die Funktion etwas anderes als **`nil`** zurück, so wird dies dem Client als Fehler signalisiert. Die Implementierung eines Servers ist auf diesem Weg sehr kompakt.

Quelltext 4.25
Server mit RPC

```
// Identifikator.
type Id string

// Ein Kunde.
type Customer struct {
    CustomerId Id
    FirstName  string
    LastName   string
}

// Ein Kunden-Server.
type Server struct {
    ...
}

// Kunde aus Datenbank auslesen lassen.
func (s *Server) Get(id *Id, c *Customer) os.Error {
    c, err := s.database.read(id)
```

```
    if err != nil {
        return err
    }

    return nil
}

// Kundenserver starten.
func StartServer() {
    // Server erzeugen und registrieren.

    srv := NewServer()

    rpc.Register(srv)
    rpc.HandleHTTP()

    // Empfänger erzeugen.

    listener, err := net.Listen("tcp", ":1234")

    if err != nil {
        log.Exit("Listen Error:", err)
    }

    // HTTP-Verbindungen für Empfänger
    // im Hintergrund akzeptieren.

    go http.Serve(listener, nil)
}
```

Nun fehlt nur noch der passende Client. Nach dem Aufbau der Verbindung kann hierin eine angebotene Methode über den Namen des Typs und der Methode in der Form »*Typ.Methode*« adressiert werden.

Quelltext 4.26
Client mit RPC

```
var client *rpc.Client

// Mit Kunden-Server verbinden.
func ConnectServer(addr string) {
    client, err := rpc.DialHTTP("tcp", addr + ":1234")

    if err != nil {
        log.Exit("Dialing:", err)
    }
}
```

```
// Kunden vom Server abfragen.
func GetCustomer(id server.Id) *server.Customer {
    var customer server.Customer

    err = client.Call("Server.Get", &id, &customer)

    if err != nil {
        log.Exit("Server Error:", err)
    }

    return *customer
}
```

Neben dieser synchronen Form des Aufrufs ist auch ein asynchroner Aufruf möglich. Hier kann ein Channel für die Signalisierung der anliegenden Rückgabe übergeben werden, andernfalls wird dieser im Rahmen des Aufrufs erzeugt.

Für die Serialisierung beziehungsweise Deserialisierung der übertragenen Daten kommt in der Regel das auf der Seite 181 vorgestellte Package `gob` zum Einsatz. Dessen Einschränkungen legen auch fest, welche Datentypen sich übertragen lassen. Alternativ kann aber auch ein eigener Codec definiert werden. Im Package `rpc/jsonrpc` wird beispielsweise ein auf JSON[1] basierender Codec realisiert.

netchan

Eine naheliegende Alternative zum Remote Procedure Call ist die Nutzung von Channels. Allerdings liegen diese für eine direkte Nutzung nur lokal vor. Glücklicherweise wird mit dem Package `netchan` eine Möglichkeit zum Ex- und Import von Channels unter einem Namen zur Verfügung gestellt.

Auf dem exportierenden System wird ein `Exporter` mit der Angabe von Netzwerk und Netzwerkadresse gestartet. Anschließend können Channels entweder für das Senden oder das Empfangen unter einem Namen registriert werden. Hierunter stehen sie dann externen Systemen zur Verfügung.

Quelltext 4.27
Server mit netchan

```
// Exporter und Channel erzeugen.

exp, errNE := netchan.NewExporter("tcp", "127.0.0.1:0")
ch := make(chan string)

if errNE != nil { log.Exitf("Error: %v", errNE) }
```

[1] JavaScript Object Notation

```
// Channel exportieren.

errE := exp.Export("sendString", ch, netchan.Send)
```

Umgekehrt können exportierte Channels über einen `Importer` in das eigene Programm eingebunden werden. Die Anlage des `Importers` erfolgt mit dem Netz und der Adresse des exportierenden Programms. Anschließend werden lokale Channels über den Namen und die Richtung – senden oder empfangen – verbunden. Eine Variante hiervon kann den Empfang auf eine bestimmte Anzahl von Übertragungen begrenzen.

Quelltext 4.28
Client mit netchan

```
// Importer und Channel erzeugen.

imp, errNI := netchan.NewImporter("tcp", "127.0.0.1:0")
ch := make(chan string)

if errNI != nil { log.Exitf("Error: %v", errNI) }

// Channel importieren.

errI := imp.Import("sendString", ch, netchan.Recv)
```

Nun können auf dem Server Strings über den Channel `ch` versandt werden. Auf dem Client steht ein gleichnamiger Channel für das Auslesen dieser Werte zur Verfügung.

textproto

Viele Protokolle im Internet basieren auf einer einfachen Kommunikation durch den zeilenweisen Versand und Empfang von Kommandos und deren Ergebnis. Das Package `net/textproto` hat die Aufgabe, die Implementierung derartiger Protokolle zu vereinfachen. Es bildet einen Rahmen, der festlegt, wie Kommandos und Daten zu versenden beziehungsweise zu empfangen sind. Auf dieser Basis fällt die Realisierung von Protokollen wie HTTP, NNTP und SMTP leicht.

Als Beispielprojekt haben die Go-Entwickler das Package `net/dict` mitgeliefert. Es realisiert das *Dictionary Server Protocol (DICT)* nach RFC 2229. Damit ist ein leichter Zugriff auf die Verzeichnisse von Servern wie `http://www.dict.org/` möglich.

smtp

Der Versand von E-Mail ist Aufgabe in vielen Anwendungen. Das Protokoll zur Kommunikation mit dem Server hierfür ist das *Simple Mail Transfer Protocol*, kurz SMTP. Für den einfachen Versand von

Nachrichten über dieses Protokoll bietet Go das Package `smtp`. Neben einem flexiblen Klienten über den Typ `Client` mit seinen Methoden kann in einfachen Fällen auch die Funktion `SendMail()` genutzt werden. Für die Authentisierung nutzen beide den Interfacetyp `Auth`, der in der Implementierung `PlainAuth` bereits den PLAIN-Mechanismus nach RFC 4616 bereitstellt.

http

Sehr viel umfangreicher, aber auch entsprechend leistungsfähiger, stellt sich das Package `http` dar. Neben einem Client bietet dieses Package auch einen vollwertigen und flexiblen Server.

Die Etablierung einer Client-Verbindung ist einfach. Sie ist vom Typ `ClientConn` und wird über die Funktion `NewClientConn()` hergestellt. Anschließend können `Requests` versandt und `Responses` empfangen werden. Diese beiden Typen stellen jeweils umfangreiche Informationen und Methoden für den Datenaustausch zur Verfügung. Sie kommen auch beim Aufbau eines Servers zum Einsatz.

Quelltext 4.29 *HTTP-Client*

```
// Netzverbindung aufbauen.

netConn, err := net.Dial("tcp", "", "192.168.10.1:8000")

if err != nil {
    log.Exitf("Can't connect web server: %v", err)
}

// Protokoll HTTP nutzen.

httpConn := http.NewClientConn(conn, nil)
url := "http://192.168.10.1:8000/path/to/file.html"

defer httpConn.Close()

// Anfrage zusammenstellen.

req := &http.Request{
    Method:     "GET",
    URL:        http.ParseURL(url),
    ProtoMajor: 1,
    ProtoMinor: 0,
    Header:     map[string]string{
                    "Content-Type": "text/html",
                },
    Close:      true,
}
```

```
// Anfrage senden.

resp, err := httpConn.Write(req)
```

Muss auf die Anfrage weniger Einfluss genommen werden, stehen Komfortfunktionen zur Verfügung. `Get()`, `Post()` und `Head()` entsprechen hier den jeweiligen HTTP-Methoden.

Quelltext 4.30 *HTTP-Client mit Komfort*

```
// URL mit GET abfragen.

url := "http://192.168.10.1:8000/path/to/file.html"

resp, finalURL, err := http.Get(url)
```

Auch die Entwicklung eines HTTP-Servers ist einfach. Je nach angestrebter Funktionalität stehen unterschiedliche Ansätze zur Verfügung. Dreh- und Angelpunkt sind Multiplexer. Sie nehmen `Requests` an und verteilen sie je nach URL an unterschiedliche verarbeitende Funktionen. Diese sind vom Typ `HandlerFunc` oder sind eigene Typen, die das Interface `Handler` implementieren. Diese erhalten dann Informationen zur aktuellen Verbindung sowie den `Request` und können dann je nach Aufgabe ihr Ergebnis an den Client senden.

Praktischerweise werden bereits einige Handler mitgeliefert:

- Der `FileServer` liefert Dateien aus einem definierten Verzeichnis,
- mittels des `NotFoundHandlers` kann signalisiert werden, dass der angegebene Pfad nicht existiert, und
- der `RedirectHandler` leitet Aufrufer zu einem anderen URL um.

Die Zuweisung basiert auf dem Pfadanteil des URL, wobei längere Angaben Vorrang vor kürzeren haben. Der `Handler` für den Pfad */doc/product-a/* wird also vor dem für */doc/* ausgewählt.

Quelltext 4.31 *Einfacher HTTP-Server*

```
ph := http.FileServer("/var/share/web/", "/download/)
ru := "http://www.superproduct.de/"
rs := http.StatusMovedPermanently
rh := http.RedirectHandler(ru, rs)

http.Handle("/download/papers/", ph)
http.Handle("/products/superproduct/", rh)

err := http.ListenAndServe(":80", nil)

if err != nil {
    log.Exitf("Can't start web server: %v", err)
}
```

Soll statt des offenen HTTP das sicherere HTTPS genutzt werden, kommt die Funktion `ListenAndServeTLS()` statt `ListenAndServe()` zum Einsatz. Eine Vielzahl von Funktionen hilft bei der Implementierung eigener `Handler`.

websocket

Als eine Alternative zum bei Web-Anwendungen typischen HTTP entwickelt Google derzeit das neue *WebSocket-Protokoll*[2]. Hierin wird eine Verbindung vom Client zum Server aufgebaut und anschließend gehalten. Die Kommunikation ist bidirektional. Der Client muss also beispielsweise nicht laufend einen Status abfragen, sondern wird vom Server aktiv informiert. Dies macht im Browser ablaufende Anwendungen flexibler und leistungsfähiger.

Die Implementierung im Package `websocket` basiert einerseits auf dem Typ `Conn` für die Verbindung aus Sicht eines Clients. Er ist für den Aufbau der Verbindung verantwortlich. Für den Server kommt hingegen ein `Handler` zum Einsatz, der mit dem Package `http` eingesetzt werden kann. Hier wird dessen Infrastruktur wiederverwendet. Innerhalb des `Handlers` kommt dann erneut der Typ `Conn` zum Einsatz.

4.3 Ansichtssache

Unterschiedliche Datenformate spielen in vielen Einsatzgebieten eine Rolle. Hierzu gehört die Kommunikation über Netzwerke ebenso wie die Speicherung von Daten. Andere Notationen beschreiben Datenstrukturen und Syntaxen. Ein drittes großes Einsatzgebiet ist die Signatur und Verschlüsselung von Daten.

4.3.1 Formate

Die durch Go verwalteten Formate orientieren sich aktuell an zwei Anwendungsgebieten:

1. JSON und XML sind zwei typische im Internet verwendete Metaformate, die zum Datenaustausch und für die Speicherung von Daten genutzt werden.
2. ASN.1 und EBNF kommen hingegen bei der Beschreibung von Datenstrukturen und der Syntax von Programmiersprachen zum Einsatz.

[2] http://www.whatwg.org/specs/web-socket-protocol/

Die erste Gruppe verwundert bei der Ausrichtung von Go als Systemsprache unter anderem für Netzanwendungen nicht. Der ASN.1-Parser kommt beim Dekodieren von Public Keys und Certificates nach dem X.509-Standard zum Einsatz, EBNF hingegen bei einem internen Werkzeug zur Validierung spezieller EBNF-Dateien. Diese liegen – wie die Go-Spezifikation – in HTML vor, die entsprechenden Abschnitte sind als `pre`-Elemente der Klasse `ebnf` markiert. So lassen sich Spezifikation und Dokumentation in einem Dokument verwalten.

json

JSON als Metaformat greift zunehmend um sich. Anfangs handelte es sich ausschließlich um die Serialisierung von JavaScript-Objekten. Inzwischen wird das Format jedoch gerne als einfache Alternative zu XML genutzt. Das Package `json` stellt die notwendigen Typen und Funktionen für die Umwandlung von Go-Datenstrukturen in JSON sowie umgekehrt zur Verfügung. Dabei ist exakt festgelegt, welche Typen in welcher Form umgewandelt werden. Für die sichere Nutzung in HTML ist auch eine entsprechende Kodierung der hierin wichtigen Zeichen <, > und & möglich.

Quelltext 4.32
Umwandlung nach JSON

```
type Address struct {
    Type string
    City string
}

type VCard struct {
    FirstName string
    LastName  string
    Addresses []*Address
    Remarks   string
}

ap := &Address{"private", "Oldenburg"}
aw := &Address{"work", "Oldenburg"}
vc := &VCard{"Frank", "Müller",
    []*Address{ap, aw}, "<keine>"}

jvc, err := json.MarshalForHTML(vc)

// Wert von jvc:
//
// {"FirstName":"Frank","LastName":"Müller",
//  "Addresses":[{"Type":"private","City":"Oldenburg"},
//               {"Type":"work","City":"Oldenburg"}],
//  "Remarks":"\u003ckeine\u003e"}
```

Man beachte an dieser Stelle die Kodierung der spitzen Klammern. Diese führt bei der Nutzung der Ausgabe in einer HTML-Vorlage nicht zu Problemen. Gleichzeitig fällt auf, dass die Elemente großgeschrieben, also exportiert werden. Dies ist notwendig, damit der Zugriff über Reflection möglich ist.

Die Deserialisierung von JSON in Go-Instanzen ist ebenso einfach: Hier muss neben der Quelle die Referenz auf eine passende Struktur übergeben werden. Dazu kommen noch auf `Reader` und `Writer` arbeitende Typen sowie Funktionen für eine Einrückung beziehungsweise das Gegenteil.

xml

Das Package `xml` konzentriert sich auf das Auslesen von XML-Dokumenten. Hierfür stellt es einen Parser zur Verfügung. Dieser zerlegt die ihm über einen `Reader` zur Verfügung gestellten Dokumente in Tokens. Diese haben jeweils einen der Typen

- `StartElement` für ein öffnendes Element inklusive Namen und einem Slice von Attributen mit dem Typ `Attr`,
- `EndElement` für ein schließendes Element inklusive Namen,
- `CharData` für Text,
- `Comment` für Kommentare,
- `ProcInst` für Verarbeitungsanweisungen der Form `<? ... ?>` und
- `Directive` für Anweisungen der Form `<! ...>`.

Die Namen von `StartElement`, `EndElement` und `Attr` enthalten den *Namespace* und den lokalen Namen. Der Wert eines Attributs wird als String zurückgeliefert. Die Arbeitsweise des Parsers kann bezüglich einer strikten Behandlung öffnender und schließender Elemente, Ausnahmen von der Regel und der Übersetzung von Entitäten.

Quelltext 4.33 *XML-Dokumente zerlegen*

```
// Dokument einlesen.

input := "<name><fn>Frank</fn><ln>Müller</ln></name>"
inputReader := strings.NewReader(input)

// Dokument zerlegen.

p := xml.NewParser(inputReader)

// Tokens lesen.

var token xml.Token
var err   os.Error
```

```
for t, err = p.Token(); err == nil; t, err = p.Token() {
    // Abhängig vom Typ des Tokens weiter verfahren.

    switch token := t.(type) {
    case xml.StartElement:
        // Startelement.

        localName := token.Name.Local

        for _, attr := range token.Attr {
            attrLocalName := attr.Name.Local
            attrValue := attr.Value

            ...
        }

    case xml.EndElement:
        // Endelement.

        ...
    case xml.CharData:
        // Text.

        ...
    default:
        // Weitere Tokens.

        ...
    }
}
```

Diese Form der Verarbeitung erinnert an die *Simple API for XML (SAX)*. Insofern verwundert es, dass das Package dieses standardisierte Interface ebenso wenig bietet wie eine Zerlegung in das *Document Object Model (DOM)*. Vielleicht wird dies ein Bestandteil späterer Versionen.

Analog dem `json`-Package wird als Vereinfachung noch die Funktion `Unmarshal()` zur Verfügung gestellt. Sie analysiert ein XML-Dokument und weist die Daten entsprechend ihrer Elementnamen den exportierten Feldern eines übergebenen Structs zu. Über eine Methode des `Parsers` ist dies auch jederzeit für ein `StartElement` während der manuellen Analyse möglich. So kann hier ein Teil des Dokuments automatisch ausgelesen und zugewiesen werden.

asn1

Ein weiteres Format zur Beschreibung von Datenstrukturen und zum Austausch von Informationen ist die *Abstract Syntax Notation One (ASN.1)*[3]. Es handelt sich hierbei um einen gemeinsamen Standard der ITU-T und der OSI. Dies zeigt die Einsatzgebiete auf: in der Telekommunikation sowie in verschiedenen Internet-Protokollen. Ebenso kommt die ASN.1 im Rahmen der *Public Key Cryptography Standards (PKCS)* zum Einsatz. Hier nutzt Go sie auch intern für die Analyse von X.509-Schlüsseln und -Zertifikaten.

ASN.1 definiert für die Kodierung vier verschiedene Regelsätze. Für eine Eindeutigkeit auf der Bitebene dienen die *Distinguished Encoding Rules (DER)*. Diese sind für eine digitale Signatur und den plattformübergreifenden Austausch notwendig. Daher ist dieser Satz im Package `asn1` realisiert.

Für die Analyse oder das Erzeugen der Strukturen dienen wie schon bei `json` die Funktionen `Unmarshal()` und `Marshal()` beziehungsweise `MarshalToMemory()`. Die hier zum Einsatz kommenden Datenstrukturen basieren jedoch nicht auf den regulären Datentypen, zumindest nur eingeschränkt. Vielmehr ist hier der Einsatz von Typen des `asn1`-Packages vorgeschrieben. Hierzu existieren nur wenige Ausnahmen. Gleichzeitig können die auf Seite 56 vorgestellten Tags für eine Kontrolle der Analyse zum Einsatz kommen.

ebnf

Das Package `ebnf` für die Analyse und Verifikation von Syntaxbeschreibungen in *Erweiterter Backus-Naur-Form (EBNF)*[4] wurde vom Go-Team aus Eigennutz entwickelt. Das Package kommt im Werkzeug `ebnflint` zum Einsatz. Es dient zur Verifikation von in HTML-Dokumenten eingebetteten Grammatiken, so wie es bei der Sprachspezifikation[5] von Go zum Einsatz kommt.

Der im Package enthaltene `Parser` liefert eine Grammatik zurück, die eine Menge von `Productions` enthält. Diese enthalten die jeweiligen Ausdrücke, die nun weiterverarbeitet werden können. Ebenso kann die ermittelte Grammatik mit der Funktion `Verify()` überprüft werden.

---

[3] http://de.wikipedia.org/wiki/Abstract_Syntax_Notation_One
[4] http://de.wikipedia.org/wiki/Erweiterte_Backus-Naur-Form
[5] http://golang.org/doc/go_spec.html

4.3.2 Weitere Kodierungen

Einige weitere Packages der Go-Standardbibliothek befassen sich mit Kodierungen, die im Rahmen des Datenaustauschs zum Einsatz kommen.

gob

Das Package `gob` wurde bereits mehrfach gennant. Es dient der Serialisierung von Go-Datenstrukturen in `Writer` und der Deserialisierung aus `Readern`. Hierfür sind die entsprechenden Typen `Encoder` und `Decoder` mit ihren Methoden definiert.

ascii85

Das Format *Acsii85* wurde von Adobe für die Kodierung von Binärdaten in Textdokumenten entwickelt[6]. Das Verfahren ist effizienter als *Base64* und kommt im Rahmen von PostScript und PDF zum Einsatz. Das Package `encoding/ascii85` implementiert Funktionen zum Kodieren und Dekodieren von Byte-Slices sowie über `Reader` und `Writer`.

base64

Eine weitere Kodierung von Binärdaten erfolgt im *Base64*-Format. Es kommt im Wesentlichen im Umfeld von Mail und XML zum Ein satz. Der Standard ist im RFC 4648 definiert. Es gibt dort eine Standardvariante und eine Variante mit einem sicheren Zeichenumfang für Dateinamen und URLs. Beide sind im Package `encoding/base64` implementiert. Die Realisierung erfolgt durch den Typ `Encoding`, dem bei seiner Anlage ein 64-Byte-String als Alphabet übergeben wird. Die Funktionen `NewDecoder()` und `NewEncoder()` arbeiten dann mit einem `Encoding` auf einem `Reader` beziehungsweise einem `Writer` oder `WriteCloser`.

4.3.3 Geheimniskrämerei

Ein komplexes Gebiet, nicht nur in Bezug auf den Datenaustausch im Internet, ist die Kryptografie. So muss über Prüfsummen sichergestellt werden, dass empfange Daten nicht verändert wurden. Andererseits werden Daten so verschlüsselt, dass ein Betrachter ihren Inhalt nicht auslesen kann. Hier wird zwischen symmetrischen und asymmetrischen Verfahren unterschieden. Bei symmetrischen Verfahren ist der Schlüssel für die Ver- sowie die Entschlüsselung der gleiche, wogegen

[6] http://www.adobe.com/devnet/postscript/pdfs/PLRM.pdf

sich die Schlüssel bei asymmetrischen Verfahren unterscheiden. Dies erlaubt den Aufbau von Infrastrukturen, bei denen ein Empfänger den Versandschlüssel für Daten öffentlich bekannt gibt, während der Empfangsschlüssel nur bei ihm verbleibt. In diesem Fall ist von einer *Public Key Infrastructure (PKI)* die Rede.

Für Google als Internet-Unternehmen ist die Unterstützung einer Vielzahl gängiger Verfahren selbstverständlich. Dies spiegelt sich in über 20 Packages wider. So definiert das Package `hash` die Interfaces für Prüfsummen. Einfache Prüfsummen werden dann mit

- `hash/adler32`,
- `hash/crc32` und
- `hash/crc64`

gebildet, die kryptografischen hingegen mit

- `crypto/hmac`,
- `crypto/md4`,
- `crypto/md5`,
- `crypto/ripemd160`,
- `crypto/sha1`,
- `crypto/sha256` und
- `crypto/sha512`

für die jeweils gleichnamigen Algorithmen.

Quelltext 4.34
Prüfsumme nach SHA-1

```
data := []byte("The quick brown ...")
hash := sha1.New()

// Daten schreiben und Erfolg prüfen.

n, err := hash.Write(data)

if n != len(data) || err != nil {
    log.Printf("Write error: %v / %v", n, err)

    break
}

checksum := hash.Sum()

// Algorithmus zurücksetzen.

hash.Reset()
```

Die Algorithmen zur Ver- und Entschlüsselung werden ebenfalls durch gleichnamige Packages angeboten:

- `crypto/aes`
- `crypto/blowfish`
- `crypto/rc4`
- `crypto/rsa`
- `crypto/xtea`

Weitere unterstützende Packages für den Umgang mit einer PKI sind `crypto/tls` und `crypto/x509`.

4.4 Verschiedenes

tar

Ein unter Unix übliches Archivierungsformat ist *TAR*. Sein Name hat seinen Ursprung in der Verarbeitung von Bandarchiven – *tape archives*. Der Umgang mit diesem Format wird durch das Package `archive/tar` bereitgestellt.

zip

Ein ebenso übliches Format, um Dateien in ein Archiv zu packen, ist *ZIP*. Es wurde 1989 von Phil Katz mit den Programmen `pkzip` und `pkunzip` eingeführt. Für das Lesen von ZIP-Dateien stellt Go das Package `archive/zip` bereit.

expvar

Im Rahmen des Monitorings oder Debuggings von Server-Anwendungen ist ein lesender Zugriff auf interne Variablen und Funktionen von außen hilfreich. Dieser wird durch das Package `expvar` geboten. Es erlaubt die Registrierung verschiedener Datentypen und Funktionen jeweils unter einem individuellen Namen. Bei einem Import des Packages werden zudem automatisch zwei Variablen für den Inhalt der Kommandozeile und für eine Speicherstatistik registriert.

Anschließend können die jeweils aktuellen Daten via HTTP unter `/debug/vars` ausgelesen werden. Das Rückgabeformat ist JSON. Dies lässt sich anschließend durch ein entsprechendes Monitoring-Programm anzeigen oder visualisieren.

Quelltext 4.35
Monitoring zu Debugging-Zwecken

```
package mypackage

import (
    "expwar"
    "runtime"
)

var instances *expvar.Int

// Initialisierung.
func init() {
    // Monitoring des Instanzzählers initialisieren.

    instances = expvar.NewInt("mypackage:instances")
}

// Der exportierte Typ.
type MyType ...

// Konstruktor.
func New() *MyType {
    mt := new(MyType)

    ...

    // Inkrement des Instanzzählers.

    instances.Add(1)

    // Dekrement vorbereiten.

    runtime.SetFinalizer(mt, func(mt *MyType) {
        instances.Add(-1)
    })

    return mt
}
```

flag

Viele Programme lassen sich durch Parameter beim Aufruf steuern. Mit dem Package `flag` stellt Go einen komfortablen Zugriff auf diese Parameter inklusive der Definition von Hilfstexten und Standardwerten zur Verfügung.

image

Zwei der im Internet am weitesten verbreiteten Bildformate – *JPEG* und *PNG* – werden durch Packages zur Bildverarbeitung unterstützt. Das Package `image` bildet die Basis für die Verarbeitung. Es enthält eine Vielzahl von Funktionen zur Manipulation zweidimensionaler Grafiken in Pixelformaten.

Für die konkreten Formate enthält das Package `image/jpeg` einen Decoder für JPEG und im Package `image/png` sowohl einen Decoder als auch einen Encoder. Metadaten wie EXIF werden für keines der beiden Formate unterstützt.

sync

Die sequenzielle Abarbeitung von Daten durch die Kommunikation über Channels innerhalb einer Goroutine ist der Go-typische Weg zur Synchronisation von Zugriffen. Für einfache Synchronisierungen sind hingegen oftmals traditionelle *Mutexe* hinreichend. Sie werden über das Package `sync` zur Verfügung gestellt.

Quelltext 4.36
Synchronisation

```
// Einen Handler registrieren.
func (r *Registry) Register(h Handler) {
    r.mutex.Lock()          // Mutex reservieren.
    defer r.mutex.Unlock()  // Freigabe am Ende.

    // Registrierung durchführen.

    ...
}
```

Ein weiterer Aspekt der Synchronisierung ist die korrekte Programminitialisierung. Global gültige Initialisierungen von Packages werden regulär im Rahmen der Programminitialisierung durchgeführt (siehe hierzu auch Abschnitt 3.1.3). Nun kann es jedoch vorkommen, dass manche Dinge nur einmalig, koordiniert und verzögert zur Laufzeit ausgeführt werden sollen, beispielsweise nur beim ersten Gebrauch einer Funktion. Ein Anwendungsfall ist die Initialisierung eines Pools für Datenbankverbindungen beim ersten Öffnen einer Datenbank. Für eben solche Aufgaben stellt das Package den Typ `Once` zur Verfügung.

Quelltext 4.37
Einmalige Ausführung einer Funktion

```
// Kontrolle für einmalige Initialisierung.
var poolOnce sync.Once

// Pooling der Datenbank initialisieren.
func initDatabasePooling() { ... }
```

```
// Datenbank öffnen.
func OpenDatabase(name string) *Database {
    poolOnce.Do(initDatabasePooling)

    ...

    return db
}
```

tabwriter

Für eine formatierte Ausgabe von Texten, die durch Tabulatoren getrennt werden, haben die Go-Autoren das Package `tabwriter` implementiert. In ihm wird ein `Writer` mit der Angabe von Formatierungsoptionen wie Breiten oder Füllzeichen erzeugt. Werden nun Daten mit Tabulatoren geschrieben, so richtet der `Writer` sie aus. Dasselbe geschieht auch für Fließkommazahlen auf Basis des Kommas.

testing

Das wohl erste Framework für die Automatisierung von Unit Tests war *SUnit* für *Smalltalk* von Kent Beck. Es diente dem Nachweis der korrekten Arbeitsweise – sowohl im positiven wie im Fehlerfall – von Software-Modulen. Im Rahmen der Test-getriebenen Entwicklung wird über die Tests spezifiziert, wie sich das getestete Modul zu verhalten hat. Welche Ergebnisse werden in regulären Fällen erwartet, welche in Grenzfällen, und reagiert die Software im Fehlerfall richtig? All dies wird getestet und die eigene Software so lange weiterentwickelt, bis sie alle Tests einwandfrei besteht.

Das entsprechende Package in Go trägt den Namen `testing`. Es hält sich jedoch nicht wie die SUnit und seine Nachkommen an die bekannten Konventionen. So bietet das Package nicht die verschiedenen Varianten von `assert()` und `deny()`, die vielen Entwicklern bereits bekannt sind. Vielmehr lassen die Entwickler von Go den Testentwickler die notwendigen Vergleiche selbst ausführen und Ergebnisse über ein den Tests zur Verfügung stehendes Testobjekt protokollieren. So kann das Programmen entsprechend hierauf reagieren. Die Tests wie auch eventuelle Benchmarks werden in Dateien mit dem Namensmuster `*_test.go` implementiert. Sie selbst müssen in ihrer Benennung den folgenden Mustern entsprechen:

Quelltext 4.38
Testsignaturen

```
// Tests.
func TestXyz(t *testing.T) { ... }

// Benchmarks.
func BenchmarkXyz(b *testing.B) { ... }
```

Der Typ `T` realisiert die vier Methoden `Log()`, `Fail()`, `Error()` und `Fatal()` sowie Varianten davon. Sie kommen zur Ausgabe und Kontrolle des Testerfolgs zum Einsatz und können auch zum Abbruch der Tests führen. Ohne eine Ausgabe von Fehlermeldungen wird ein Test als erfolgreich gewertet, andernfalls wird das Scheitern gezählt.

Ähnlich verhält es sich bei Benchmark-Tests. Hier bietet der Typ `B` die vier Methoden `StartTimer()`, `StopTimer()`, `ResetTimer()` und `SetBytes()`. Letzteres dient der Ausgabe von Nanosekunden pro Operation und Megabytes pro Sekunde.

Die Ausführung der Tests erfolgt mit dem in Abschnitt 5.7 vorgestellten Programm `gotest`.

Weiterhin unterstützen die Packages

- `testing/iotest` für Ein- und Ausgabe,
- `testing/quick` für Black-Box-Tests und
- `testing/script` für den Umgang mit Channels

die Arbeit. Die individuellen Tests gestalten sich sehr einfach.

Quelltext 4.39
Tests

```
var ncall int

// Einfacher Aufruf.
func call() {
    ncall++
}

// Testfunktion für den Aufruf von Do().
func TestDo(t *testing.T) {
    ncall = 0

    once.Do(call)

    if ncall != 1 {
        t.Fatalf("once.Do(call) didn't call(): " +
            "ncall=%d", ncall)
    }

    once.Do(call)
```

```
    if ncall != 1 {
        t.Fatalf("second once.Do(call) did call(): " +
            "ncall=%d", ncall)
    }

    once.Do(call)

    if ncall != 1 {
        t.Fatalf("third once.Do(call) did call(): " +
            "ncall=%d", ncall)
    }
}

// Testfunktion für den Logger.
func TestNewLogger(t *testing.T) {
    f := syslog.NewLogger(LOG_INFO, 0)

    if f == nil {
        t.Errorf("NewLogger() failed\n")
    }
}
```

4.5 Zusammenfassung

Die etablierten Programmiersprachen zeigen es: Für den Erfolg ist neben der Sprache selbst eine große Anzahl von Bibliotheken für die tägliche Arbeit notwendig. Kaum ein Entwickler hat die Zeit und die Muße, sich Dinge wie Server, Datenbanken, Kommunikationsprotokolle, die Unterstützung von Dateiformaten und vieles mehr selbst zu erarbeiten und stabil zu implementieren.

Dies haben natürlich auch die Entwickler von Go erkannt. Während sich an der Syntax nach der Vorstellung der Sprache Ende 2009 nur wenig änderte, wuchsen der Umfang und die Leistungsfähigkeit der mitgelieferten Package stetig. Dieser Prozess dauert auch weiterhin an. Dabei macht die Art der Package schnell ersichtlich, welches Unternehmen hinter der Entwicklung der Sprache steht und welche Intention es verfolgt. Nahezu durchgängige Idiome und Konventionen helfen dem Anwender ebenso bei der Nutzung wie die ausführliche Dokumentation unter `http://golang.org/pkg/`.

5 Werkzeuge

Die Entwicklung mit Go steckt noch in den Kinderschuhen. Eine Entwicklungsumgebung ist ob der Kürze der Zeit noch nicht verfügbar. Allerdings werden einige Integrationen in gängige Editoren (siehe Seite 10) mitgeliefert. Zudem bringt Go neben Compiler und Linker einen Satz wirklich praktischer Werkzeuge mit sich.

5.1 Wichtige Umgebungsvariablen

Die Übersetzung der Go-Binärprogramme als auch der Go- und der eigenen Packages kann durch das Setzen von Umgebungsvariablen beeinflusst werden. Sie steuern das Wurzelverzeichnis der Go-Installation, den Zielort für die erzeugten Binärprogramme, das Zielbetriebssystem und die Zielarchitektur sowie im Fall von ARM-Prozessoren die Version der Architektur. Wichtig ist hierbei, dass die Erzeugung der Binärprogramme durch die mitgelieferten Skripte automatisch für die eigene Plattform erfolgt. Die Variablen für das Ziel steuern hingegen die Kompilierung eigener Quellen. Damit ist es kein Problem, beispielsweise unter OS X Anwendungen für ein Linux-Server-System zu entwickeln. Insofern findet unter Go immer ein *Cross Compiling* statt. Im Normalfall sind dabei Quelle und Ziel dasselbe System.

Die Variablen können im Fall eines einzelnen Ziels im eigenen Shell-Profil gesetzt werden. Andernfalls bieten sich Shell-Skripte für jedes Ziel an. Folgende Variablen sind hierin zu definieren:

- `$GOROOT` verweist auf das Wurzelverzeichnis der Go-Installation, beispielsweise `$HOME/go`. Hier werden die Quellen, Packages, Dokumentation und Hilfsdateien für die Integration von Go in unterschiedliche Editoren abgelegt.
- `$GOROOT_FINAL` muss im Regelfall nicht gesetzt werden. In diesem Fall verbleiben die übersetzten Bibliotheken unter `$GOROOT`. Für ein anderes Zielverzeichnis ist hingegen diese Variable zu setzen.

- `$GOOS` beinhaltet einen Schlüssel zur Wahl des Zielbetriebssystems. Die gültigen Werte sind `darwin` (für OS X), `linux`, `freebsd` und `windows`.
- `$GOARCH` enthält ebenfalls einen Schlüssel. Mit ihm wird die Zielarchitektur beim Kompilieren eigener Go-Programme gesteuert. Die gültigen Werte sind `amd64` für Rechner mit 64 Bit x86 Architektur, `386` für 32 Bit x86er Systeme und `arm` für 32 Bit ARM Prozessoren. Die zulässigen Werte sind Abhängig vom gewählten Betriebssystem, da nicht jede Kombination existiert. So sind `amd64` und `386` für `linux`, `darwin` und `freebsd` gültig, `386` auch noch für `windows` sowie `arm` für `linux`.
- `$GOHOSTOS` und `$GOHOSTARCH` entsprechen `$GOOS` und `$GOARCH` und bezeichnen das aktuelle Betriebssystem und die Rechnerarchitektur. Sie werden automatisch gesetzt und durch die Makefiles genutzt.
- `$GOBIN` kann bei Bedarf gesetzt werden, wenn die Installation der erzeugten Go-Binärprogramme in einem anderen Verzeichnis als dem Standard `$GOROOT/bin` gewünscht wird.
- `$GOARM` ist ebenfalls eine optionale Variable speziell bei einem ARM-Prozessor als Ziel. Der Wert bezieht sich auf die Version der ARM-Architektur, erlaubt sind 5 und 6. Letzterer ist der Standardwert und führt zu effizienterem Code. Allerdings ist dieser auf älteren Systemen nicht mehr lauffähig.

Für die Entwicklung unter OS X mit der gleichen Zielplattform sähe die Profile-Datei wie folgt aus:

Quelltext 5.1
.profile unter OS X

```
#
# .profile
#

export GOROOT=$HOME/Applications/Go
export GOARCH=amd64
export GOOS=darwin
export GOBIN=$HOME/Applications
export PATH=$PATH:$HOME/Applications

#
# EOF
#
```

5.2 Compiler und Linker

Die wichtigsten Hilfsmittel für die Umwandlung von Quelltext in ein ausführbares Programm sind der *Compiler* für das Übersetzen des Quelltexts in den Bytecode der jeweiligen Plattform sowie der *Linker* für das Zusammenfügen verschiedener Module zum ausführbaren Programm. Hier bietet Go unterschiedliche Programme, die dem Projekt *Plan 9* entstammen. Sie unterstützen folgende Prozessorarchitekturen:

- ARM (`arm`)
- x86-64 (`amd64`)
- x86 (`386`)

Neben dem Compiler für Go und dem jeweiligen Linker werden für die Plattformen auch noch ein Assembler sowie ein C-Compiler angeboten. Die Namensgebung der Programme folgt einem Schema, das in Tabelle 5-1 dargestellt ist.

Tab. 5-1
Compiler und Co.

Werkzeug	ARM (arm)	x86-64 (amd64)	x86 (386)
Go-Compiler	`5g`	`6g`	`8g`
C-Compiler	`5c`	`6c`	`8c`
Assembler	`5a`	`6a`	`8a`
Linker	`5l`	`6l`	`8l`

In einer einfachen Installation werden mittels `all.bash` die notwendigen Programme für die eigene Plattform übersetzt und installiert. Über die in Abschnitt 5.1 vorgestellten Umgebungsvariablen lassen sich diese jedoch auch für andere Plattformen erzeugen. Dies ist für ein *Cross Compiling* von einem System für ein anderes notwendig.

Neben diesen Standardprogrammen ist mit dem `gccgo` auch noch ein Frontend für den *GNU C Compiler* in der Entwicklung. Es ergänzt die aus C, C++, Objective-C, Fortran, Java und Ada bestehende Sprachfamilie um Googles jüngsten Spross. Für die Nutzung müssen die Quellen individuell geladen, konfiguriert und für den GCC übersetzt werden. Das Repository für die Quellen, die einzelnen Schritte zur Installation und die Anwendung werden ausführlich in einer eigenen Dokumentation[1] beschrieben.

[1] http://golang.org/doc/gccgo_install.html

5.3 gomake

Der manuelle Aufruf von Compiler und Linker für die Übersetzung und das Binden von Packages und Programmen ist mühsam und zudem fehleranfällig. Dies zu vereinfachen und zu automatisieren ist die Aufgabe von Build-Systemen. In der Welt von Unix und C/C++ hat sich hier seit langem `make` etabliert, auch wenn sich viele Entwickler wegen der Notation nicht dafür begeistern können.

Dies hat die Entwickler von Go aber nicht davon abgehalten, den Einsatz von `make` zu favorisieren. Im Sinne der gewünschten Vereinfachung der Go-Entwicklung liefern sie jedoch einige Includes für die Erzeugung von Packages und Programmen mit. Diese Includes erleichtern die Erstellung eigener *Makefiles* und nutzen die in Abschnitt 5.1 aufgeführten Umgebungsvariablen für ihre Konfiguration.

Sind die Umgebungsvariablen – oder zumindes `$GOROOT` – nicht gesetzt, kann statt des regulären Kommandos `make` das Go-eigene `gomake` eingesetzt werden. Es ermittelt auf Basis seines Installationsorts das korrekte Verzeichnis für `$GOROOT`, setzt die Variable und ruft dann intern `make` auf. Mit gesetztem `$GOROOT` verhält sich `gomake` also wie `make`.

Beim Aufruf von `make` oder `gomake` kann ein Ziel zur Steuerung des Builds angegeben werden. Ohne die Angabe wird `all` als Standardziel verwendet. Damit lassen sich Projekte

- mit `(go)make [all]` übersetzen,
- mit `(go)make install` installieren,
- mit `(go)make test` testen (nur Packages),
- mit `(go)make bench` messen (nur Packages),
- mit `(go)make clean` von Objektdateien bereinigen sowie
- mit `(go)make nuke` von Objektdateien bereinigen; bereits installierte Packages oder Programme lassen sich mit `(go)make nuke` löschen.

Eine kleine Ergänzung hilft zudem dabei, den Code mit `(go)make format` zu formatieren.

5.3.1 Packages

Die Entwickler von Go geben für die Makefiles ein einfaches Muster vor. Dieses besteht aus zwei Includes, der Definition des Ziels und die Angabe der Go-Quellateien. Die zusätzliche Definition von `$GOFMT` und dem Ziel `format:` integriert die Formatierung wie oben aufgeführt.

```
include $(GOROOT)/src/Make.inc

TARG=mygopackage
GOFMT=gofmt -w -tabindent -tabwidth=8

GOFILES=\
    mygopackagea.go\
    mygopackageb.go\

include $(GOROOT)/src/Make.pkg

format:
    ${GOFMT} ${GOFILES}
    ${GOFMT} mygopackage_test.go
```

Quelltext 5.2
Makefile für ein Package

Die Auflösung der notwendigen Go-Packages oder weiterer eigener Bibliotheken wird automatisch durch die Abhängigkeitsanalyse von Go vollzogen. Im Fall von externen Packages sind diese zuvor mittels `goinstall` (siehe hierzu auch Abschnitt 5.9) auf dem eigenen System zu installieren; dies wird nicht automatisch durch die Makefiles vollzogen.

5.3.2 Programme

Für die Erstellung von Programmen kommt ebenfalls ein Makefile zum Einsatz. Es ähnelt dem für Packages bis auf die Einbettung von `Make.cmd` anstelle von `Make.pkg`. Die Endungen machen deutlich, welche Aufgaben die jeweiligen Includes haben.

```
include $(GOROOT)/src/Make.inc

TARG=goforit
GOFMT=gofmt -w -tabindent -tabwidth=8

GOFILES=\
    goforit.go\

include $(GOROOT)/src/Make.cmd

format:
    ${GOFMT} ${GOFILES}
```

Quelltext 5.3
Makefile für ein Programm

Der Aufruf von `gomake` kompiliert und bindet `goforit.go` in das ausführbare Programm `goforit`. Erfolgt der Aufruf von `gomake` mit dem Parameter `install`, so wird das Programm nach der Übersetzung in das durch die Umgebungsvariable `$GOBIN` (siehe Abschnitt 5.1) bezeichnete Verzeichnis kopiert.

5.4 cgo

Go-Programme können auch in C entwickelten Code einbinden. Hierfür sind passende Go-Dateien zu generieren, wofür Go das Programm `cgo` enthält. Das Format der Eingabedatei ist in Quelltext 5.4 beschrieben.

Quelltext 5.4
Eingabe für cgo

```
/*
    mycproj.go
*/
package mycproj

// #include <stdio.h>
// #include <gmp.h>
import "C"

import (
    "fmt"
    "io"
)

...
```

In dieser Form werden die Includes verarbeitet und ihre Typen, Variablen und Funktionen dem Go-Programm zur Verfügung gestellt. Hierfür erhalten sie den eigenen Package-Präfix `C`. Die Importe haben damit beispielsweise die Form `C.size_t`, `C.stdout` und `C.putchar()`. Gleichzeitig stehen die Standardtypen als `C.char`, `C.int`, `C.long` etc. zur Verfügung. Entsprechen die importieren Bezeichner Schlüsselwörtern von Go, so wird ihnen ein Unterstrich vorangestellt.

Konventionen definieren, wie in den eigenen Funktionen der Eingabedatei auf die importierten C-Funktionen zugegriffen und deren jeweilige Rückgabe verarbeitet wird.

Quelltext 5.5
Beispielmethode aus gmp.go

```
// Bytes returns z as a big-endian byte array.
func (z *Int) Bytes() []byte {
    b := make([]byte, (z.Len()+7)/8)
    n := C.size_t(len(b))

    C.mpz_export(unsafe.Pointer(&b[0]), &n, 1, 1, 1,
        0, &z.i[0])

    return b[0:n]
}
```

Der Aufruf von

```
$ cgo mycproj.go
```

erzeugt für die Nutzung vier Dateien: zwei Go-Quelldateien, eine Quelldatei für die C-Compiler `6c/7c/8c` – diese Compiler sind ebenfalls Bestandteil der Distribution – und eine Quelldatei für den GCC. Ihre korrekte Verarbeitung wird durch die mitgelieferten Makefiles beziehungsweise den Include `Make.pkg` sichergestellt.

5.5 prof

Für die Optimierung der eigenen Software ist es wichtig zu wissen, wo das Programm seine Zeit verbringt. Mit `prof` in seinen Ausprägungen `5prof`, `6prof` und `8prof` bietet Go einen ersten rudimentären *Profiler*. Er kann sich über die Prozess-ID auf einen laufenden Prozess aufschalten oder ihn unter Angabe des Namens und der Parameter neu starten. Anschließend vollzieht es in regelmäßigen Abständen Messungen. Dies lässt sich in geringen Maßen noch beeinflussen, beispielsweise in Dauer, Intervall und Detaillierung.

```
$ 6prof -p 4711 6.out
threadstopped thread_info 0: mach: send invalid dest
threadstopped thread_info 0: mach: send invalid dest
605 samples (avg 5 threads)
299.01% mach_semaphore_wait
199.67% syscall.Syscall6
  0.17% mlookup
  0.17% strings.ToLower
  0.17% unicode.ToLower
```

Spezielle Parameter bei der Kompilierung der Packages oder des Programms sind nicht notwendig.

5.6 gofmt

Eines der für Einsteiger in die Go-Welt umstrittensten und in den ersten Monaten auch mit am kontroversesten diskutierten Programme ist das Formatierungswerkzeug `gofmt`. Es analysiert gegebenen Go-Quellcode und setzt ihn nach standardisierten Formatierungsregeln neu. Hierzu besteht allerdings kein Zwang, und nicht jedem gefällt der so erzeugte Stil. Doch der Vorteil zeigt sich inzwischen mit der zunehmenden Anzahl der in der Community verfügbaren Packages und Programme. Sicherlich können sowohl Namensgebungen, Leerzeilen,

Kommentare und genutzte Idiome und Muster voneinander abweichen. Doch der Wiedererkennungseffekt der durch `gofmt` formatierten Quelldateien ist groß und die Einarbeitung in fremde Packages und Programme daher schnell. Dies hilft beim Erlernen der Sprache und erleichtert das Mitwirken an Open-Source-Projekten.

Im Sinne der Vereinheitlichung sind die Beeinflussungsmöglichkeiten gering. Optisch ist es nur die Tiefe der Einrückung. Dazu kommt die Wahl, ob Tabulatoren oder Leerzeichen hierfür zum Einsatz kommen.

Doch `gofmt` hat noch eine weitere Aufgabe. Es kann auf der Basis von Regeln Bestandteile der Quellen umformen oder ersetzen. Dies hat sich insbesondere in der ersten Zeit, als Syntax-Änderungen noch häufiger vorkamen, als sehr nützlich erwiesen. Diese Fähigkeit können nicht nur die Go-Entwickler für die Änderungen an den Standardpaketen nutzen, auch der normale Entwickler wird so bei Refactorings auf einer größeren Code-Basis praktisch unterstützt. Allerdings lassen sich nur sehr einfache Ersetzungsregeln abbilden. So ersetzt das Kommando

```
$ gofmt -r 'mypkg.Foo(x, y) -> mypkg.Bar(y, x)' -w *.go
```

alle Aufrufe von `mypkg.Foo()` durch `mypkg.Bar()` und kehrt die beiden Parameter um. Einzelne kleingeschriebene Buchstaben im Muster der Regel werden von `gofmt` als Platzhalter interpretiert, und ihr jeweiliger Inhalt wird im ausgetauschten Quelltext eins zu eins eingesetzt.

5.7 gotest

Das Package für Unit Tests wurde bereits auf Seite 186 vorgestellt, nun fehlt nur noch das Programm für die Ausführung der Tests. Es trägt den Namen `gotest` und wird in der Regel ohne Parameter in einem Verzeichnis mit Quellen gestartet, beispielsweise durch ein Makefile. Anschließend werden alle Go-Quelldateien des Verzeichnisses kompiliert und die Tests der Dateien mit dem Muster `*_test.go` ausgeführt. Das Ergebnis wird auf der Konsole protokolliert. Durch die Angabe einzelner Testquellen lässt sich der Umfang der Tests eingrenzen.

```
$ gotest
rm -f _test/simple.a _gotest_.6
6g -o _gotest_.6 simple.go  simple_test.go
rm -f _test/simple.a
gopack grc _test/simple.a _gotest_.6
Foo
Bar!
Foo
PASS
```

5.8 godoc

Mit der Sprache *Java* wurde es populär, die Dokumentation zu Quelltexten in diesen so zu platzieren und zu formatieren, dass sie mittels eines Programms herausgezogen und für die Darstellung in einem Browser aufbereitet werden kann. So ist sie durchsuchbar und steht dem Entwickler komfortabel zur Verfügung. Das Verfahren wurde wie schon das Unit Testing für diverse Sprachen übernommen. Und so haben auch die Go-Entwickler mit `godoc` ein solches Programm beigefügt.

Das Programm kann auf zwei verschiedene Weisen eingesetzt werden. Auf der Kommandozeile kann es schnell Informationen aus der eigenen Go-Installation oder einem Dokumentations-Server abrufen. Für das schnelle Nachschlagen ist das ein praktischer Weg. Das zweite Verfahren ist der besagte Dokumentations-Server selbst. `godoc` lässt sich als HTTP-Server starten und bietet dann die in der Go-Installation enthaltenen Informationen wie schon die Seite `http://golang.org` selbst. Durch die Einbindung von Pfaden mit eigenen Packages lassen sich diese in die Dokumentation integrieren und mit der integrierten Suche durchstöbern.

Quelltext 5.6
Dokumentation des Quelltexts

```
// Das Package 'simple' liefert ein Beispiel für die
// einfache Dokumentation von Quelltext mit godoc.
package simple

// Der Typ ExampleType demonstriert die Dokumentation
// eines Typs.
type ExampleType bool

// Generierung eines ExampleTypes auf Basis irgendeines
// mysteriösen Algorithmus.
func GenerateExampleType() ExampleType {
    ...
}
```

Mit dem Kommando

```
$ godoc -http=:6060 -path="/path/to/my/source"
```

wird nun der Server gestartet und ist über Port 6060 erreichbar. Das Format der Dokumentation im Quelltest ist – wie in Abbild 5-1 zu sehen – sehr einfach. Es werden lediglich die Kommentare direkt vor dem Package-Statement und allen Deklarationen übernommen. Sie müssen dabei allerdings ohne trennende Leerzeilen direkt vor das jeweilige Objekt geschrieben werden. In die so erzeugte Dokumentation werden dabei nur die exportierten Objekte aufgenommen. Kommentare von privaten, also kleingeschriebenen, Objekten werden hingegen ignoriert.

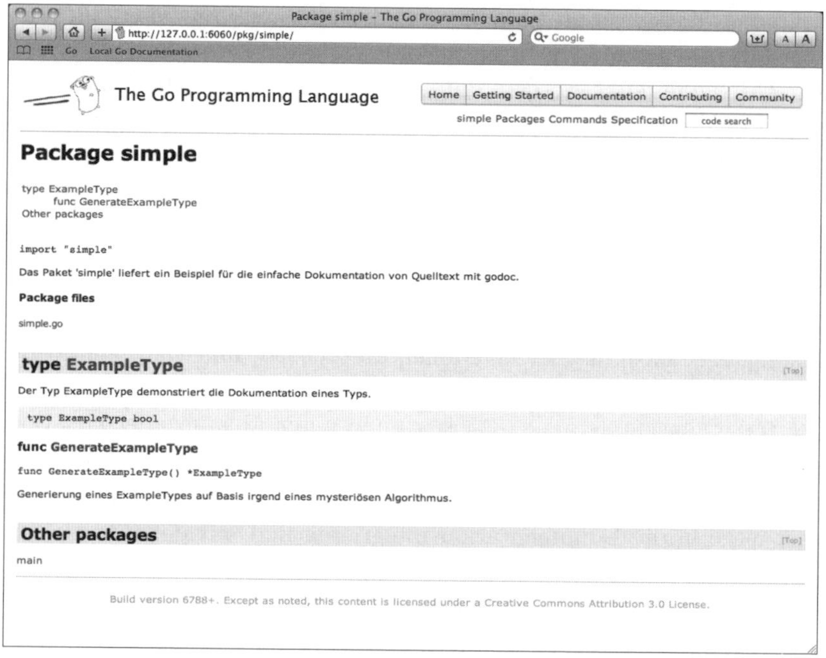

Abb. 5-1
godoc im Einsatz

Durch die regelmäßige Synchronisation der dargestellten Dokumentation mit den Quellen wird die Arbeit im Team sehr unterstützt. Das Intervall hierfür lässt konfigurieren. Setzt man `godoc` auf einem zentralen Server ein, der zudem regelmäßig die Quellen aus der Versionsverwaltung auscheckt, können sich alle Entwickler immer schnell informieren.

5.9 goinstall

Der Umfang der mitgelieferten Standardpakete ist umfangreich, doch natürlich werden nicht alle Anwendungsgebiete abgedeckt. Spezielle Protokolle im Netz oder die Anbindung an Internetdienste, die leichte Entwicklung dynamischer Webanwendungen, die Integration von unterschiedlichsten Datenbanken, Konfigurationen, Protokollierung und vieles mehr wird durch Entwickler der Go-Community als Open-Source-Code angeboten.

Doch wie können Sie nun diese Schätze laden und in Ihre eigene Umgebung integrieren? Manuell laden, temporär entpacken, von Hand kompilieren oder unterschiedliche Make-Skripte nutzen? Dies ist unkomfortabel und fehlerträchtig. Die Alternative hierzu ist `goinstall`.

Es dient zur Automatisierung der eben genannten Schritte. Die Voraussetzung hierfür ist die Bereitstellung der Quellen über eine der unterstützten Projektseiten:

- *BitBucket* mit der Versionsverwaltung *Mercurial*
- *GitHub* mit *Git*
- *Google Code* mit *Mercurial* oder *Subversion*
- *Launchpad* mit *Bazaar*

Sie bieten dem Entwickler eine zentrale Ablage des Codes, die Kennzeichnung von Version sowie die Erzeugung und das Zusammenführen von Zweigen. Gleichzeitig bieten diese Plattformen viele weitere Funktionen für die Dokumentation, die Fehlerverfolgung und die Nutzerverwaltung. Externe Nutzer können die Quellen hingegen nur lesend herunterladen sowie Fehlermeldungen erfassen.

Das Programm `goinstall` kann nun unter Angabe einer Lokation die Quellen laden, übersetzen und installieren. So wird mit

```
$ goinstall tideland-cgl.googlecode.com/hg/
```

das Projekt *Tideland Common Go Library*, das bei Google Code gehostet wird und die Versionsverwaltung Mercurial nutzt, binnen Sekunden geladen und auf dem eigenen System zur direkten Nutzung installiert. Dabei wird zuerst nach einem Tag oder Zweig namens *»release«* für eine freigegebene Version gesucht. Ist diese nicht vorhanden, wird die neueste Version installiert. Optionen können einen erneuten Download, eine erzwungene Übersetzung oder die Ausgabe und Protokollierung von Details steuern.

Bleibt als letzte Frage, welche Projekte es so gibt und wo diese zu finden sind. Hierfür lassen sich Projekte im *Go-Dashboard* unter

- `http://godashboard.appspot.com/project`

in einem Verzeichnis registrieren. Diese Seite wird vom Go-Team als zentrales Register von Go-Projekten und via `goinstall` installierbaren Packages betrieben. Letztere werden unter

- `http://godashboard.appspot.com/package`

aufgeführt. Diese Seite enthält zwei Listen mit den jeweils zuletzt geladenen Projekten und den am häufigsten installierten Projekten. Hier kann sowohl zu den Projektseiten navigiert als auch der Pfad für `goinstall` abgelesen werden. Mit jedem Einsatz des Werkzeugs werden diese Daten aktualisiert.

5.10 gotry

Ein kleiner Leckerbissen der Go-Werkzeugfamilie ist `gotry`. Es ermöglicht in seiner einfachsten Anwendungsform die Übergabe eines Go-Ausdrucks, der anschließend vom System ausgeführt wird.

```
$ gotry 4711-815
4711-815 = 3896
```

Spannender ist jedoch die Möglichkeit, `gotry` in einem Package Funktionen so evaluieren zu lassen, dass sie einem vorgegebenen Ergebnis entsprechen. Dabei definiert der erste Parameter das Package, und die weiteren definieren Kombinationen aus Parametern und Ergebnissen. `gotry` versucht mit diesen Informationen, die passenden Funktionen zu finden.

```
$ gotry strings '"foobar"' '"bar"' 3
strings.LastIndex("foobar", "bar") = 3
strings.Index("foobar", "bar") = 3
strings.IndexAny("foobar", "bar") = 3
```

Damit ist das kleine Werkzeug ein praktischer Helfer bei der Suche nach der richtigen Funktion, wenn die gewünschte Lösung bereits bekannt ist.

5.11 goplay

So manches Mal kommt es vor, dass Ideen auf die Schnelle und unkompliziert evaluiert werden sollen. Hierfür ein komplettes Projekt inklusive Makefiles vorzuhalten ist eine Lösung. Eine weitere ist `goplay`, eine Variante des Playgrounds (siehe Abschnitt 7.1.1) auf der Site `http://golang.org/`. Es startet einen kompakten Webserver, dessen Einstiegsseite im Browser ein Eingabefeld für ein Go-Programm anzeigt. Dieses lässt sich dann auf dem Server ausführen. Das Ergebnis, solange es über `stdout` oder `stderr` ausgegeben wurde, wird dann ebenfalls im Browser ausgegeben. Damit kann von mehreren Systemen aus schnell auf diese Funktionalität zugegriffen werden.

Achtung!

Im Gegensatz zum Google Go Playground handelt es sich hier um keine echte Sandbox. Funktionalitäten, Rechenzeit und Speicherverbrauch sind nicht eingeschränkt.
Daher sollten Sie `goplay` nur in einem geschlossenen Netz starten. Gleichzeitig ist darauf zu achten, dass der Nutzer, der das Werkzeug auf dem Server startet, nur über sehr eingeschränkte Rechte verfügt. Idealerweise arbeitet der Prozess auf dem Server selbst in einer Sandbox.

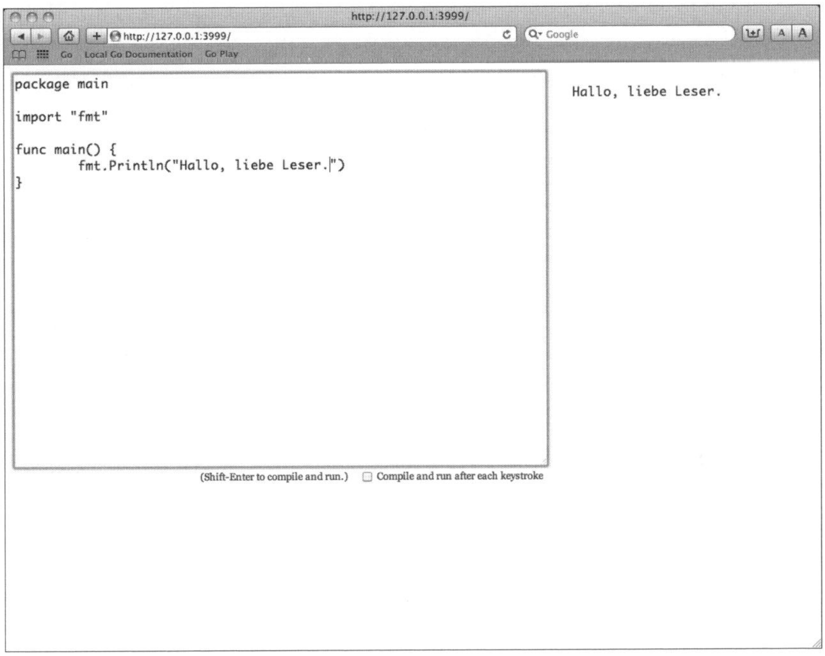

Abb. 5-2
goplay im Einsatz

5.12 Zusammenfassung

Neben den genannten Werkzeugen enthält Go noch weitere, von denen einige nur indirekt benötigt werden, andere für die Entwicklung der Sprache selbst. Ein Beispiel hierfür ist `ebnflint` zur Validierung der im Dokument *Language Specification* direkt eingebetteten Spezifikationen in *EBNF*. Dazu kommen noch das *Code Coverage* sowie ein sich in der Entwicklung befindlicher *Debugger*.

Gemeinsam mit der Editor-Integration gelingt so ein schneller Einstieg, und die Arbeit geht leicht von der Hand. Neben der direkten Entwicklung werden die Formatierung, Tests, Dokumentation und

Installation sehr leichtgewichtig unterstützt. Das passt zum Gesamtbild der Sprache. So wird eine integrierte Entwicklungsumgebung bisher nicht vermisst.

6 Go in der Praxis

Nach all der Theorie ist es nun an der Zeit, Go in der Praxis etwas besser kennen- und verstehen zu lernen. Es ist zwar schön, den Inhalt der eigenen Werkzeugkiste zu kennen. Doch nur das Wissen über die richtige Anwendung der Werkzeuge hilft bei der Realisierung von Projekten. Das Einnageln von Schrauben macht schließlich ebenso wenig Spaß wie der Versuch, Nägel in die Wand zu schrauben. Und mit zunehmender Komplexität nimmt die Notwendigkeit des Wissens zu, um ein Desaster zu verhindern.

Das gewählte Beispiel ist die Bibliothek `goforit` für die Verarbeitung von *Ereignissen*, wie sie im nachfolgenden Szenario beschrieben sind. Dazu kommen Erweiterungsmöglichkeiten und Techniken zur Verbesserung der Skalierbarkeit und Stabilität.

6.1 Szenario

Die Idee der Ereignisverarbeitung – die auch als *Event-Driven Architecture* bezeichnet wird – ist eine zeitnahe Reaktion auf unterschiedlichste Begebenheiten, optimal nahezu in Echtzeit. Dabei werden keine aktiven Anfragen an *Services* gerichtet, wie es beispielsweise in *Service-Oriented Architectures* der Fall ist. Vielmehr werden die Events durch das System potenziell allen *Ereignisprozessoren* zur Verfügung gestellt. Diese entscheiden auf Basis eines oder mehrerer Kriterien, ob das jeweilige Ereignis für sie von Interesse ist. Beide Arbeitsweisen lassen sich gut miteinander kombinieren.

Ein gängiges Verfahren ist es, die Events neben der Nutzlast mit einem *Topic* (Thema) zu versehen. Die verarbeitenden Ereignisprozessoren können dann beim System Events zu den Topics abonnieren, die sie interessieren. Eine einfache Verarbeitung nutzt die Events direkt und stößt Aktivitäten an. Komplexere Lösungen haben die Aufgabe, Zusammenhänge durch die Analyse unterschiedlicher Einzel-Events zu erkennen, beispielsweise durch Aggregation oder Interpolation. Auf dieser Basis können Aktivitäten oder weitere Events ausgelöst werden. Der Vorteil dieser Arbeitsweise ist die sehr lose Kopplung der

Prozessoren und ihre Unabhängigkeit voneinander. Systeme können leicht durch die Integration weiterer Prozessoren um die parallele Verarbeitung der Events erweitert werden, ohne dass dies bereits integrierte Ereignisprozessoren beeinflusst.

6.1.1 Onlinehandel

Am Beispiel eines Systems für den Onlinehandel sollen die Möglichkeiten kurz verdeutlicht werden. Ausgangspunkt ist die Auslösung einer Bestellung über das Web. Während die Bestellung selbst durch einen Service bearbeitet wird, löst dieser zudem ein Event mit dem Topic *OrderReceived* und den Auftragsdaten als Nutzlast aus. Ein erster dieses Topic abonnierender Ereignisprozessor nimmt die Bestellung und löst für jeden Artikel einen Event mit dem Topic *ItemSold* und der Anzahl sowie der Artikelnummer als Nutzlast aus. Zwei weitere Ereignisprozessoren befassen sich zudem mit dem gesamten Bestellwert im Zusammenhang mit dem Datum. So wird einerseits der Tagesumsatz laufend aktualisiert, andererseits werden die Umsätze jeweils nach Größe klassifiziert. Beides hilft dem Management mittels eines *Dashboards* bei der Beurteilung der aktuellen Geschäftssituation.

Für die Events mit dem Topic *ItemSold* ist ein weiterer Ereignisprozessor zuständig. Er überwacht das Lager und prüft für jedes dieser Events im Warenwirtschaftssystem, ob mit dem Verkauf ein definierter Lagerbestand unterschritten wird. In diesem Fall wird ein entsprechendes neues Event mit dem Topic *LowInventoryThreshold* ausgelöst. Ein hierauf reagierender Prozessor führt daraufhin eine Nachbestellung des Artikels aus. Eine eventuelle Bündelung und manuelle Freigabe von Bestellungen sei an dieser Stelle zur Vereinfachung außen vor gelassen.

Wie bereits bei der statistischen Verarbeitung der Aufträge als Ganzes werden individuelle Artikel und ihre Warengruppen ebenfalls durch entsprechende Ereignisprozessoren analysiert. Sie haben das Topic *ItemSold* abonniert und aktualisieren unabhängig voneinander ihre Datenbasis. So stehen die ermittelten Informationen dem Management ebenfalls in Echtzeit im Dashboard zur Verfügung.

Für die Aktualisierung der Daten zum Lagerbestand kommt ein RFID-System zum Einsatz. Sensoren kontrollieren laufend Warenein- und -ausgänge und lösen entsprechende Events mit den Topics *GoodsInput* und *GoodsOutput* aus. Entsprechende Prozessoren übertragen diese Informationen in das Warenwirtschaftssystem.

Eines der typischen Probleme des Unternehmens ist der Missbrauch von Kreditkartendaten. Er tritt immer wieder auf und soll daher besser erkannt und verhindert werden. Ein hierbei bekanntes

Muster ist die gehäufte Verwendung der gleichen Kreditkarte an unterschiedlichen Standorten in einem kurzen Zeitraum. Und so wird bei dieser Zahlungsart durch die Webanwendung ein Event mit dem Topic *CreditCardUsed* mit Kreditkartennummer, Auftragsnummer, IP-Adresse und Zeitstempel ausgelöst. Ein Ereignisprozessor reichert diese Daten mit Provider- und Standortinformation zur IP-Adresse an und speichert sie. Gleichzeitig vergleicht er sie mit bereits gespeicherten Daten zu dieser Kreditkarte. Werden nun zu viele Transaktionen in einem definierten Zeitraum durchgeführt, während hierbei mehrfach der Provider, der Standort oder beides wechselt, wird ein Event mit dem Topic *PossibleCreditCardMisuse* sowie Karten- und Auftragsinformationen ausgelöst. Die Folgen sind einerseits eine Alarmierung der zuständigen Mitarbeiter als auch ein Sperren der Aufträge für eine Klärung.

Dieses einfache Beispiel reißt nur die Möglichkeiten einer Event-Driven Architecture an. Es zeigt aber auch, wie gut sich hier eine nebenläufige Verarbeitung einsetzen lässt. Sie unterstützt die entkoppelte und parallele Arbeit der Ereignisprozessoren und die leichte Integration weiterer Funktionalität. Die folgende Beispielbibliothek bietet hierfür eine Basis.

6.2 Architekturübersicht

Die Leichtgewichtigkeit und Ausdrucksstärke von Go wurde bereits mehrfach erwähnt. Diese Eigenschaften finden sich auch im Beispiel wieder. Es benötigt nur eine geringe Menge an Code für die Realisierung der Funktionalität. So werden nur wenige wesentliche Typen exportiert:

- Da ist als Erstes natürlich das `Event` selbst. Hierbei handelt es sich um ein einfaches Struct mit der Zeit der Erzeugung, dem Topic und der Nutzlast als Felder. Das Feld für die Nutzlast ist vom Typ **`interface{}`**. So ist es möglich, unterschiedlichste Daten über das Event zu transportieren.
- Die Verarbeitung von `Events` liegt in der Verantwortung eigener Komponenten. Sie müssen das Interface `Processor` implementieren. Neben den Methoden zur Einbettung des Ereignisprozessors in die Laufzeitumgebung ist die Methode `ProcessEvent()` der wichtigste Bestandteil des Interfaces. Sie nimmt ein `Event` als Parameter entgegen und liefert eine Map mit Topics und Nutzlasten für die weitere Verarbeitung zurück. Bei einem reinen Konsumenten darf das Ergebnis auch **`nil`** sein. Die Laufzeitumgebung sorgt für

eine sequenzielle Abarbeitung. Weitere interne Parallelisierungen liegen damit in der Verantwortung des Ereignisprozessors.

- Zur optimalen Einbettung des Ereignisprozessors in die Laufzeitumgebung dient die `Configuration`. Sie ist ein einfaches Struct mit diversen Information, die für den Einsatz des Ereignisprozessors notwendig sind.
- Der vierte und zuletzt exportierte Typ ist der `Manager`. Er repräsentiert den Einstiegspunkt in eine Laufzeitumgebung. Damit wird schon deutlich, dass es mehrere parallele und voneinander getrennte Umgebungen innerhalb einer Anwendung geben darf. Nach dem Start des Managers können hier Ereignisprozessoren registriert und auch wieder abgemeldet werden. Gleichzeitig können Nutzer des Managers Events über eine Methode auslösen.

Nun fehlen jedoch noch zwei weitere Typen zur Unterstützung der bisher genannten. Sie treten jedoch nicht nach außen in Erscheinung und werden demnach auch nicht exportiert.

- Der Entwickler eines Ereignisprozessors soll sich soweit möglich nur um seine fachlichen Aspekte kümmern. Für die Einbettung in eine Laufzeitumgebung notwendige Funktionalitäten soll hingegen das Package bieten. Daher stellt es den `wrapper` zur Verfügung. Dieser ist für die Nebenläufigkeit, regelmäßige Events und den Aufruf von Laufzeitfunktionen zuständig. Er reicht auch die Events an seinen jeweiligen Ereignisprozessor weiter.
- Ein weiterer wichtiger Bestandteil des Systems sind die `topics` als Repräsentanten der Topics. Sie verwalten auf der einen Seite ihre Abonnenten – die Ereignisprozessoren. Auf der anderen Seite reichen sie die über sie gesandten Events an diese Ereignisprozessoren weiter.

Die Abbildung der Topics als eigene Goroutinen dient im Gegensatz zu einem zentralen Verteiler zur Vermeidung von Überlastungen. So kann sich für jedes Topic individuell eine Goroutine um die Verteilung der Events an seine Abonnenten kümmern, ohne die Arbeit weiterer Topics zu behindern.

Mit diesen wenigen Bausteinen sowie den Bordmitteln der Sprache fällt die Entwicklung der Bibliothek leicht. Dabei agieren alle `wrapper` – und somit auch die durch sie betriebenen Ereignisprozessoren – sowie die `topics` nebenläufig. Für den `Manager` ist dies nicht notwendig, da nur kurze Zugriffe auf eine Map mit allen `topics` durchgeführt werden. Diese sind atomar.

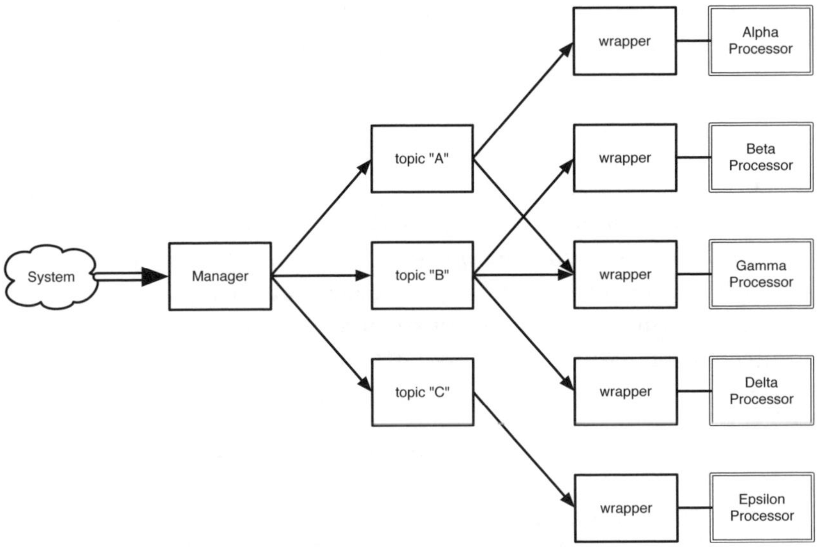

Abb. 6-1 *Event-Driven Architecture*

6.3 Nebenläufige Komponenten

Während die exportierten Typen `Event`, `Processor` und `Manager` ohne Nebenläufigkeit auskommen, profitieren `wrapper` und `topic` sehr von ihr. Sie sorgen für eine Serialisierung der Ereignisverarbeitung in den Ereignisprozessoren, sodass diese sich nicht um die Synchronisation simultaner Zugriffe kümmern müssen. Dies ist für eine konsistente Verwaltung interner Zustände notwendig. Ebenso werden über die Nebenläufigkeit der Topics *Deadlocks* in der Verarbeitung weitestgehend vermieden. Die Kommunikation zwischen den Goroutinen findet über Channels statt. Dies vereinfacht den Datenfluss sehr.

6.3.1 Konstruktoren

Wie Ihnen bereits bekannt ist, verfügt Go über keine expliziten Konstruktoren. Für die Erzeugung der Instanzen kommen daher auch in der `goforit`-Bibliothek entsprechende Funktionen zum Einsatz. Dank der Rückgabe des entsprechenden Typs werden sie bei der Generierung der Dokumentation mit `godoc` dem korrekten Typ als Konstruktoren zugeordnet.

Innerhalb der Funktionen werden Parameter ausgewertet, die Instanzen der Typen angelegt und initialisiert sowie bei Bedarf Goroutinen gestartet. Die Methoden des Managers bilden die Programmierschnittstelle des Systems. Doch auch für interne Typen wie den `wrapper` lohnt der Einsatz von Konstruktoren für eine kontrollierte Instanziierung.

Quelltext 6.1
Konstruktorfunktion

```
// Start eines neuen Wrappers für einen Ereignisprozessor.
func startWrapper(m *Manager, p Processor) *wrapper {
    cfg := p.Configuration()

    w := &wrapper{
        manager:         m,
        processor:       p,
        eventChan:       make(chan *Event,
            cfg.EventCapacity),
        subscribeChan:   make(chan string),
        unsubscribeChan: make(chan string),
        stopChan:        make(chan bool),
    }

    // Channel für Rückgaben initialisieren.

    if cfg.ReturnCapacity > 0 {
        w.returnChan = make(chan interface{},
            cfg.ReturnCapacity)

        p.ReturnChannel(w.returnChan)
    }

    // Ticker initialisieren.

    if cfg.Ticker < 1 {
        // Wert zu klein, Standardwert nehmen.

        w.ticker = time.NewTicker(DEFAULT_TICKER)
    } else {
        // Konfiguration übernehmen.

        w.ticker = time.NewTicker(cfg.Ticker)
    }

    runtime.SetFinalizer(w, (*wrapper).stop)

    go w.backend()

    return w
}
```

In dieser Form lassen sich auch weitere Konstruktoren mit anderen Parametern implementieren, sodass dem Nutzer des Typs bedarfsgerecht komfortable Möglichkeiten zur Verfügung stehen. Ein typisches Verfahren ist die Definition einer Konstruktorfunktion mit weitestgehender Parametrisierbarkeit und vereinfachten Varianten, die diesen initialen Konstruktor nutzen.

6.3.2 Finalisierung

Mit der Funktion `SetFinalizer()` des Packages `runtime` bietet Go eine Funktion für ein kontrolliertes Aufräumen einer nicht mehr benötigten Instanz. Sie wurde bereits in Abschnitt 1.11 vorgestellt und findet sich auch in Quelltext 6.1 wieder. Dabei wird der Laufzeitumgebung mitgeteilt, dass bei der Freigabe einer definierten Variable eine bestimmte Funktion auszuführen ist. Dieser wird die entsprechende Variable dann übergeben. So kann die Funktion auf dieser Basis später ihre Aufräumarbeiten vollziehen. Alternativ kann auch eine Methode ohne Parameter angegeben werden. Diese wird dann im Rahmen der Finalisierung ihrer Instanz ausgeführt. Aber Vorsicht! Die Finalisierung greift beim Einsatz des Garbage Collectors. Es ist jedoch nicht garantiert, dass sie auch bei einem Programmende ausgeführt wird. Dies ist insbesondere beim Schreiben temporär im Arbeitsspeicher gehaltener Daten in eine Datei oder Datenbank wichtig.

Das Verfahren mag anfangs etwas umständlich erscheinen, ist dafür jedoch sehr flexibel. So ist das Aufräumen nicht an den Typ gebunden. Neben der Instanz eines Struct könnte es auch für jedes Feld darin individuell sein. Und deren Typen können Standardtypen, selbst definierte Typen des aktuellen Packages oder importierte Typen aus externen Packages sein. Damit kann die Freigabe einer Variable oder auch die eines Felds eines Structs sehr genau und granular gesteuert werden.

Wird die Funktion beziehungsweise Methode für die Finalisierung manuell aufgerufen, ist an das Löschen ihrer Funktionszuordnung zu denken. Hierfür ist die zugeordnete Funktion einfach auf den Wert `nil` zu setzen.

Quelltext 6.2
Löschen der Finalisierung

```
func (w *wrapper) stop() {
    w.processor.Stop()
    w.ticker.Stop()

    // Zugeordnete Funktion löschen.

    runtime.SetFinalizer(w, nil)
}
```

6.3.3 Verhalten über Interfaces

Das Verhalten des internen Typs `wrapper` ist fest kodiert. Er bildet den Rahmen für die durch den Nutzer implementierten Ereignisprozessoren. Daher ist für diese Komponenten ein Interface definiert, das durch die Prozessoren zu implementieren ist.

Quelltext 6.3 *Interface eines Ereignisprozessors*

```
// Interface des Ereignisprozessors.
type Processor interface {
    // Konfiguration des Ereignisprozessors liefern.
    Configuration() *Configuration

    // Channel für eine eventuelle Nutzung durch
    // eigene Goroutinen.
    ReturnChannel(rc ReturnChannel)

    // Benachrichtung bei Abonnements.
    Subscribed(cid string)
    Unsubscribed(cid string)

    // Event verarbeiten.
    Process(evt *Event) Output

    // Auf einen Fehler reagieren.
    Recover(x interface{})

    // Den Ereignisprozessor beenden.
    Stop()
}
```

Zwei weitere bisher noch nicht genannte Hilfstypen sind hier aufgeführt. Der erste ist der `ReturnChannel`, der als `chan<- interface{}` definiert ist, also ein Channel zum Versand nicht näher spezifizierter Daten. Der Typ `Output` ist ein `map[string]interface{}` und dient zur Zuordnung von Nutzlasten zu Topics. In beiden Fällen hätte auch auf den jeweiligen Typ verzichtet werden können. Doch so ist es für den Entwickler eigener Prozessoren komfortabler. Daher werden diese zwei Typen als Aliase ebenfalls exportiert.

In der Verantwortung der Prozessoren liegt somit

- eine Rückgabe der Konfiguration an den `wrapper`,
- die Entgegennahme eines Return Channels für die Ergebnisse selbst gestarteter nebenläufiger Arbeiten; diese Ergebnisse werden dann als Events wieder an den Prozessor zurückgeliefert,
- die Verwaltung von An- und Abmeldungen an ein Topic,

- die Verarbeitung von Events und die Rücklieferung der Topics und Nutzlasten an den `wrapper`,
- die Verarbeitung von Informationen im Fehlerfall und
- eine korrekte Beendigung.

Der Aufruf einiger dieser Methoden ist bereits in `startWrapper()` und `stop()` zu sehen. In der ersten Methode wird die Konfiguration ausgelesen und bei der Anlage des Channels für Events, des Return Channels und des Generators für regelmäßige Zeitsignale genutzt. Der hierbei erzeugte Return Channel wird zudem dem Prozessor mitgeteilt. Bei der Beendigung des `wrappers` wird hingegen das `Stop()` des Prozessors ausgeführt. Ebenso verhält es sich in den hier nicht aufgeführten Methoden `Subscribe()` und `Unsubscribe()` des `Managers`. Die so ausgelösten Zustandsänderungen werden über die Methoden `Subscribed()` und `Unsubscribed()` an den Ereignisprozessor weitergegeben, damit dieser bei Bedarf darauf reagieren kann.

Dieses Verhalten ist auch in weiteren Programmiersprachen mit Interfaces wie auch in dynamisch typisierten Sprachen bekannt. In diesem als *Inversion of Control* oder auch *Callback Function* bekannten Muster werden allgemeingültige Anteile für die richtige und optimale Integration in eine Laufzeitumgebung kodiert. Der Nutzer hat dann die Möglichkeit, spezielles Verhalten nach seinen Anforderungen zu implementieren und der nutzenden Funktion beziehungsweise dem Typ zu übergeben.

Ein einfacher Prozessor

Die Implementierung eines einfachen Prozessors soll dies verdeutlichen. Seine Aufgabe ist das Zählen aller Events für seine abonnierten Topics. Wird ein frei definierbarer Schwellenwert für ein Topic überschritten, so wird dies als Event mit einem ebenfalls frei definierten Topic gemeldet und der Zähler auf 0 zurückgesetzt. Gleichzeitig soll das Zeitsignal für eine Verminderung der Zähler genutzt werden. Der Sinn dieser Maßnahme ist eine Beobachtung des Verkehrs der Topics und die Meldung von Spitzen. Den Beginn macht die Definition des Typs.

Quelltext 6.4
Monitor-Prozessor

```
// Ereignisprozessor für ein Monitoring.
type Monitor struct {
    cfg       *goforit.Configuration
    threshold int
    topicId   string
    counters  map[string]int
}
```

Die Neuanlage erfolgt mit einem Konstruktor, der die eigene Kennung, die Zeitspanne für das regelmäßige Event, die Größe der Event Queue, den Schwellenwert und den Namen des Topics für sein zu sendendes Event entgegennimmt. Unter der Annahme, dass dieser Ereignisprozessor der einzige seines Packages ist, kann der Name des Konstruktors verkürzt werden. Innerhalb des Konstruktors wird auch die Konfiguration erzeugt, die über die Methode `Configuration()` zurückgeliefert wird.

Quelltext 6.5 *Konstruktor und Konfiguration*

```
// Ereignisprozessor erzeugen.
func New(id string, i int64, c int,
    t int, tid string) *Monitor {
    return &Monitor{
        cfg:        &goforit.Configuration{
            Id:            id,
            Interval:      i,
            EventCapacity: c,
        },
        threshold: t,
        topicId:   tid,
        counters:  make(map[string]int),
    }
}

// Konfiguration liefern.
func (m *Monitor) Configuration()
    *goforit.Configuration {
    return m.cfg
}
```

Die Lieferung des Return Channels kann hier ignoriert werden, da der Prozessor ohne eigene Goroutinen arbeitet. Spätere Beispiele greifen den Mechanismus jedoch wieder auf. Im Rahmen des Abonnierens und Kündigens von Topics sind die jeweiligen Zähler zu initialisieren beziehungsweise wieder zu löschen.

Quelltext 6.6 *Abonnement*

```
// Return Channel entgegennehmen.
func (m *Monitor) ReturnChannel(
    rc goforit.ReturnChannel) {}

// Information über Abonnement entgegennehmen.
func (m *Monitor) Subscribed(tid string) {
    m.counters[tid] = 0
}
```

```
// Information über Abo-Kündigung entgegennehmen.
func (m *Monitor) Unsubscribed(tid string) {
    m.counters[tid] = 0, false
}
```

Kommen wir nun zur Verarbeitung von Events. Hierbei handelt es sich – wie bereits genannt – um ein einfaches exportiertes Struct der Bibliothek. Es besteht aus drei Feldern.

Quelltext 6.7
Event

```
// Ein Ereignis.
type Event struct {
    Time     int64       // Nanosekunden seit 1970.
    TopicId  string      // Kennung des Topics.
    Payload  interface{} // Nutzlast.
}
```

Derartige Events werden in der Methode `Process()` verarbeitet. Wie schon in den vorherigen Methoden muss der Einsatz als nebenläufige Komponente nicht gesondert behandelt werden. Wie dies genau geschieht, ist Thema des folgenden Abschnitts. Für den Moment soll es genügen, dass immer nur ein Event auf einmal zur Verarbeitung kommt.

Quelltext 6.8
Event Processing

```
// Ein Event verarbeiten.
func (m *Monitor) Process(evt *Event) Output {
    // Je nach Typ der Nutzast verfahren.
    switch p := evt.Payload.(type) {
    case goforit.EventPayloadTick:
        // Zählerstände verringern.

        for tid, count := range m.counters {
            if count > 0 {
                m.counters[tid]--
            }
        }
    default:
        // Zähler prüfen, ggf. erhöhen.

        if m.counters[evt.TopicId] < m.threshold {
            // Erhöhen des Zählers.

            m.counters[evt.TopicId]++
        } else {
            // Schwellenwert erreicht, Event auslösen.

            m.counters[evt.TopicId] = 0
```

```
                return goforit.Output{
                    m.topicId: evt.TopicId,
                }
            }
        }

        // Standard: Kein neues Event.

        return nil
}
```

Innerhalb der Verarbeitung wird hier nach dem Typ der Nutzlast unterschieden. Alternativ kann auch das Topic oder können einzelne Daten in der Nutzlast herangezogen werden. Der hier zum Einsatz kommende Typ `EventPayloadTick` ist in der Bibliothek `goforit` als einfacher **`int64`** definiert und enthält den Zeitstempel des Zeitsignals. In diesem Fall werden alle Zähler bis minimal 0 vermindert. Ansonsten ist der Typ der Nutzlast für die weitere Verarbeitung nicht relevant. Der jeweilige Zähler für das Topic des Events wird auf das Erreichen des Schwellenwerts geprüft. Ist er noch nicht erreicht, so erfolgt ein Inkrement. Andernfalls wird der Zähler wie gewünscht auf 0 gesetzt und ein neues Event mit dem konfigurierten Topic und sowie dem auslösenden Topic als Nutzlast zurückgegeben. Dies wird außerhalb der Methode als neues Event ausgelöst. Der Standardfall ist hingegen, dass keine Rückgabe erfolgt.

Jetzt fehlt nur noch die `Stop()`-Methode, die im vorliegenden Fall keine Aufgaben wahrnehmen soll. Dennoch muss sie implementiert werden, damit der Prozessor dem definierten Interface genügt.

Quelltext 6.9 *Aufräumen*

```
// Fehlerbehandlung.
func (m *Monitor) Recover(x interface{}) {}

// Herunterfahren des Ereignisprozessors.
func (m *Monitor) Stop() {}
```

Damit ist der erste Ereignisprozessor fertig – kurz, knapp und unkompliziert. Natürlich kann die interne Logik bei Weitem aufwendiger und komplexer werden, doch dieses Schema bleibt erhalten. So entwickelte Prozessoren können nun mehrfach mit unterschiedlichen Konfigurationen instanziiert und an diverse Topics angebunden werden. Damit sind auch kaskadierende Verarbeitungen von Events möglich.

6.3.4 Einsatz von Nebenläufigkeit

Nun stellt sich die Frage, wie die Bibliothek für einen sicheren nebenläufigen Einsatz der Prozessoren sorgt. Aus Sicht eines einzelnen Ereignisprozessors haben wir gesehen, dass der eigentliche Betrieb in der Hand des `wrappers` liegt. Sein Start wurde bereits im Quelltext 6.1 vorgestellt, die Beendigung im Quelltext 6.2. Die Arbeit im Hintergrund erledigt die Methode `backend()`, die durch den Konstruktor als Goroutine gestartet wird.

Dieses Rückgrat besteht wie in vielen nebenläufigen Komponenten aus einer internen Endlosschleife zusammen mit einer **`select`**-Anweisung für das Auslesen der diversen Channels. Beim `wrapper` handelt es sich um folgende fünf Channels:

- `eventChan` für die Übermittlung von Events an den `wrapper` und somit auch an den Ereignisprozessor
- `returnChan` als Return Channel von Ergebnissen durch gestartete Goroutinen zurück an den Prozessor
- `subscribeChan` und
- `unsubscribeChan` für die Kennungen der Topics bei Abonnements oder deren Abmeldung
- `stopChan` für das Signal zur Beendigung des `wrappers`

Die Channels werden im Konstruktor angelegt. Beim `eventChan` sowie dem `returnChan` werden als weiterer Parameter die Pufferkapazitäten mit angegeben. Diese Puffer ermöglichen die asynchrone Verarbeitung der Events und sorgen auch unter Last für ein elastisches Verhalten. Die Größe der Puffer für beide Channel ist individuell von der Art und dem Einsatz der Anwendung abhängig. Daher sind ihre Werte im Package `goforit` auch konfigurierbar gehalten.

Ein weiterer Channel ergibt sich aus dem `Ticker`. Er ist ein Feld des Wrappers und liefert in den konfigurierten regelmäßigen Abständen die Anzahl der Nanosekunden seit dem 1. Januar 1970 0:00 GMT. Dieses Zeitsignal wird als `EventPayloadTick` – das ist nichts anderes als ein Alias für **`int64`** – an den Prozessor weitergegeben.

Quelltext 6.10
Das Rückgrat für Prozessoren

```
// Hintergrundroutine des Wrappers.
func (w *wrapper) backend() {
    for {
        select {
        case evt := <-w.eventChan:
            // Ein Event verarbeiten.

            w.process(evt)
```

```
        case ret := <-w.returnChan:
            // Rückgabe in Event verpacken
            // und verarbeiten.

            evt := newEvent("", ret)

            w.process(evt)
        case tid := <-w.subscribeChan:
            // Topic abonnieren.

            w.processor.Subscribed(tid)
        case tid := <-w.unsubscribeChan:
            // Abonnement kündigen.

            w.processor.Unsubscribed(tid)


        case tick := <-w.ticker.C:
            // Zeitsignal verarbeiten.

            evt := newEvent("", EventPayloadTick(tick))

            w.process(evt)
        case <-w.stopChan:
            // Stoppsignal verarbeiten.

            w.stop()

            return
        }
    }
}
```

Die Informationen über das Abonnieren oder Abbestellen eines Topics werden direkt an den Prozessor weitergereicht. Das Eintreffen eines Stoppsignals führt zum Aufruf der `stop()`-Methode für die Finalisierung sowie zum Verlassen der Goroutine. Rückgaben und Zeitsignale werden in Events verpackt und dem Ereignisprozessor wie schon das originale Event selbst zur Verarbeitung übergeben. Diese Kernaufgabe wird in eine eigene Methode ausgelagert, um weitere Aspekte für alle drei Nutzer komfortabel handhaben zu können.

Quelltext 6.11
Wrapper des Event Processings

```
// Verarbeitung eines Events.
func (w *wrapper) process(evt *Event) {
    // Protokollierung und Behebung von Fehlern.

    defer func() {
        if x := recover(); x != nil {
            // Protokollierung.

            msg := "Error %v / Processor %v / Event %v!"

            log.Printf(msg, x, w.id(), evt)

            // Dem Prozessor eine Chance geben.

            w.processor.Recover(x)
        }
    }()

    // Verarbeitung durch Prozessor.

    output := w.processor.Process(evt)
    // Verarbeitung der Ausgabe.

    if output != nil {
        for tid, payload := range output {
            w.manager.Raise(tid, payload)
        }
    }
}
```

Wegen des Umfangs wurde die Verarbeitung in eine eigene Methode ausgelagert. Sie ist unter anderem für die Verteilung der Ausgabe des Event Processings verantwortlich. Ist diese vorhanden, so führen die enthaltenen Topics und Nutzlasten zur Auslösung neuer Events über den `Manager`. Dieser übernimmt die Zuordnung zu den `topics` beziehungsweise die Fehlerbehandlung bei ungültigen Topics.

Die über **`defer`** registrierte Funktion prüft im Zusammenhang mit **`recover`**`()`, ob während der Verarbeitung des Events im Prozessor ein Fehler aufgetreten ist. Diese wird dann protokolliert, wobei es nicht zu einem kompletten Systemabbruch kommt. Hier erfolgt dann auch der Aufruf der Methode `Recover()` des Prozessors. Damit erhält dieser eine Chance zur Bereinigung. Andernfalls besteht die Gefahr inkonsistenter Daten. Die im Rahmen der Protokollierung genutzte Methode `id()` des `wrappers` ist eine reine Komfortmethode für den Zugriff auf die Kennung des Ereignisprozessors in der Konfiguration. Insgesamt bietet diese Methode noch einigen Spielraum, wie eine umfangreichere Protokollierung und das Messen der Laufzeiten je nach Konfiguration. So baut sich eine leistungsfähige Ablaufumgebung auf.

Daten versenden

Die Channels des `wrappers` werden in der Goroutine nur ausgelesen. Nun fehlt noch der Schreiber. Die typische Mimik in Go ist das Weiterreichen von Aufgaben in Form von Daten von einer Goroutine über einen Channel an eine andere. Es werden keine Daten geteilt, sondern der Sender gibt die Verantwortung mit der Übertragung in einen Channel ab, der Empfänger übernimmt sie nach dem Auslesen. Innerhalb einer nebenläufigen Umgebung muss sich der Entwickler keine Gedanken über die Nutzung der Channels machen, alle Operationen sind wohldefiniert und atomar. Dies vereinfacht die Nutzung in einer Bibliothek wie dem `goforit`-Package sehr. Es ermöglicht dem `topic`, die Channels des `wrappers` direkt zu nutzen.

Der Typ `topic` ist der zweite nebenläufige Baustein des Packages. Er verwaltet Abonnements und verteilt an ihn gerichtete Nachrichten an die interessierten Prozessoren. Dabei nutzt er Channels sowohl für den Empfang von Events und Benachrichtigungen über Abonnements und Abbestellungen als auch für den Versand an die `wrapper`. Quelltext 6.12 zeigt, wie er definiert ist.

Quelltext 6.12
Anlage eines topics

```go
// Neues Topic erzeugen.
func newTopic(id string) *topic {
    t := &topic{
        id:              id,
        subscribers:     make(map[string]chan *Event),
        eventChan:       make(chan *Event, 50),
        subscribeChan:   make(chan *wrapper),
        unsubscribeChan: make(chan *wrapper),
    }

    // Start der Hintergrundroutine.

    go t.backend()

    return t
}
```

Die angelegte Map `subscribers` speichert die Event Channels der Abonnenten, gleichzeitig bietet `topic` selbst einen gepufferten Event Channel sowie zwei Channels für das Abonnieren und Abmelden. Alles Weitere ist Aufgabe der gestarteten Goroutine.

Quelltext 6.13
Kanäle im Einsatz

```
// Hintergrundroutine des Topics.
func (t *topic) backend() {
    for {
        select {
        case evt := <-t.eventChan:
            // Process an event.

            for _, w := range ch.subscribers {
                // Event an wrapper senden.

                w <- evt
            }
        case w := <-t.subscribeChan:
            // Topic abonnieren.

            log.Printf("Processor %v subscribed " +
                "topic %v.", w.id(), t.id)

            t.subscribers[w.id()] = w.eventChan


        case w := <-ch.unsubscribeChan:
            // Abonnement kündigen.

            log.Printf("Processor %v unsubscribed " +
                "topic %v.", w.id(), t.id)

            t.subscribers[w.id()] =
                w.eventChan, false
        }
    }
}
```

Erhält ein Topic ein Event über seinen `eventChan`, so wird dieses direkt an die Channel der `wrapper` weitergereicht. Abonnements und Abmeldungen führen zu Einträgen und Löschungen in der Map. Inklusive der Typendeklaration und der Kommentare kommt das ganze `topic` so auf etwa 60 Codezeilen. Viel kompakter lässt sich diese Funktionalität nicht für nebenläufige Umgebungen realisieren.

6.3.5 Sperren

Nicht in jedem Fall ist die Nutzung von Goroutinen notwendig. Im `goforit`-Package kommt der `Manager` sehr gut ohne aus. Er nutzt stattdessen den Typ `RWMutex` aus dem Package `sync`. Dieser bietet einen sehr einfachen Mechanismus für den wechselseitigen Zugriff auf eine Ressource. Die Spezialität des *Reader/Writer Mutual Exclusion Lock* ist der erlaubte gleichzeitige Lesezugriff durch mehrere Goroutinen, wenn die Sperre nur mit `RLock()` angefordert wurde. Mittels `Lock()` wird hingegen eine Schreibsperre angefordert, die nur einmal vergeben werden kann.

Innerhalb der Funktionen des `Managers` finden im Rahmen der Registrierung und der Abonnements nur sehr einfache Manipulationen von Maps statt. Nur an diesen Stellen wird die Schreibsperre benötigt. Beim Auslösen der Events genügt hingegen eine Lesesperre. Hier ist die Anforderung der jeweiligen Sperre am Methodenanfang sowie ihre automatische Freigabe mit **`defer`** am Ende der richtige Weg.

Quelltext 6.14
Sperren als Klammer

```
// Einen Ereignisprozessor registrieren.
func (m *Manager) Register(p Processor) {
    // Synchonisation, nur ein Schreibzugriff zur Zeit.

    m.mutex.Lock()           // Anforderung am Anfang.
    defer m.mutex.Unlock() // Freigabe am Ende.


    // Einen eventuellen Prozessor mit der
    // Kennung abmelden.

    if _, ok := m.wrapper[p.Configuration().Id]; ok {
        m.Unregister(p.Configuration().Id)
    }

    // Neuen Wrapper starten und anmelden.

    w := startWrapper(m, p)

    m.wrapper[p.Configuration().Id] = w
}
```

Die gleiche Instanz des `RWMutex` kommt in allen Methoden zum Einsatz, die auf dieselbe Ressource zugreifen. Im Fall des `Managers` sind es die Maps der Topics und Wrapper.

Quelltext 6.15
Gleicher Mutex in mehreren Methoden

```
// Abonnement eines Topics durch mehrere
// Ereignisprozessoren.
func (m *Manager) Subscribe(tid string,
    pids ...string) {
    // Synchonisation, nur ein Schreibzugriff zur Zeit.

    m.mutex.Lock()           // Anforderung am Anfang.
    defer m.mutex.Unlock() // Freigabe am Ende.
```

```
    // Prüfung, ob das Topic bereits existiert.

    t, ok := m.topics[tid]

    // Topic bei Bedarf erzeugen.

    if !ok {
        t = newTopic(tid)

        m.topics[tid] = t
    }

    // Topic abonnieren.

    for _, pid := range pids {
        if w, wok := m.wrapper[pid]; wok {
            t.subscribeChan <- w
            w.subscribeChan <- tid
        }
    }
}
```

Die Methoden fordern gleich zu Beginn eine Sperre an, warten also gegebenenfalls, bis sie verfügbar ist. Da umfangreichere lesende und schreibende Zugriffe auf die Maps mit den `topics` und `wrappern` erfolgen, wird auf eine explizite Freigabe der Sperre verzichtet. Vielmehr wird dies für eine automatische Ausführung via **`defer`** an das Ende der Methode verlagert.

In der Methode `Subscribe()` wird erneut über Channel kommuniziert. Dem `topic` wird über seinen `subscribeChan` das Abonnement durch einen Ereignisprozessor mitgeteilt, und der `wrapper` erhält über seinen `subscribeChan` die Kennung des abonnierten Topics. Die Nutzung ist in den Quelltexten 6.10 und 6.13 zu sehen.

Die Methoden `Register()` und `Unregister()` beziehungsweise `Subscribe()` und `Unsubscribe()` werden typischerweise zur Initialisierung und am Ende en bloc ausgeführt. Da fallen die Sperren über die gesamte Menüausführung nicht negativ auf. Anders schaut es mit dem Auslösen der Events über die Methode `Raise()` aus. Sie wird ja sowohl durch externe Nutzer als auch innerhalb der `wrapper` genutzt. Damit finden unter Last eine Vielzahl nebenläufiger Zugriffe statt.

Innerhalb der Methode findet glücklicherweise nur ein kurzer lesender Zugriff auf die Map der `topics` statt. Dieser benötigt keine gesonderte Synchronisation. Das aus den Parametern erzeugte Event wird im Fall eines gültigen Topics an den entsprechenden Channel geschickt. Bei einem ungültigen Topic wird hingegen der Fehler protokolliert und zudem an den Aufrufer zurückgegeben.

Quelltext 6.16
Events auslösen

```
// Ausösen eines Events.
func (m *Manager) Raise(tid string,
    payload interface{}) os.Error {
    // Synchonisation des Lesezugriffs.

    m.mutex.RLock()          // Anforderung am Anfang.
    defer m.mutex.RUnlock() // Freigabe am Ende.

    if t, ok := m.topics[tid]; ok {
        // Topic nutzen.

        t.eventChan <- newEvent(tid, payload)
    } else {
        // Topic existiert nicht. Fehler protokollieren
        // und an Aufrufer zurückgeben.

        msg := fmt.Sprintf("Topic %v not found!", tid)

        log.Printf(msg)

        return os.NewError(msg)
    }

    // Kein Fehler.

    return nil
}
```

Das Komma-OK-Idiom

Ein in den Quellen immer wieder anzutreffender Code-Bestandteil ist das Komma-OK-Idiom. Es kommt sowohl in diversen Sprachbestandteilen als auch in den mitgelieferten Packages zum Einsatz. Neben der eigentlichen Rückgabe wird bei einem Zugriff auf eine Map, eine Type Assertion oder eine entsprechend ausgelegte Funktionen ein zusätzlicher boolescher Wert zurückgegeben. Dieser kennzeichnet den Erfolg der Operation. Ein `true` bestätigt das Vorgehen, ein `false` drückt den Fehlschlag aus. So kann eine direkte Erfolgskontrolle in einer `if`-Anweisung vorgenommen werden.
Ein verwandtes Muster ist die Rückgabe eines eventuellen Fehlers als `os.Error`. Ist dieser `nil`, so war die Funktion erfolgreich. Ist der Wert hingegen besetzt, so kann er anschließend ausgewertet werden.

Dank der gepufferten Channel ist das Risiko einer Blockade sehr gering. Einzig eine sehr hohe Last kann zu Verzögerungen in der Verarbeitung und im ungünstigsten Fall zu einem *Deadlock* führen. Daher ist es wichtig, die Größe der Channel ausreichend zu dimensionieren.

6.4 Verarbeitung von Datenmengen

Die eben erstellte Bibliothek ist in der Lage, komfortabel Events auf nebenläufig agierende Prozessoren zu verteilen. Der Entwickler dieser Komponenten muss sich nicht um die Verteilung der Events kümmern. Innerhalb der Prozessoren findet die Abarbeitung der Events jedoch nur sequenziell statt. Im einfachen Fall mag dies genügen, für die Verarbeitung großer Datenmengen kann hingegen eine weitere Parallelität hilfreich sein.

Die hier im Abschnitt vorgestellten Vorgehensweisen lassen sich auf viele eigenständige Aufgabenstellungen übertragen. Die Beispiele integrieren sich jedoch als Prozessoren in die Bibliothek.

6.4.1 Master/Worker

Ein gängiges Muster für die simultane Ausführung unabhängiger Aufgaben ist deren Verteilung auf nebeneinander tätiger Arbeiter. Gleichzeitig wird dieses Vorgehen zentral koordiniert. Daher trägt dieses Verfahren auch den Namen *Master/Worker*. Mit der Instanziierung der Masters startet dieser gleichzeitig mehrere Worker. Die eigentlichen Aufgaben werden dann von diesen erledigt. Der Master nimmt dabei Aufträge entgegen und verteilt sie auf wartende Worker. Diese erledigen die Arbeit und liefern das Ergebnis an den Master zurück. Sind alle Worker beschäftigt, muss der Master warten.
Nun wird auch deutlich, welche Aufgabe der Return Channel hat. Die durch nebenläufige Funktionen erarbeiteten Ergebnisse müssen ihren Weg zum Prozessor zurückfinden, ohne dessen sequenzielle Arbeitsweise zu stören. Daher erhält der Prozessor den Return Channel, der innerhalb des `wrappers` ausgelesen wird. Dieser gibt dann die Ergebnisse in Form neuer Events an den Prozessor zurück, und die sequenzielle Verarbeitung bleibt erhalten. So muss der Event Prozessor lediglich seinen eigenen Goroutinen diesen Return Channel mitgeben und ihre Ergebnisse korrekt verarbeiten.

Lastverteilung

Der zweite Beispielprozessor hat die Aufgabe, eventuell in gelieferten Daten enthaltene URLs auf Gültigkeit zu prüfen. Dabei geht es nicht

Abb. 6-2
Master/Worker

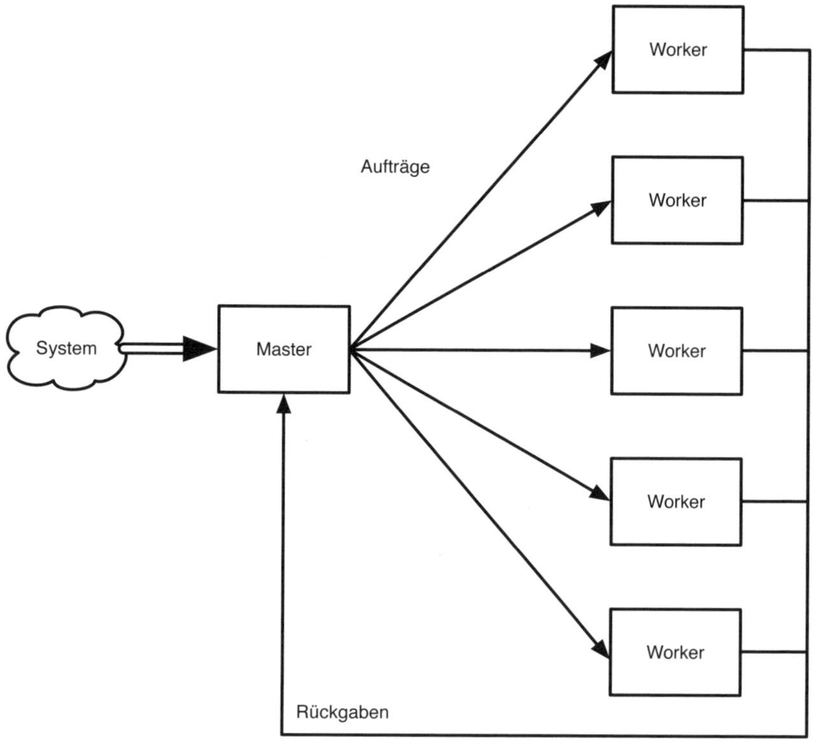

um die richtige Struktur, sondern um ein Laden der Kopfdaten – hier kommt das HTTP-Kommando `HEAD` zum Einsatz – und um ein Überprüfen des Statuscodes. Dies kann, je nach Anbindung und Auslastung des Servers unterschiedlich lange dauern. Gleichzeitig sind die Anfragen voneinander unabhängig. Damit bietet sich die Aufgabe für eine Parallelisierung an.

Quelltext 6.17
URL-Prozessor

```
// Interface für Typen mit einer URL-Methode.
type Localable interface {
    URL() string
}

// Eine zu prüfende Lokation.
type location struct {
    localable Localable
    ok        bool
    duration  int64
}
```

```
// Der URL-Prüfer.
type URLChecker struct {
    cfg          goforit.Configuration
    returnChan   ReturnChannel
    locationChan chan *location
    okChannelId  string
    nokChannelId string
}
```

Der Typ des Ereignisprozessors ist recht einfach gehalten. Neben dem Return Channel verfügt er über einen Channel zum Versand der Lokationen an seine Arbeiter. Als weitere Neuerung wird das Ergebnis der Tests nicht nur an einen `topic` versandt, sondern in Abhängigkeit vom Erfolg an zwei verschiedene. Damit fungiert der Prozessor auch als eine Art Weiche. Der Hilfstyp `location` wird für den Transfer zu testender Adressen und des Ergebnisses zurück benötigt. Das hierin enthaltene Interface `Localable` bezeichnet die zu prüfenden Typen. Sie müssen nur einen URL als Zeichenkette zurückliefern. So wird der Prozessor für eine Vielzahl von Datentypen flexibel einsetzbar.

Die Initialisierung des Prozessors unterscheidet sich dieses Mal. Neben der Zuweisung der Werte werden noch die Goroutinen mit der Methode `worker()` entsprechend der gewünschten Anzahl gestartet. Ebenso unterscheidet sich die Methode `ReturnChannel()` zum ersten Prozessor, da sich der URL-Checker den Return Channel für seine Arbeit merken muss.

Quelltext 6.18
Anlage des URL-Prüfers

```
// Erzeugung eines neuen URL-Prüfers.
func New(id string, c, w int,
    oktid, noktid string) *URLChecker {
    uc := &URLChecker{
        cfg:          goforit.Configuration{
            Id:             id,
            EventCapacity:  c,
            ReturnCapacity: c,
        },
        locationChan: make(chan *location, w),
        okTopicId:    oktid,
        nokTopicId:   noktid,
    }

    // Worker-Goroutinen starten.

    for i := 0; i < w; i++ {
        go uc.worker()
    }
```

```
    // URL-Prüfer zurückliefern.

    return uc
}

// Return Channel entgegennehmen.
func (uc *URLChecker) ReturnChannel(
    rc goforit.ReturnChannel) {
    uc.returnChan = rc
}
```

Die Goroutine `worker()` macht es sich einfach. Sie liest verfügbare Lokationen aus dem entsprechenden Channel, bis dieser geschlossen wird. Hier hilft das **`range`**-Kommando im Zusammenhang mit einer **`for`**-Schleife. Hierin wird mit der Funktion `Head()` aus dem Package `http` die Seite geprüft, die Laufzeit hierfür gemessen und der Erfolg über den Return Channel an den Prozessor zurückgeliefert.

Quelltext 6.19
Goroutine für Checks

```
// Goroutine für Prüfungen im Hintergrund.
func (uc *URLChecker) worker() {
    // Zu prüfenden URLs empfangen.

    for loc := range uc.locationChan {
        loc.duration = time.Nanoseconds()
        resp, err := http.Head(loc.location.URL())
        loc.duration = time.Nanoseconds() - loc.duration
        // Prüfung des Erfolgs.

        if err != nil {
            loc.duration = -1

            msg := "Error '%v' checking URL '%v'!"

            log.Printf(msg, err, loc.location.URL())
        } else {
            loc.ok = resp.StatusCode == http.StatusOK

            uc.returnChan <- loc
        }
    }
}
```

Bleibt also nur noch die Frage, wie die zu prüfenden Lokationen an die Check-Routinen geliefert werden und wie anschließend mit den Rückgaben umgegangen wird. Hier macht sich die `Process()`-Methode erneut das Type Switching zunutze. Dieses ist auch in der Lage, Interfaces zu erkennen. Wird auf diesem Weg ein `Localable` erkannt, wird es in eine `location` verpackt, die den Workern über den `locationChan` für den Check zur Verfügung gestellt wird. Die erste freie Goroutine liest diesen Auftrag aus und arbeitet ihn dann wie zuvor in Quelltext 6.19 gezeigt ab. Quelltext 6.20 zeigt, wie über den *Return Channel* die geprüften Lokationen als Events an die `Process()`-Methode zurückgeliefert werden.

Quelltext 6.20
Event Processing des URL-Prüfers

```
// Event Processing des URL-Prüfers.
func (uc *URLChecker) Process(evt *Event) Output {
    switch pl := evt.Payload.(type) {
    case Localable:
        // Localable, Messung vornehmen.

        loc := &location{pl, -1, false, 0}

        uc.locationChan <- loc
    case *location:
        // Rückgabe über den Return Channel
        // erhalten.

        if pl.ok {
            return Output{
                uc.okTopicId: pl,
            }
        } else {
            return Output{
                uc.nokTopicId: pl,
            }
        }
    }

    return nil
}
```

Hier werden sie durch die Typunterscheidung erkannt, und der Prozessor kann entsprechend reagieren. Wie definiert werden positive Prüfungen als positives Event ausgelöst, negative entsprechend als negatives Event. Alle weiteren Nutzlasttypen werden schlicht ignoriert, da sie für diesen Prozessor nicht interessant sind.

Der letzte wichtige Aspekt des Ereignisprozessors ist die Beendigung der Worker, wenn der Prozessor selbst beendet wird. Eine Möglichkeit wäre ein zusätzlicher Channel mit einem Stoppsignal gewesen. Einfacher ist in diesem Fall jedoch das Standardverhalten von Channels im Zusammenhang mit **range**-Schleifen. Sie werden so lange durchlaufen, bis der Channel geschlossen wird. Dies geschieht entweder explizit mit der Funktion `close()` oder implizit im Rahmen der

Garbage Collection. Die explizite Variante ist Bestandteil der `Stop()`-Methode des Prozessors.

Quelltext 6.21
Channel schließen und so Worker beenden

```
// Beendigung des URL-Prüfers.
func (uc *URLChecker) Stop() {
    close(uc.locationChan)
}
```

Alternativen

Es fragt sich nun, warum nicht einfach pro Anfrage eine eigene Goroutine gestartet wird. Diese führt den notwendigen Check durch, übermittelt das Ergebnis über den Return Channel und beendet sich dann. Dieser Weg ist legitim, wenn nur gelegentlich umfangreichere Aufgaben gestartet werden. Für kleine Aufgaben ist hingegen der durch den Auf- und Abbau der Goroutinen entstehende Mehraufwand zu hoch; Ressourcen werden unnötig verschwendet.

Ein zudem bestehendes Risiko wäre eine Überlastung des Systems, wenn binnen kurzer Zeit sehr viele Events auftreten. Im Extremfall werden so viele Goroutinen parallel gestartet, bis sämtliche verfügbaren Ressourcen aufgebraucht sind und das System komplett abstürzt. Hier greifen die konfigurierten Worker als Begrenzer, und die Puffer der Channels sorgen für die notwendige Elastizität. Sind diese ausgelastet, werden weitere Aufrufer blockiert. So werden die Aufgaben nach und nach abgearbeitet.

Die Aufgabenstellung im Beispiel ist noch recht einfach: Die Worker haben sich nur um ein Topic zu kümmern. Doch wie sieht die optimale Verarbeitung unterschiedlichster Aufgaben in einem solchen System aus? Hier bieten sich drei unterschiedliche Wege an. Der erste setzt auf weitere Channels und ein **select** im Worker. Je nach Anwendungsfall könnte die Anzahl der Channels und Typen recht groß werden.

Quelltext 6.22
Worker mit Channels

```
func (p *MyProcessor) worker() {
    for {
        select {
        case foo := <-p.fooChan:
            ...
        case bar := <-p.barChan:
            ...
        case yadda := <-p.yaddaChan:
            ...
        }
    }
}
```

Entsprechend sind dann die über den Return Channel erhaltenen Daten in der `Process()`-Methode zu unterscheiden und zu verarbeiten. Ein verwandter Ansatz ist die Nutzung nur eines Channels für Empty Interfaces in Kombination mit einem Type Switch. Hier werden für die unterschiedlichen Aufgabenstellungen individuelle Typen benötigt, was jedoch nur einen geringen Aufwand darstellt.

Quelltext 6.23
Worker mit Type Switch

```
func (p *MyProcessor) worker() {
    for c := range p.commandChan {
        switch cmd := c.(type) {
        case fooCmd:
            ...
        case barCmd:
            ...


        case yaddaCmd:
            ...
        }
    }
}
```

Variante drei macht sich zu guter Letzt zunutze, dass Funktionen ebenfalls nur Daten sind und über Channels versandt werden können. Somit lässt sich ein Funktionstyp für die Aufgaben definieren. Die Funktionen selbst werden dann für die Abarbeitung an die Worker gesandt.

Quelltext 6.24
Worker mit Funktionen

```
type workerFunc func() interface{}, bool

func (p *MyProcessor) worker() {
    for f := range p.funcChan {
        if resp, ok := f(); ok {
            p.returnChan <- resp
        }
    }
}
```

Nun können beliebige Funktionen, die der Signatur `workerFunc` entsprechen, an die Worker geschickt werden. Hierbei ist es jedoch wichtig, dass die Funktionen nicht direkt auf die Daten des Prozessors zugreifen, da sich die parallel arbeitenden Goroutinen sonst in die Quere kommen.

Fazit

Das Master/Worker-Muster eignet sich für Aufgabenstellungen, in denen eine Vielzahl gleichartiger, aber unabhängiger Aufgaben schnell abgearbeitet werden muss. Im Beispiel sind es Events, andere Einsatzfelder sind Server, die Anfragen einer großen Anzahl von Clients bearbeiten. Während ein Master die Aufgaben koordiniert und verteilt, obliegt es den Workern, die individuellen Aufgaben zu erfüllen und die Ergebnisse an die Aufrufer zurückzusenden.

6.4.2 Pipes und Filter

Die Implementierung eines Algorithmus als eine Funktion, die aus der Berechnung oder Modifikation von Daten, Verzweigungen und Schleifen besteht, hat die Schwäche, dass nur ein Eingabedatum auf einmal verarbeitet werden kann. Erst wenn es komplett verarbeitet ist und das Ergebnis zurück gegeben wurde, kann mit der Verarbeitung des nächsten Datums begonnen werden.

Im folgenden Beispiel werden die Daten der Reihe nach für jedes einzelne Datum vorverarbeitet, durchlaufen zwei Stufen, werden nachverarbeitet und dann ausgegeben. Und jeder Schleifendurchlauf wartet, bis die Verarbeitungskette abgearbeitet wurde, obwohl die individuellen Daten voneinander unabhängig sind. Je mehr Schritte die Verarbeitung umfasst, umso negativer wirkt es sich aus.

Quelltext 6.25 *Sequenzielle Verarbeitung*

```
// Daten sequenziell verarbeiten.
func ProcessData(in <-chan *Data, out chan<- *Data) {
    // Eingabedaten sequentiell empfangen.

    for data := range in {
        tmpA := PreprocessData(data)
        tmpB := ProcessStepA(tmpA)
        tmpC := ProcessStepB(tmpB)

        // Ausgabedaten versenden.

        out <- PostprocessData(tmpC)
    }
}
```

Allerdings lassen sich diese Funktionen auch in nebenläufig agierende Blöcke aufteilen. Ist eine zusammenhängende Aktivität beendet und deren Ergebnis an den nachfolgenden Block übergeben, so kann der erste bereits wieder neu starten und mit der Bearbeitung des nächsten Werts beginnen. Ebenso sieht es mit Verzweigungen aus, die über die Weiterverarbeitung im nächsten Block entscheiden. Die Anzahl der auf diese Weise parallel ausführbaren Arbeiten ist von den Blöcken und Pfaden des Algorithmus abhängig.

Quelltext 6.26
Einfache parallele Verarbeitung

```
// Daten parallel verarbeiten.
func ProcessData(in <-chan *Data, out chan<- *Data) {
    // Channel vorbereiten.

    preOut := make(chan *Data, 100)
    stepAOut := make(chan *Data, 100)
    stepBOut := make(chan *Data, 100)

    // Parallele Verarbeitung starten.

    go PreprocessData(in, preOut)
    go ProcessStepA(preOut, stepAOut)
    go ProcessStepB(stepAOut, stepBOut)
    go PostprocessData(stepBOut, out)
}
```

Im Gegensatz zur ersten Variante arbeitet diese Funktion komplett im Hintergrund. Durch die Pufferung können die ersten Schritte auch etwas auf Halde arbeiten. Auf einem Mehrkernsystem werden die Aufgaben so auf die einzelnen Prozessorkerne verteilt.

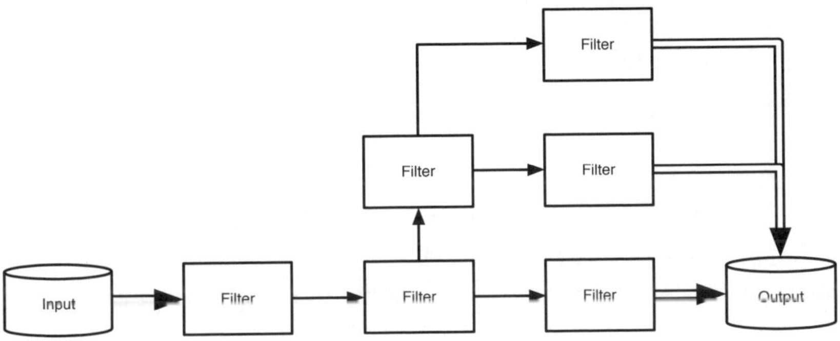

Abb. 6-3
Pipes und Filter

Abbildung 6-3 macht es deutlich: die *Pipes* für den Transfer der Daten von einem Filter zum nächsten werden durch Channel realisiert, die *Filter* durch individuelle Goroutinen. Die Herausforderung besteht nun darin, die optimalen Blöcke für die Filter und die Pipes zwischen ihnen zu ermitteln.

Für ein umfangreicheres Beispiel soll der Prozess *Anfrageprüfung* realisiert werden. Hierbei geht es um die Feststellung, ob ein Gut im Auftrag eines Kunden hergestellt werden kann. Dafür sind sowohl hinreichende Fertigungskapazitäten als auch Lagerbestände zu prüfen. Nur wenn beide Prüfungen ein positives Ergebnis liefern, wird eine zeitlich befristete Zusage mit einer Referenznummer für eine weitere Verarbeitung ausgegeben. Die Referenznummer dient der Zuordnung der im Rahmen der Prüfungen vollzogenen Reservierungen. Im Fall ungenügender Fertigungskapazitäten oder Lagerbestände werden eventuelle Reservierungen wieder storniert und wird eine Absage ausgegeben. Die sich in diesem Szenario anbietenden Filterkomponenten wären

- der `preparationFilter` für eine erste Anreicherung der Anfrage für die weitere Verarbeitung,
- der `manufacturingCapacityCheckFilter` und
- der parallel arbeitende `manufacturingInventoryCheckFilter` für die Prüfung der Voraussetzungen,
- den `checkConsolidationFilter` für die Zusammenführung der Ergebnisse und
- die beiden Alternativen `confirmationFilter` für die Bestätigung der Reservierung und des Auftrags oder im negativen Fall
- der `cancelationFilter` für die Stornierung der Reservierung und die Absage des Auftrags.

Sie arbeiten als Goroutinen nebenläufig und verfügen über Kanäle für den Empfang der Daten, die sie verarbeiten sollen. Die letzten beiden Filter verfügen zudem über den Return Channel, damit die Ergebnisse der Verarbeitung an den Prozessor zurückgeliefert werden können.

Die `backend()`-Funktion des `preparationFilters` gestaltet sich so sehr einfach. Hierbei wird vorausgesetzt, dass der Typ `Request` die Anfrage darstellt und `requestCheck` neben der Anfrage die ergänzenden Informationen für die Prüfung. Änderungen finden nur hier statt, nicht in der Anfrage selbst. Damit wird verhindert, dass sich unterschiedliche Filter gegenseitig beeinflussen oder gar behindern.

Quelltext 6.27 *Vorbereitende Tätigkeiten*

```go
// Hintergrundroutine.
func (p *preparationFilter) backend() {
    // Anfragen entgegennehmen.

    for req := range p.requestChan {
        mcc := &requestCheck{request: req}
        mic := &requestCheck{request: req}

        // Anfragen an Filter versenden.

        p.mccFilter.requestCheckChan <- mcc
        p.micFilter.requestCheckChan <- mic
    }
}
```

Mit dem Versand der Anfrageprüfungen an die nächsten beiden Filter ist die Arbeit dieses Filters beendet, und er steht für die nächste Anfrage zur Verfügung. In der Fertigungsprüfung schaut es dann ähnlich einfach und klar strukturiert aus.

Quelltext 6.28
Prüfung der Fertigungskapazität

```
// Hintergrundroutine.
func (m *manufacturingCapacityCheckFilter) backend() {
    for mcc := range m.requestCheckChan {
        mcc.mccOk = m.check(mcc.request)

        if mcc.mccOk {
            // Reservierung.

            m.reserve(mcc.request)
        }

        m.ccFilter.mccRequestCheckChan <- mcc
    }
}
```

Die Details der Methoden `check()` und `reserve()` lassen wir an dieser Stelle mal außen vor. Hierin ist die Geschäftslogik mit Zugriffen auf ein Persistenzsystem oder auf externen Systeme enthalten. Wesentlich in diesem Fall ist, dass nach einer positiven Prüfung die entsprechenden Kapazitäten reserviert werden und das Prüfergebnis im `requestCheck` vermerkt wird. Anschließend wird das Ergebnis an den `checkConsolidationFilter` gesandt, und die nächste Prüfung kann begonnen werden.

Die Aufgabe des Konsolidierungsfilters ist die Zusammenführung der beiden Prüfungsergebnisse. Hierfür enthält der Filter neben zwei Eingangskanälen auch eine Map für die Zwischenspeicherung des zuerst eintreffenden Datums. Die Verarbeitung muss an dieser Stelle prüfen und die Daten bei Bedarf ergänzen.

Quelltext 6.29
Konsolidierung zweier Pipes

```
// Hintergrundroutine.
func (c *checkConsolidationFilter) backend() {
    // Endlosschleife.

    for {
        // Beide Channels auslesen.

        select {
        case mcc := <-c.mccRequestCheckChan:
            // Kapazitätsprüfung.

            mic, ok := c.checks[chk.request.Id()]
```

```
                if ok {
                    // Konsolidieren.

                    c.consolidate(mcc, mic)
                } else {
                    // Prüfung zwischenspeichern.

                    c.checks[mcc.request.Id()] = mcc
                }
            case mic := <-c.micRequestCheckChan:
                // Inventarprüfung.

                mcc, ok := c.checks[mic.request.Id()]

                if ok {
                    // Konsolidieren.

                    c.consolidate(mcc, mic)
                } else {
                    // Prüfung zwischenspeichern.

                    c.checks[mic.request.Id()] = mic
                }
            }
        }
}
```

Eine kleine Hilfsmethode unterstützt das `backend()` und übernimmt dabei die eigentliche Zusammenführung der einzelnen Prüfungen sowie den Versand des Ergebnisses über den hierfür richtigen Channel.

Quelltext 6.30
Kleine Hilfestellung

```
// Konsolidierung.
func (c *checkConsolidationFilter) consolidate(
    mcc, mic *requestCheck) {
    mcc.micOk = mic.micOk
    c.checks[mcc.request.Id()] = mcc, false

    if mcc.mccOk && mcc.micOk {
        // Beide Checks positiv.

        c.confirmFilter.requestCheckChan <- mcc
    } else {
        // Mindestens ein Check ist negativ.

        c.cancelFilter.requestCheckChan <- mcc
    }
}
```

Bleiben als letzte Aufgaben noch die Bestätigung der Reservierung oder halt im negativen Fall deren Stornierung. Auch dies sind wieder sehr einfache Aufgaben. Mit der Rückgabe der Auftragsprüfung an den Prozessor endet die Verarbeitung innerhalb der Pipes und Filters. Im Fall der Bestätigung sähe dies wie folgt aus:

Quelltext 6.31
Bestätigung

```
// Hintergrundroutine.
func (c *confirmationFilter) backend() {
    for rc := m.requestCheckChan {
        // Bestätigung der Reservierung.

        c.confirmReservation(rc.request)

        rc.returnChan <- rc
    }
}
```

Die Integration in den entsprechenden Prozessor gestaltet sich wie auch schon bei den vorherigen Beispielen.

Quelltext 6.32
Anlage der Anfrageprüfung

```
// Konstruktor für eine Anfrageprüfung.
func New(id string, c, p int,
    oktid, noktid string) *RequestChecker {
    // Konfiguration und Filter erzeugen.

    rc := &RequestChecker{
        cfg:          goforit.Configuration{
            Id:              id,
            EventCapacity:   c,
            ReturnCapacity:  c,
        },
        okTopicId:    oktid,
        nokTopicId:   noktid,
        prepFilter:   newPreparationFilter(p),
        mccFilter:    newMccFilter(p),
        micFilter:    newMicFilter(p),
        ccFilter:     newCheckConsolidationFilter(p),
        confFilter:   newConfirmationFilter(p),
        cancelFilter: newCancelationFilter(p),
    }

    // Filter verknüpfen.

    rc.prepFilter.mccFilter = rc.mccFilter
    rc.prepFilter.micFilter = rc.micFilter
    rc.mccFilter.ccFilter = rc.ccFilter
    rc.micFilter.ccFilter = rc.ccFilter
```

```
    rc.ccFilter.confFilter = rc.confFilter
    rc.ccFilter.cancelFilter = rc.cancelFilter

    return rc
}

// Return Channel entgegennehmen.
func (r *RequestChecker) ReturnChannel(
    rc goforit.ReturnChannel) {
    r.confFilter.returnChan = rc
    r.cancelFilter.returnChan = rc
}
```

In der `Process()`-Methode muss nun nur noch zwischen der eintreffenden Anfrage sowie dem mit der Rückgabe gelieferten Prüfergebnis unterschieden werden.

Quelltext 6.33 *Verarbeitung anstoßen und Ergebnis weiterleiten*

```
// Verarbeitung eines Events.
func (r *RequestChecker) Process(evt *Event) Output {
    switch p := evt.Payload.(type) {
    case *Request:
        r.prepFilter.requestChannel <- p
    case *requestCheck:
        if p.mccOk && p.micOk {
            return Output{
                r.okTopicId: p.request,
            }
        } else {
            return Output{
                r.nokTopicId: p.request,
            }
        }
    }

    return nil
}
```

Fazit

Die Aufgabenstellung sequenziell in nur einer Funktion zu realisieren wäre sicherlich kompakter gewesen. Doch dieses Beispiel zeigt bereits, wie ein kontinuierlicher Datenstrom entsprechend der Ausführungspfade nebenläufig verarbeitet wird. Entsprechend lassen sich umfangreiche Prozessketten mit längeren Pfaden und mehr unabhängig parallelen Blöcken noch besser skalieren – die entsprechende Hardware und abhängige Systeme vorausgesetzt.

Dem aufmerksamen Beobachter wird auch nicht entgangen sein, dass die Basisarchitektur des Packages `goforit` ebenfalls dem Muster *Pipes und Filters* entspricht. Hier wird der Datenstrom durch die kontinuierlich aus unterschiedlichen Quellen ausgelösten Events gebildet; die Topics entsprechen den Pipes und die Prozessoren den Filtern. Dabei können einzelne Prozessoren Daten transformieren, aggregieren und interpolieren. Ihre Ergebnisse führen sie dann unter einem oder mehreren Themen der weiteren Verarbeitung zu. So lassen sich komplexe Analyseszenarien mit einer Vielzahl von Eingangsparametern erstellen, beispielsweise für die Auslösung von Kauf- oder Verkaufentscheidungen am Aktienmarkt.

6.4.3 MapReduce

Eine weitere Lösung zur Verarbeitung von Massendaten kommt wie schon die Sprache Go aus dem Hause Google. Das wohl bekannteste Beispiel ist die Beschleunigung der Suche durch eine weitestgehende Parallelisierung. Als Ergebnis eigener Forschungsarbeiten wurde das *MapReduce*-Verfahren entwickelt. Es basiert auf der Arbeitsweise der von *LISP* bekannten Funktionen `map` und `reduce`, auch wenn die gesamte Lösung aufgrund der Verteilungsaspekte schon deutlich komplexer ist.

Im Wesentlichen ist es auf die nebenläufige Ausführung der Funktionen in zwei Phasen ausgelegt. Die Eingangsdaten liegen in Form einer Liste von Paaren aus Schlüsseln und Werten vor. Ihre Verarbeitung wird gleichmäßig auf die Map-Prozesse verteilt. Die einzelnen Paare in den Listen werden nun parallel durch die Map-Funktionen verarbeitet. Das Ergebnis jedes Aufrufs ist eine Liste von neuen Schlüssel/Wert-Paaren. Die gewählten Schlüssel sind hierbei vom Ziel der gesamten Verarbeitung abhängig. Diese Ergebnislisten sind als Zwischenergebnis der Phase des Reducings zuzuführen. Hier arbeiten ebenfalls parallele Prozesse. Ihnen werden die Ergebnisse des Mappings basierend auf den Schlüsseln zugeführt. Somit werden gleiche Schlüssel immer den gleichen Prozessen zugeordnet, auch wenn diese für mehrere Schlüssel zuständig sein können. Mit dem Ende der Eingangsdaten und nach dem anschließenden Mapping geben die Reduce-Prozesse ihre aggregierten Daten aus.

Als Anwendungsbeispiel dient hier eine Liste mit Bestellungen. Jede dieser Bestellungen enthält ihrerseits wieder Positionen mit Angabe der zu liefernden Anzahl, Einzelpreis und Rabatt. Diese Liste wird für eine Verarbeitung auf die Map-Prozesse verteilt. Für jede Auftragsposition wird in der Funktion der Map-Prozesse die Gesamtsumme sowie der Gesamtrabatt berechnet und zusammen mit der Anzahl für eine

Weiterverarbeitung in Richtung Reduce-Prozesse ausgegeben. In der nun folgenden zweiten Phase summieren diese Prozesse für ihre jeweiligen Artikel die Anzahl der Bestellungen, Verkaufsbeträge sowie die Rabatte. Mit der Beendigung der Dateneingänge geben sie die so berechneten Werte aus, und der Nutzer des MapReduce erhält eine Liste der bestellten Artikel inklusive der drei berechneten Werte.

Abb. 6-4
MapReduce

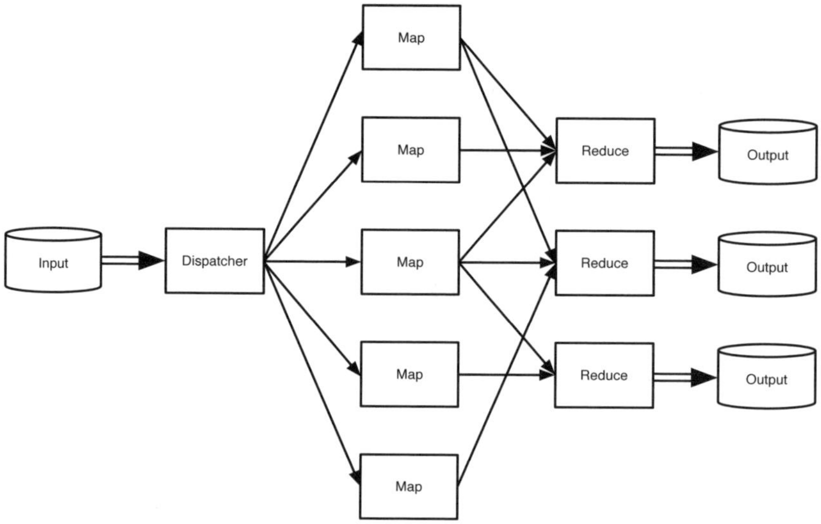

Das hier beschriebene Grundverfahren lässt sich auf eine Vielzahl unterschiedlichster Datenverarbeitungen anwenden. So setzt Google es inzwischen bei der Suche, der URL-Analyse, der Zugriffsanalyse, dem Sortieren und vielen Programmen mehr ein. Teilweise erfolgt dies mit Daten im Petabyte-Bereich sowie mit 200.000 Map- und 5000-Reduce-Prozessen auf etwa 2000 Knoten.

Derartige große Zahlen machen deutlich, dass das MapReduce-Verfahren seine wirkliche Stärke erst in verteilten Umgebungen mit einer sehr großen Anzahl an Prozessoren und einer entsprechenden Verteilung der Daten ausspielt. Mit zunehmender Anzahl an Rechenkernen pro CPU kann es jedoch auch auf einem einzelnen Rechner bereits interessant werden. Die Implementierung soll dies verdeutlichen. Unser Ziel ist eine Funktion, die einen Eingangsdaten-Channel, die Funktionen für Map und Reduce sowie für beide jeweils die Anzahlen der Goroutinen entgegennimmt. Die Rückgabe ist ein Channel für die Ergebnisse der Verarbeitung.

Für den Anfang sind ein paar einfache Typen als Hilfestellung zu deklarieren.

Quelltext 6.34
Vorbereitende Typen

```
// Schlüssel/Wert-Paare.
type KeyValue struct {
    Key   string
    Value interface{}
}

// Channel für den Datentransfer.
type KeyValueChan chan *KeyValue

// Eine Menge von Daten-Channels.
type KeyValueChans []KeyValueChan

// Signatur der Map-Funktion.
type MapFunc func(*KeyValue, KeyValueChan)

// Signatur der Reduce-Funktion.
type ReduceFunc func(KeyValueChan, KeyValueChan)

// Channel für Endsignale.
type SigChan chan bool
```

Die eigentliche `MapReduce()`-Funktion wird modular aufgebaut und nutzt drei weitere Hilfsfunktionen. Die erste ist nur ein kleiner Helfer mit der Aufgabe, einen ihm übergebenen Channel nach dem Empfang einer bestimmten Anzahl von Signalen zu schließen. Sie wird für zwei Channel genutzt, die für die Ergebnisausgabe der Map- und der Reduce-Goroutinen eingesetzt werden.

Quelltext 6.35
Goroutine für das Schließen starten

```
// Goroutine für das Schließen starten.
func closeChannel(kvc KeyValueChan, size int) SigChan {
    // Channel zur Signalisierung erzeugen.

    sigChan := make(SigChan)

    // Goroutine als anonyme Funktion starten.

    go func() {
        ctr := 0
        // Signale in Schleife zählen.

        for {
            // Auf Signal warten.

            <-sigChan

            ctr++
```

```
            // Anzahl prüfen, ggf. schließen.

            if ctr == size {
                close(kvc)

                return
            }
        }
    }()

    // Signalisierungs-Channel an Aufrufer geben.

    return sigChan
}
```

Weiter geht es mit den Goroutinen für das Reducing. Die Funktion hier wird selbst als Goroutine gestartet, da sie im Hintergrund nach dem Start der Reduce-Goroutinen auch für die Verteilung auf Basis des Hash-Werts des jeweiligen Schlüssels zuständig ist. Die Ergebnisse aus dem Mapping werden so kontinuierlich den Reducern zugeführt, und am Ende werden die Channel hierfür über den eben genannten Mechanismus geschlossen. Dies ist für die Reduce-Funktionen das Signal, ihre Ergebnisse in den Ausgabe-Channel zu schreiben.

Quelltext 6.36
Reducing durchführen

```
// Reducing mit übergebener Funktion durchführen.
func performReducing(mapEmitChan KeyValueChan,
    reduceFunc ReduceFunc,
    reduceSize int,
    reduceEmitChan KeyValueChan) {
    // Schließer starten.

    sigChan := closeChannel(reduceEmitChan, reduceSize)

    // Slice für Channels sowie die Channels erzeugen.

    reduceChans := make(KeyValueChans, reduceSize)

    // Goroutinen entsprechend Parameter starten.

    for i := 0; i < reduceSize; i++ {
        reduceChans[i] = make(KeyValueChan)

        // Goroutine als anonyme Funktion starten.

        go func(inChan KeyValueChan) {
            reduceFunc(inChan, reduceEmitChan)
```

```
            // Signal senden.

            sigChan <- true
        }(reduceChans[i])
    }

    // Daten aus Mapping lesen und verteilen.

    for kv := range mapEmitChan {
        hash := adler32.Checksum([]byte(kv.Key))
        idx := hash % uint32(reduceSize)

        reduceChans[idx] <- kv
    }

    // Channel für Reduce schließen.

    for _, reduceChan := range reduceChans {
        close(reduceChan)
    }
}
```

Weiter geht es mit dem Mapping. Auch hier werden nach dem Start der Schließ-Goroutine und der Mapping-Goroutinen die Daten gleichmäßig auf diese verteilt. Diese starten die Map-Funktion für jedes individuelle Datum, das Ergebnis wird in einen internen Ausgabe-Channel geschrieben. Damit können sie, wie Sie oben gesehen haben, direkt auf die Reducer zur Weiterverarbeitung verteilt werden.

Mit dem Ende der Eingabe-Daten werden die Channel zu den Mapping-Goroutinen geschlossen. So können diese ihre Arbeit beenden, und die Schließer-Goroutine kann den internen Ausgabe-Channel schließen. Für das Reducing bedeutet dies das Schließen der Channel zu den Reduce-Goroutinen und somit für diese das Signal, ihre Arbeit fertigzustellen und die Ergebnisse auszugeben. Anschließend greift erneut der Mechanismus der Schließer-Goroutine für den Ausgabe-Channel.

Quelltext 6.37
Mapping der Daten

```
// Mapping mit übergebener Funktion durchführen.
func performMapping(mapInChan KeyValueChan,
    mapFunc MapFunc,
    mapSize int,
    mapEmitChan KeyValueChan) {
    // Channel für das Schließsignal erzeugen.

    sigChan := closeChannel(mapEmitChan, mapSize)
```

```
    // Goroutinen für das Mapping starten.

    mapChans := make(KeyValueChans, mapSize)

    for i := 0; i < mapSize; i++ {
        mapChans[i] = make(KeyValueChan)

        go func(inChan KeyValueChan) {
            for kv := range inChan {
                mapFunc(kv, mapEmitChan)
            }

            sigChan <- true
        }(mapChans[i])
    }

    // Eingabedaten auf die Mapping-Goroutinen
    // verteilen.

    idx := 0

    for kv := range mapInChan {
        mapChans[idx % mapSize] <- kv

        idx++
    }

    // Mapping-Channels schließen.

    for i := 0; i < mapSize; i++ {
        close(mapChans[i])
    }
}
```

Anschließend fehlt nur noch die eigentliche `MapReduce()`-Funktion. Wie in Quelltext 6.38 zu sehen, ist sie dank der beiden Funktionen für das Mapping und das Reducing sehr schmal gehalten. Nach dem Erzeugen der Channels für die Ausgabedaten des Mappings und des Reducings werden die Funktionen hierfür im Hintergrund gestartet. Die Rückgabe der Funktion ist der Ausgabe-Channel des Reducings.

Quelltext 6.38 *MapReduce aus Bausteinen*

```
// MapReduce.
func MapReduce(inChan KeyValueChan,
    mapFunc MapFunc,
    mapSize int,
    reduceFunc ReduceFunc,
    reduceSize int) KeyValueChan {
```

```
    // Channel erzeugen.

    mapEmitChan := make(KeyValueChan)
    reduceEmitChan := make(KeyValueChan)

    // Mapping und Reducing ausführen.

    go performReducing(mapEmitChan, reduceFunc,
        reduceSize, reduceEmitChan)

    go performMapping(inChan, mapFunc,
        mapSize, mapEmitChan)

    return reduceEmitChan
}
```

Damit ist die Kernfunktion fertig und kann für unterschiedlichste Verarbeitungen und Analysen eingesetzt werden. Für den jeweils konkreten Fall müssen hierfür jedoch noch die konkreten Map- und Reduce-Funktionen implementiert werden. Hierin liegt je nach zu lösender Aufgabenstellung die eigentliche Komplexität.

Im Fall des bereits bekannten Beispiels hält sich der Aufwand insgesamt in Grenzen. Die Berechnungen sind sehr einfach und zudem gering. Es sind nur einfache Additionen und Multiplikationen, einfache Schleifen und das Sammeln in Maps. Das Mapping als erste Funktion kalkuliert nur den Gesamtbetrag und Gesamtrabatt pro Auftragsposition.

Quelltext 6.39
Mapping für Auftragsdaten

```
// Mapping für Auftragsdaten.
func Map(in *goforit.KeyValue,
    mapEmitChan goforit.KeyValueChan) {
    // Eingabe in korrekten Typ konvertieren.

    o := in.Value.(*Order)

    // Berechnung und Ausgabe aller Positionen.

    for _, i := range o.Items {
        // Vorberechnungen.

        ud := (i.UnitPrice / 100.0) * i.DiscountPerc
        td := ud * float(i.Quantity)
        ta := (i.UnitPrice - ud) * float(i.Quantity)
```

```
        // Analyse vorbereiten.

        oai := &OrderItemAnalysis{
            ArticleNo: i.ArticleNo,
            Quantity:  i.Quantity,
            Amount:    ta,
            Discount:  td,
        }
        an := strconv.Itoa(i.ArticleNo)

        // Einzelanalyse ausgeben.

        mapEmitChan <- &goforit.KeyValue{an, oai}
    }
}
```

Die so erzeugten und berechneten Analysedaten pro individueller Auftragsposition sind nun im jeweiligen Reducer zu speichern, zu aktualisieren und am Ende auszugeben.

Quelltext 6.40 *Reducing der Analysedaten*

```
// Reducing für Analysedaten.
func Reduce(inChan goforit.KeyValueChan,
    reduceEmitChan goforit.KeyValueChan) {
    // Map als Zwischenspeicher.

    memory := make(map[string]*OrderItemAnalysis)

    // Daten aus dem Mapping sammeln und
    // aggregieren.

    for kv := range inChan {
        oia := kv.Value.(*OrderItemAnalysis)

        if ex, ok := memory[kv.Key]; ok {
            // Wert aktualisieren.

            ex.Quantity += oia.Quantity
            ex.Amount += oia.Amount
            ex.Discount += oia.Discount
        } else {
            // Wert initial setzen.

            memory[kv.Key] = oia
        }
    }
```

```
    // Sammeln beendet, nun Daten ausgeben.

    for an, oia := range memory {
        kv := &goforit.KeyValue{an, oia}

        reduceEmitChan <- kv
    }
}
```

Beim Aufruf von `MapReduce()` werden neben dem Channel für die Eingangsdaten diese beiden Funktionen übergeben. Der übergebene Channel muss nebenläufig mit Daten beschickt werden, beispielsweise durch das Auslesen einer Datenbankabfrage, durch eine Datei oder den Kontakt vernetzter Server. Über das Ergebnis der Analyse kann anschließend iteriert werden.

Quelltext 6.41 *Aufruf von MapReduce*

```
// Einlesen der Daten von einem Server oder aus einer
// Datei starten.

orderChan := readOrders()

for kv := range MapReduce(orderChan,
    Map, 100,
    Reduce, 25) {
    // Analysedaten verarbeiten.

    ...
}
```

Fazit

Das MapReduce-Verfahren ist ein sehr gutes Beispiel nebenläufiger Datenverarbeitung. Die Implementierung nutzt massiv Goroutinen für die parallele Bearbeitung der eingegebenen Informationen und des Zwischenergebnisses. Der Einsatz der Channel zeigt die einfache Kommunikation, und der Einsatz der beiden Goroutinen für das korrekte Schließen der Ausgabe-Channel demonstriert auch die Lösung kleiner und sehr spezielle Aufgaben. Der geringe Ressourcenverbrauch macht es möglich. Gleichzeitig zeigt das Beispiel schön, wie Funktionen als Typen erster Klasse an `MapReduce()` übergeben werden können.

Nun bieten sich für eine umfangreiche Bibliothek noch einige hilfreiche Erweiterungen an. Hierzu gehört ein flexiblerer Eingabeweg in Form eines Interfaces. So können unterschiedliche Quellen direkt eingebunden und die parallele Beschickung der Map-Prozesse optimiert werden. Gleiches gilt für die Ausgabe, die eine abschließende Konvertierung in Slices, Arrays oder Maps durchführen und die Ergebnisse nach gewünschten Kriterien sortieren kann. Für eine Leistungssteigerung ist zudem die Verteilung der Aufgaben über Netzwerkgrenzen hinweg interessant. Diese spielt ihre Stärke allerdings erst aus, wenn die Eingangsdaten ebenfalls auf nicht nur einem System vorliegen. Beispiele hierfür wären verteilte Dateisysteme oder Datenbanken.

6.4.4 Parallel QuickSort

Für die Sortierung von Datenmengen liefert Go bereits das Package `sort` mit. Neben vorgefertigten Funktionen bietet es eine durch eine Datenmenge zu implementierendes Interface, die von der enthaltenen Sortierfunktion genutzt wird. Diese Funktion basiert einerseits auf dem einfach arbeitenden *Insertion Sort*, andererseits auf dem rekursiv arbeitenden *QuickSort*. Leider arbeitet die Implementierung trotz ihrer potenziellen Eignung hierfür nicht nebenläufig, was für ein System wie Go erstaunt. Die Motivation hierfür liegt im Ressourcenverbrauch. Für sehr große Datenmengen würden sehr viele Goroutinen benötigt. Auf den heute typischen Maschinen ist damit der Mehraufwand größer als der Nutzen. Aus einem ähnlichen Grund verzichtet die Implementierung des Go-Packages auf den Einsatz der Rekursion bis zum letzten Element. Ab einer definierten Restgröße greift sie auf das einfachere Insertion Sort zurück.

Für die Entwicklung eines nebenläufig arbeitenden QuickSorts bietet sich also ein ähnlicher Weg an, nun allerdings dreistufig. So wird ein paralleler QuickSort bis zu einer definierten Restgröße genutzt, anschließend ein sequenzieller und zu guter Letzt ein einfacher Insertion Sort. Die zu sortierende Datenmenge soll auch hier die aus dem Package `sort` (siehe Abschnitt 4.1.3) bekannte `Interface` mit den drei Methoden `Len()`, `Less()` und `Swap()` implementieren. Das Verfahren ist so ausgelegt, dass keine neue Datenmenge erzeugt, sondern die bestehende in sich sortiert wird.

Die einfache Sortierung mit dem Insertion Sort ist eine sehr kleine Funktion, die bei kleinen Datenmengen jedoch effizient ist.

Quelltext 6.42
Insertion Sort

```
// EInfacher Insertion Sort.
func insertionSort(data sort.Interface, lo, hi int) {
    for i := lo + 1; i < hi+1; i++ {
        for j := i; j > lo && data.Less(j, j-1); j-- {
            data.Swap(j, j-1)
        }
    }
}
```

Ein wesentlicher Aspekt des QuickSorts ist pro Schritt die Auswahl eines Pivotelements und die Partitionierung der Daten. Dabei werden kleinere Elemente auf die linke Hälfte des Pivots verschoben, die größeren auf die rechte Hälfte. Einfache Verfahren verwenden als Ausgangselement hierfür die Mitte der zu sortierenden Datenmenge. Optimaler ist es jedoch, mit geringem Aufwand einen Median zu ermitteln. Hier bietet sich das vom amerikanischen Statistiker *John Tukey* erarbeitete *Ninther-Verfahren* an, bei dem aus drei Medianen von je drei Werten der gesuchte Median ermittelt wird. Die Einzelwerte sind dabei gleichmäßig über die Datenmenge verteilt.

Quelltext 6.43
Partitionierung der Daten

```
// Median ermitteln.
func median(data sort.Interface, lo, hi int) int {
    m := (lo + hi) / 2
    d := (hi - lo) / 8

    // Mittleren Wert in die Mitte verschieben.

    mot := func(ml, mm, mh int) {
        if data.Less(mm, ml) {
            data.Swap(mm, ml)
        }

        if data.Less(mh, mm) {
            data.Swap(mh, mm)
        }

        if data.Less(mm, ml) {
            data.Swap(mm, ml)
        }
    }

    // Mitten unten, in der Mitte
    // und oben ermitteln.

    mot(lo+d, lo, lo+2*d)
    mot(m-d, m, m+d)
    mot(hi-d, hi, hi-2*d)

    // Mitte aus unterer, mittlerer
    // und oberer Mitte.

    mot(lo, m, hi)

    return m
}
```

```
// Daten partitionieren.
func partition(data sort.Interface,
    lo, hi int) (int, int) {
    med := median(data, lo, hi)
    idx := lo

    data.Swap(med, hi)

    for i := lo; i < hi; i++ {
        if data.Less(i, hi) {
            data.Swap(i, idx)

            idx++
        }
    }

    data.Swap(idx, hi)

    return idx - 1, idx + 1
}
```

Diese zwei Hälften werden nun jeweils individuell sortiert. Das Ergebnis ist dann die sortierte linke Hälfte plus der Mitte plus der sortieren rechten Hälfte. Mit der Nutzung des `sort`-Interfaces werden jedoch keine neuen Daten erzeugt. Vielmehr werden die jeweiligen Hälften in sich sortiert, während das Pivotelement stabil bleibt.

Die zwei Implementierungen – sequenziell und parallel – arbeiten zwar beide nach diesem Prinzip. Jedoch nutzt die nebenläufige Version Goroutinen für jede Hälfte. Diese wiederum erhalten einen Channel für die Signalisierung ihrer Fertigstellung. So kann der Methodenaufruf nach dem Start der zwei Goroutinen warten, bis beide ihre Aufgabe erledigt haben.

Quelltext 6.44
Sequenzieller und paralleler QuickSort

```
// Sequenzielle Sortierung.
func sequentialQuickSort(data sort.Interface,
    lo, hi int) {
    if hi-lo > 63 {
        // Daten zuerst partitionieren.

        plo, phi := partition(data, lo, hi)

        // Anschließend beide Hälften sortieren.

        sequentialQuickSort(data, lo, plo)
        sequentialQuickSort(data, phi, hi)
```

```
    } else {
        // Insertion Sort für den Rest.

        insertionSort(data, lo, hi)
    }
}

// Parallele Sortierung.
func parallelQuickSort(data sort.Interface,
    lo, hi int, done chan bool) {
    if hi-lo > 4095 {
        // Daten zuerst partitionieren.

        plo, phi := partition(data, lo, hi)

        // Channel für Signal erzeugen.

        partDone := make(chan bool)

        // Beide Hälften im Hintergrund sortieren.

        go parallelQuickSort(data, lo, plo, partDone)
        go parallelQuickSort(data, phi, hi, partDone)

        // Auf das Ende beider Sortierungen
        // warten.

        <-partDone
        <-partDone
    } else {
        // Sequenzieller QuickSort für den Rest.

        sequentialQuickSort(data, lo, hi)
    }

    // Ende signalisieren.

    done <- true
}
```

Von dem gesamten Aufwand bleibt nach außen nur eine exportierte Sortierfunktion. Als eigenständige Bibliothek käme noch das hier ganz bequem vom Package `sort` geborgte Interface dazu. Die Funktion selbst beschränkt sich nur auf die Erzeugung eines Channels für die erste parallele QuickSort-Goroutine. Diese wird gestartet, und anschließend warten Sie genüsslich auf ihre Fertigstellung.

Quelltext 6.45
Einfaches Sortieren für Anwender

```
// Sortierfunktion mit der Schnittstelle aus
// dem Package 'sort'.
func Sort(data sort.Interface) {
    done := make(chan bool)


    // Sortierung und warten.

    go parallelQuickSort(data, 0, data.Len()-1, done)

    <-done
}
```

Sortierbare Datenmengen

Ein eigener Typ für eine sortierbare Datenmenge ist auf Basis der Slices schnell implementiert. Neben dem eigentlichen Typ sind die drei Methoden des Interfaces notwendig. Zwei hiervon sind Einzeiler; die Komplexität der `Less()`-Methode hängt vom Sortierkriterium ab. Ein kurzes Beispiel auf Basis der `OrderItemAnalysis` aus dem MapReduce-Abschnitt zeigt, wie sich auch diese Methode auf nur eine Zeile beschränkt.

Quelltext 6.46
Sortierte Analysedaten

```
// Liste von Analysedaten.
type OrderItemAnalysisList []OrderItemAnalysis

// Anzahl der Analysedaten.
func (oial OrderItemAnalysisList) Len() int {
    return len(oial)
}

// Vergleich zweier Analysedaten.
func (oial OrderItemAnalysisList) Less(a, b int) bool {
    return oial[a].ArticleNo < oial[b].ArticleNo
}

// Tausch zweier Analysedaten.
func (oial OrderItemAnalysisList) Swap(a, b int) {
    oial[a], oial[b] = oial[b], oial[a]
}
```

Die Implementierung der Sortierfunktion auf der Basis eines Interfaces erlaubt weitere flexible Einsatzmöglichkeiten. So wurde bereits die Sortierung der Ergebnisdaten aus dem MapReduce-Verfahren als Erweiterungsmöglichkeit angesprochen. Die Integration der Sortierfunktion soll dabei flexibel gestaltet werden. Das Mittel der Wahl hierfür ist die Definition des jeweiligen Sortierkriteriums über eine Vergleichsfunktion. Hierfür ist erneut eine Typendefinition notwendig.

Quelltext 6.47 *Typen für MapReduce-Sortierung*

```
// Vergleichsmethode.
type KeyValueLessFunc func(*KeyValue, *KeyValue) bool

// Sortierbare Schlüssel-/Wert-Paare.
type SortableKeyValueSet struct {
    data     []*KeyValue
    lessFunc KeyValueLessFunc
}
```

Die Erzeugung der Datenmenge erfolgt nun mit dem bereits bekannten `KeyValueChan` als Datenquelle sowie der Vergleichsfunktion für das Sortierkriterium. Aus dem Channel heraus wird dynamisch das Slice erzeugt und gefüllt.

Quelltext 6.48 *Anlage der Datenmenge*

```
// Sortierbare Datenmenge erzeugen.
func NewSortableKeyValueSet(kvChan KeyValueChan,
    kvLessFunc KeyValueLessFunc) *SortableKeyValueSet {
    // Erzeugung mit Slice und Funktion.

    s := &SortableKeyValueSet{
        data:     make([]KeyValue, 0, 1024),
        lessFunc: kvLessFunc,
    }

    // Slice füllen.

    for kv := range kvChan {
        s.data := append(s.data, kv)
    }

    return s
}
```

Nun fehlen noch die drei Methoden des Interfaces des Packages `sort`. Zwei der Methoden lassen sich direkt implementieren, und die zum Vergleich zweier Werte nutzt die übergebene Funktion. Deren Austauschbarkeit erlaubt das Austauschen des Vergleichskriteriums. Die Funktionen erhalten jeweils zwei Schlüssel/Wert-Paare. Sie zu interpretieren und zu vergleichen liegt in Ihrer Verantwortung. Die Rückgabe von **true** zeigt an, dass das erste Paar kleiner als das zweite ist.

Quelltext 6.49
Implementierung des Interfaces

```
// Anzahl der Schlüssel-/Wert-Paare.
func (s *SortableKeyValueSet) Len() int {
    return len(s.data)
}

// Vergleich zweier Schlüssel-/Wert-Paare.
func (s *SortableKeyValueSet) Less(a, b int) bool {
    return s.lessFunc(s.data[a], s.data[b])
}
// Tausch zweier Schlüssel-/Wert-Paare.
func (s *SortableKeyValueSet) Swap(a, b int) {
    s.data[a], s.data[b] = s.data[b], s.data[a]
}
```

Der Zugriff auf die Daten soll auf dem gewohnten Weg funktionieren. Die sortierten Schlüssel/Wert-Paare sollen also über einen Channel vom Typ `KeyValueChan` ausgeliefert werden. Hierfür kommt erneut eine Goroutine zum Einsatz. Sie liest die Daten der Reihe nach aus dem sortierten Slice und schreibt die Daten in den zuvor erzeugten Channel.

Quelltext 6.50
Auslesen der Daten

```
// Auslesen der Daten über einen Channel.
func (s *SortableKeyValueSet) DataChan() KeyValueChan {
    kvChan := make(KeyValueChan)

    // Goroutine als anonyme Funktion starten.

    go func() {
        // Alle Daten versenden.

        for _, kv := range s.data {
            kvChan <- kv
        }

        close(kvChan)
    }()

    // Channeö an Aufrufer zurückgeben.

    return kvChan
}
```

Die sortierte Variante des MapReduce entspricht der bereits bekannten, nur dass sie um die Vergleichsfunktion als Parameter erweitert ist. Über die reguläre `MapReduce()`-Funktion wird die Menge der Ergebnisdaten ermittelt. Auf Basis der Sortierfunktion werden die Daten anschließend sortiert.

Quelltext 6.51
Sortiertes MapReduce

```
// MapReduce mit Sortierung.
func SortedMapReduce(inChan KeyValueChan,
    mapFunc MapFunc,
    mapSize int,
    reduceFunc ReduceFunc,
    reduceSize int,
    lessFunc KeyValueLessFunc) KeyValueChan {
    // Zuerst Daten ermitteln.

    kvChan := MapReduce(inChan, mapFunc, mapSize,
        reduceFunc, reduceSize)
    s := NewSortableKeyValueSet(kvChan, lessFunc)

    // Sortierung starten.

    Sort(s)

    return s.DataChan()
}
```

Die `KeyLessFunc()` ist ein einfaches Beispiel einer Sortierfunktion. Sie vergleicht die Schlüssel der zwei Schlüssel/Wert-Paare. So werden die Daten auf dieser Basis alphanumerisch aufsteigend sortiert.

Quelltext 6.52
Sortierung auf Basis der Schlüssel

```
// Vergleich der Schlüssel der Schlüssel/Wert-Paare.
func KeyLessFunc(a *KeyValue, b *KeyValue) bool {
    return a.Key < b.Key
}
```

Fazit

Die hier gezeigte Variante des QuickSorts vereinigt mehrere hilfreiche Sprachmittel von Go gleichzeitig. Die Nebenläufigkeit in Goroutinen erlaubt die Verteilung der Sortierarbeit auf die vorhandenen Rechenkerne. Channel sorgen in diesem Beispiel ausnahmsweise nicht für den Transport von Daten zwischen Goroutinen, dienen dafür jedoch als Instrument für die Signalisierung und somit auch für die Synchronisation.

Dank der Nutzung eines einfachen Interfaces mit drei Methoden kann der Algorithmus nicht nur auf konkrete Daten, sondern auf nahezu beliebige eigene Datenmengen angewandt werden. Und zu guter Letzt zeigt der Einsatz von Funktionen als Datentyp erster Ordnung, wie sich Bibliotheken ohne Code-Änderung flexibel in ihrem Verhalten beeinflussen lassen.

6.5 Erweiterungsmöglichkeiten

Mit dem aktuellen Rüstzeug lassen sich bereits interessante Anwendungen zur kontinuierlichen Verarbeitung unterschiedlicher Datenströme entwickeln. Die ereignisgetriebene Architektur ordnet die Datenströme den an ihnen interessierten Komponenten zu; Daten können in schneller Folge auf parallele Worker verteilt werden; komplexe Verarbeitungsketten lassen sich modular aufbauen um große Datenmengen effizient zu verarbeiten und das Ergebnis komfortabel zu sortieren.

Für einen Einsatz in einem Server ist jedoch mehr gefordert. Hierzu gehören unter anderem Maßnahmen zur Skalierbarkeit, zur Gewährleistung ordnungsgemäßer Statusübergänge individueller Komponenten, zur Betriebssicherheit wichtiger Komponenten und zur Überwachung vitaler Informationen über das System.

6.5.1 Verteilung im Netz

Die bisher gezeigten Implementierungen nutzen vielfach lokale Goroutinen und skalieren hier mit der Anzahl paralleler Rechenpfade im System. Dies hat jedoch seine Grenzen: einerseits in der verfügbaren Technologie, andererseits im Preis hoch skalierbarer Systeme. Eine durch viele Unternehmen der Internetbranche genutzte Alternative ist die Kombination einer größeren Anzahl günstiger Systeme, in der Regel handelsüblicher PCs oder einfacher Server.

Die individuelle und gleichmäßige Verteilung abgegrenzter Aufgaben auf Server mit einheitlichen Anwendungen ist schon länger ein bekanntes Verfahren. *Load Balancer* gehören zum Alltag vieler Websites. Die Kombination aus Master und Worker hat bereits eine vergleichbare Arbeitsweise innerhalb lokaler Go-Anwendungen gezeigt. Soll diese Anwendung nun weiter skalieren, so sind die Worker auf die verschiedenen Rechner zu verteilen. Ähnlich verhält es sich mit den weiteren nebenläufigen Funktionen, die je nach Aufgabenstellung auf die Systeme im Verbund zu verteilen sind.

Der Einsatz der Goroutinen gestaltet sich in verteilten Umgebungen etwas anders als bei lokalen Systemen. So ist es nicht möglich, von einer Anwendung direkt eine Goroutine in einer anderen Anwendung zu starten. Also bieten sich unterschiedliche Lösungswege an. So können die Clients beim Anwendungsstart ihren Server kontaktieren, beispielsweise auf der Basis einer Konfiguration.

Quelltext 6.53
Konfigurierbarer Start eines Clients

```
// Hauptprogramm.
func main() {
    // Konfiguration einlesen.

    cfg := readConfiguration()

    // Subsysteme abarbeiten.

    for sub := range cfg.Subsystems {
        con, err := connect(sub.ConId, sub.Protocol,
            sub.Hostname, sub.Port)

        if err != nil {
            log.Exit(err)
        }

        switch sub.Id {
        case SubsysFoo:
            // Subsystem Foo.

            go startSubsysFoo(con)
        case SubsysBar:
            // Subsystem Bar.

            go startSubsysBar(con)
        case ...:
            ...
        }
    }
}
```

Eine Alternative ist der Einsatz eines Routers. Hier startet ein Rechner im Verbund eine Verbindung zum Server, über die Anfragen zum Start eines Subsystems entgegengenommen werden. So können diese dynamisch gestartet und gestoppt werden. Ebenso lassen sich Statusinformationen abrufen.

Quelltext 6.54
Einsatz eines Routers

```
// Hauptprogramm.
func main() {
    subsys := make(map[string]Subsystem)
    cfg := readConfiguration()
    routerRequestChan, err := startRouter(cfg.Protocol,
        cfg.Hostname, cfg.Port)

    if err != nil {
        log.Exit(err)
    }
```

```
    // Router-Kommandos entgegennehmen.

    for rr := range routerRequestChan {
        switch rr.Type {
        case Start:
            // Start-Kommando.

            subsys[rr.Id] = startSubsystem(rr)
        case Restart:
            // Neustart-Kommando.

            if sub, ok := subsys[rr.Id]; ok {
                subsys[rr.Id].Restart()
            }

        case Stop:
            // Stopp-Kommando.

            if sub, ok := subsys[rr.Id]; ok {
                subsys[rr.Id].Stop()
            }
        case Status:
            // Status-Kommando.

            if sub, ok := subsys[rr.Id]; ok {
                statusChan := connectStatus(rr)

                subsys[rr.Id].Status(statusChan)
            }
        }
    }
}
```

Hier sind auch generischere Lösungen denkbar, beispielsweise auf Basis der in Go möglichen Reflection. In diesem Fall würde eine Anfrage an den Broker die Namen von Packages und Funktionen enthalten. Diese werden über die Reflection ermittelt und auf die Einhaltung einer definierten Signatur geprüft. So können sie dann dynamisch innerhalb von `startSubsystem()` ausgeführt werden. In beiden Fällen werden auf Basis der Anfragen die gewünschten Komponenten im Hintergrund gestartet und wird für diese die notwendige Netzwerkverbindung aufgebaut.

Der nächste Schritt wäre eine *Vermaschung* der Router auf allen beteiligten Systemen untereinander. Die Verbindungen müssen stets auf ihre Funktionsfähigkeit geprüft werden, und es müssen die *Latenz* und die *Auslastung* der Server gemessen werden. Auf diese Weise kann die Verteilung der Lasten dynamisch gesteuert werden und können Ausfälle von Systemen – ob geplant oder ungeplant – besser abgefedert werden. Derartiges ist jedoch in den Go-Bibliotheken noch nicht enthalten, ebenso wenig wie die Anbindung an hochverfügbare Messaging-Server als Infrastruktur einer verteilten Kommunikation.

Für die Kommunikation mit weiteren Rechnersystemen bietet Go einige Packages. Diese sind teilweise für die Kommunikation zwischen in Go geschriebenen Anwendungen optimiert, während andere eine heterogenere Interaktion mit unterschiedlichen Plattformen unterstützen. Gleichwohl kann die hierauf basierende Kommunikation auch zwischen Go-Systemen genutzt werden. Dies erhöht die Flexibilität der Lösung und erlaubt bei Bedarf die schnellere Integration von Fremdsystemen.

Netzwerkverbindungen als Fehlerquellen

Innerhalb individueller Go-Anwendungen sind Channels ein sicheres Mittel zur Kommunikation zwischen Goroutinen. Sie sind ein natives Sprachmittel und ebenso zuverlässig wie jeder weitere Datentyp. Zwischengeschaltete Netzwerkverbindungen verringern diese Zuverlässigkeit jedoch. Auch wenn das Programm einwandfrei arbeitet, kann es im Netzwerk zu Unterbrechungen kommen. Diese müssen durch die Anwendung erkannt werden, entsprechende Fehler sind geeignet zu signalisieren. Dabei darf die Stabilität der Anwendung nicht beeinflusst werden, und die Verbindung sollte automatisch wieder aufgebaut werden.

Doch nicht immer liegt gleich ein Defekt vor. Unterschiedliche Auslastungen der beteiligten Ressourcen können zu einer hohen Latenz führen. Die Anwendung erkennt keinen Fehler, verharrt jedoch eventuell für eine zu lange Zeit. Daher sollte eine Überwachung der Antwortzeiten in die Anwendung integriert werden. Nach Überschreitung einer Zeitbeschränkung muss die Anwendung reagieren und die Operation bei Bedarf kontrolliert abbrechen. Die richtige Kombination aus Goroutinen und Channels erlaubt den Aufbau dieser Mechanismen.

Herausforderung

Die bisherige lokale Kommunikation in nur einer Anwendung und über Channels ist komfortabel. Die Daten können direkt und zuverlässig versandt werden, mehr Aufwand ist nicht notwendig. Im Rahmen der Netzwerkkommunikation ist dies nicht mehr so einfach. Die zu übertragenden Daten müssen vom Versender serialisiert und vom Empfänger wieder deserialisiert werden.

Dieser Aufgabe muss sich der Entwickler glücklicherweise nicht selbst stellen. Verschiedene Packages wie `gob` oder `json` bieten hier

Mechanismen an. Diese können jedoch keine Funktionen, Channels und Interfaces übertragen, also auch keine *Empty Interfaces*. Damit müssen bei generischen Typen wie `Event` und `KeyValue` Anpassungen vorgenommen werden. Eine Lösung ist beispielsweise die direkte Kodierung der Nutzlast in einen serialisierbaren Typ. Eine Implementierung des `Events` mit *JSON* als Format sähe wie folgt aus:

Quelltext 6.55
Event mit kodierter Nutzlast

```
type Event struct {
    Time            int64
    ManagerId   string
    TopicId         string
    PayloadType string
    PayloadBuf  []byte
}
// Neues Event erzeugen.
func NewEvent(mid, tid string, p interface{})
    (*Event, os.Error) {
    t := time.Nanoseconds()
    pb, err := json.Marshal(p)
    pt := reflect.NewValue(p).Type().String()

    return &Event{t, mid, tid, pt, pb}, err
}

// Nutzlast setzen.
func (e *Event) Payload(v interface{}) os.Error {
    err := json.Unmarshal(e.PayloadBuf, v)

    return err
}

// Ausgabe als String.
func (e *Event) String() string {
    return fmt.Sprintf("Event{%v / %v / %v / %v / %v}",
        e.Time, e.ManagerId, e.TopicId,
        e.PayloadType, string(e.PayloadBuf))
}
```

Doch der Gewinn an Übertragungsfähigkeit bringt auch Nachteile mit sich. Für den geänderten Zugriff auf die Nutzlast muss der bereits implementierte Code angepasst werden. Gleichzeitig entstehen durch die Serialisierung und Deserialisierung zuvor nicht vorhandene Aufwände. Diese können zumindest in der Form etwas minimiert werden, dass ein privates Element `rawPayload` vom Typ Empty Interface im Moment des ersten Zugriffs gesetzt werden kann. Damit entfällt der Wandlungsprozess bei jedem weiteren Zugriff auf die Nutzlast.

Ein weiteres Problem tritt beim Zugriff auf die Nutzlast auf. Als übergebener Parameter `v` wird eine Referenz auf eine Variable des richtigen Typs erwartet. Dieser wird dann durch die Deserialisierung befüllt. Daher auch das neue Element `PayloadType`. Statt eines *Type Switch* ist eine Variable auf Basis dieser Information zu definieren und zu übergeben. Da die Umwandlung der Formate zudem auf der Reflection beruht, sind die zu transportierenden Felder von Structs zu exportieren. Dies setzt die Rahmenbedingungen für die Nutzlasten.

Das im Beispiel genutzte JSON als Format erlaubt zudem noch eine generische Rückwandlung. Es kennt Wahrheitswerte, Ganzzahlen, Fließkommazahlen, Zeichenketten, Arrays und flexible Objekte, mit denen sich Structs und Maps abbilden lassen. Nun kann beim `Unmarshal()` statt einer Variablen des richtigen Typs eine Variable des Typs **`interface{}`** übergeben werden. Hier werden dann die JSON-Werte entsprechend in Go-Variablen umgewandelt. Die Abbildung von JSON-Arrays erfolgt in den Typ `[]`**`interface{}`**, Objekte werden in **`map[string]interface{}`** abgebildet. Auf diesem Weg wird die Interaktion mit nicht auf Go basierenden Systemen erleichtert.

RPC

Abschnitt 4.2.3 zeigte bereits, wie sich mit geringem Aufwand Server auf Basis von *Remote Procedure Calls* realisieren lassen. Leider lässt sich jeder Typ nur einmalig registrieren, was beispielsweise im Rahmen der Bibliothek `goforit` berücksichtigt werden muss. Bisher können auf einem System unterschiedliche `Manager` autark arbeiten. Eine Verknüpfung verschiedener Rechner untereinander erfordert hingegen wegen der genannten Einschränkung einen zentralen `Router`. Dieser wird im Rahmen der Initialisierung als Package-Variable angelegt.

Nach einer Erweiterung des `Managers` um eine Kennung kann sich dieser beim `Router` registrieren. Zudem registrieren sich die `Router` der vernetzten Systeme auf Basis einer Konfiguration untereinander. Beim Start der `Manager` und der Registrierung der Themen dort werden diese den vernetzten Knoten mitgeteilt. Auf dieser Basis kann der `Router` entscheiden, welche Events an welches System weiterzuleiten sind.

Quelltext 6.56 *Broadcasting von Events*

```
// Ein Event über den Router versenden.
func (r * Router) Broadcast(evt *Event) os.Error {
    done := false

    for c := range r.clients(evt.ManagerId,
        evt.TopicId) {
```

```
            // Aufruf des Clients.

            err := c.Call("Router.Dispatch", evt, &done)

            if err != nil {
                return err
            }
        }

        return nil
    }
```

Auf der Gegenseite nimmt die Methode `Dispatch()` den Aufruf entgegen und lässt das übergebene `Event` durch ihn verteilen.

Quelltext 6.57
Lokale Verteilung

```
// Event lokal zustellen.
func (r * Router) Dispatch(evt *Event,
    done *bool) os.Error {
    if m, ok := r.managers[evt.ManagerId]; ok {
        m.RaiseEvent(Event)

        *done = true

        return nil
    }

    return os.ErrorString("manager not found)
}
```

Ein Mechanismus zur Erkennung von Netzwerkunterbrechungen oder Systemausfällen fehlt jedoch noch. Idealerweise sollten die Daten persistent gepuffert werden. Nach einem Übertragungsfehler kann der Neuaufbau der Verbindung bis zu einer konfigurierten Anzahl oder einer Zeitüberschreitung mehrfach probiert werden. Erst dann ist mit einem Fehler abzubrechen.

NetChan

Eine alternative Verbindung lässt sich auf Basis des in Abschnitt 4.2.3 vorgestellten Packages `netchan` realisieren. In diesem Fall können die `Manager` verschiedene Channel für die interne Kommunikation sowie für den Empfang von Events exportieren.

Quelltext 6.58
Channel erzeugen und exportieren

```
// Channel erzeugen und exportieren.
func (m *Manager) startChannels() {
    m.managerRegChan = make(chan managerRegistration)
    m.topicRegChan = make(chan topicRegistration)
```

```
    m.eventChan = make(chan Event)

    exp, err := netchan.NewExporter("tcp", m.Address())

    if err != nil {
        log.Printf(err)
    }

    err = exp.Export(m.Id() + "/managerRegistration",
        m.managerRegistrationChan, netchan.Recv)

    if err != nil {
        ...
    }

    ...
}
```

Gleichzeitig sind die entsprechenden Channel der jeweiligen Partnersysteme zu importieren. Der Empfang der Nachrichten für die Registrierung von `Managern` und Themen sowie von Events erfolgt im Hintergrund.

Quelltext 6.59 *Nachrichten empfangen und verarbeiten*

```
// Hintergrundroutine.
func (m *Manager) backend() {
    b.startChannels()
    b.importChannels()

    for {
        select {
        case mr := <-m.managerRegChan:
            m.registerManager(mr.ManagerId,
                mr.Network, mr.Address)
        case tr := <-m.topicRegChan:
            m.registerTopic(tr.ManagerId, tr.TopicId)
        case evt := <-m.eventChan:
            m.RaiseEvent(evt)
        }
    }
}
```

Beim Import der durch die weiteren Knoten bereitgestellten Kanäle kommt pro Knoten jeweils ein `Importer` zum Einsatz. Dieser bietet über die Methode `Errors()` einen Channel mit Fehlerinformationen. So lässt sich der Versand von Daten über die vernetzten Kanäle besser überwachen, als es die Channel von Haus aus können.

WebSocket

Zeichneten sich die ersten beiden Ansätze zum Datenaustausch zwischen zwei Knoten durch die Nutzung von proprietären Go-Kommunikationswegen aus, so liefert die Nutzung des in Abschnitt 4.2.3 vorgestellten *WebSocket-Protokolls* einen eher universelleren Ansatz. Dieses von Google entwickelte Protokoll ist auf den kontinuierlichen Austausch von Bytestreams zwischen Client und Server ausgerichtet. Die Verbindung wird vom Client aufgebaut, anschließend können beide Seiten beliebig Daten bis zu einem expliziten Verbindungsende austauschen. Der in HTTP übliche stetige Auf- und Abbau für jede einzelne Anfrage entfällt.

Für die Kodierung der Daten bieten sich erneut `gob` oder `json` an. In diesem Fall sind die Events jedoch zweifach zu kodieren: Einerseits wie zuvor die reine Nutzlast, andererseits für den Transfer das gesamte Event. Diese Mehrstufigkeit ist notwendig, damit die Nutzlast unter Angabe eines Typs explizit dekodiert werden kann.

Für den Server müssen Handler-Funktionen unter einer ID registriert werden. Im Beispiel der `goforit`-Architektur ist es der Router.

Quelltext 6.60
WebSocket-Server

```
// Handlerfunktion für WebSocket.
func Router(ws *websocket.Conn) {
    var evt *Event

    // Dekodieren.

    dec := gob.NewDecoder(ws)
    err := dec.Decode(&evt)

    if err != nil {
        log.Printf(err)
    }

    // Kein Fehler, Manager ermitteln.

    if m, ok := manager[evt.ManagerId]; ok {
        // Event auslösen.

        m.RaiseEvent(evt)
    } else {
        // Keinen Manager für das Event gefunden.

        log.Printf("Illegal manager: %v", evt.ManagerId)
    }
}
```

```
// Hauptfunktion.
func main() {
    http.Handle("/router", websocket.Handler(Router))

    err := http.ListenAndServe(":12345", nil)

    if err != nil {
        panic("Router Listen & Serve: " + err.String())
    }
}
```

Die Kontaktaufnahme aus Sicht des Clients erfolgt über die Funktion `Dial()`. Sie liefert eine Variable vom Typ `Conn` zurück. Diese ist bereits von der Handler-Funktion bekannt.

Quelltext 6.61
WebSocket-Client

```
// Event verteilen.
func Dispatch(evt *Event) os.Error {
    for nodeId := range nodesForManager(evt.ManagerId) {
        ws := routers[nodeId]
        enc := gob.NewEncoder(ws)

        enc.Encode(evt)
    }
}

// Hauptfunktion.
func main() {
    for nodeId, node := range configuration.nodes {
        url := "ws://" + node.hostname +
            "/router" + node.port
        ws, err := websocket.Dial(url, "",
            configuration.origin)

        if err != nil {
            panic("Router Dial: " + err.String())
        }

        routers[nodeId] := ws
        managers[nodeId] := node.mangerIds
    }
}
```

Im Rahmen der unidirektionalen Kommunikation der `Events` wird vom bidirektionalen Ansatz des WebSocket-Protokolls kein Gebrauch gemacht. Jedoch ließe sich das Beispiel leicht sowohl um eine Fehlerrückmeldung an den Sender als auch um eine umfangreichere Kommunikation zur dynamischen Konfiguration über Knoten hinweg erweitern. Gleichzeitig lassen sich die Zeitüberschreitungen für Lese- und Schreiboperationen jeder einzelnen Verbindung konfigurieren. Damit kann die Zusammenarbeit noch zuverlässiger gestaltet werden.

Weitere Lösungsansätze

Die Kommunikation über das Netz ist vielfältig. Einige Protokolle werden von Haus aus durch Go unterstützt und lassen sich verhältnismäßig einfach nutzen. Das Lösungsspektrum reicht von proprietären Eigenentwicklungen direkt über den IP-Stack über ein eigenes Protokoll mit einer eigenen Kodierung bis hin zu offenen Lösungen wie *XML-RPC* oder *SOAP*. Hier sollten Sie die Lösungen der Open-Source-Szene beobachten, um sich eigene Arbeit zu ersparen.

6.5.2 Supervisor

Die autarke Arbeitsweise von Goroutinen ist eine der großen Stärken von Go, kann sich jedoch auch als Nachteil erweisen. Kommt es innerhalb einer Goroutine zu einem schweren Programmfehler, so stürzt das gesamte Programm mit einer Fehlermeldung ab. Dies lässt sich durch die Kombination der Anweisungen **defer** und **recover()** verhindern. Der Laufzeitfehler wird beim Abbruch der fehlerhaften Goroutine ermittelt und kann gezielt behandelt werden.

Nun stellt sich die Frage, wie auf derartige Fehler reagiert werden soll. Die Goroutine wird bereits beendet, kann sich selbst damit nicht zurücksetzen. Dies ist jedoch von außerhalb möglich. Eine eigenständig arbeitende Goroutine übernimmt diese Aufgabe. Sie empfängt ein Interface, die eine Wiederherstellung des sie realisierenden Typs erlaubt, sowie die Fehlerinformation.

Quelltext 6.62
Wiederherstellung

```
type Recoverable interface {
    Recover(interface{})
}

// Ein Hilferuf.
type help struct {
    r Recoverable
    i interface{}
}

// Der Supervisor.
type Supervisor struct {
    helpChan chan help
}
```

```
// Einen neuen Supervisor erzeugen.
func NewSupervisor() *Supervisor {
    s := &Supervisor{make(chan help)}

    go s.backend()

    return s
}

// Hilferuf einer überwachten Goroutine.
func (s *Supervisor) Help(r Recoverable, i interface{}) {
    s.helpChan <- &help{r, i}
}

// Hintergrundroutine.
func (s *Supervisor) backend() {
    for h := range s.helpChan {
        h.r.Recover(h.i)
    }
}
```

Soll ein Typ nun durch einen `Supervisor` überwacht werden, so muss er das Interface `Recoverable` implementieren. In der hierfür notwendigen Methode `Recover()` kann ein Objekt nun den übergebenen Fehler analysieren, sich selbst geeignet neu initialisieren und die abgestürzte Goroutine neu starten. Der Komplexität sind hier keine Grenzen gesetzt.

Weiterhin muss der zu überwachende Typ über eine Referenz auf seinen `Supervisor` verfügen. Damit kann die Goroutine im Fehlerfall um Hilfe rufen, also die Wiederherstellung einleiten.

Quelltext 6.63
Ein Ruf um Hilfe

```
// Wiederherstellung, Fehlerinfo ignorieren.
func (mt *MyType) Recover(info interface{}) {
    mt.init()

    go mt.backend()
}

// Hintergrundroutine.
func (mt *MyType) backend() {
    defer func() {
        if i := recover(); i != nil {
            s.Help(mt, i)
        }
    }()
```

```
    // Hauptschleife mit Fehler.

    for {
        // Division durch 0, Methodenaufruf auf nil etc.

        ...
    }
}
```

Diese leichtgewichtige Bauweise hilft bei der Überwachung einfacher und nicht zusammenhängender Typen und reagiert ausschließlich auf Laufzeitfehler. Gelegentlich hängen jedoch mehrere Objekte so zusammen, dass nur ein gemeinsamer Neustart Sinn macht. Hier sollte der `Supervisor` die Registrierung von `Recoverables` anbieten. Im Fehlerfall können so alle zurückgesetzt werden. Die Interface-Methode `Recover()` sollte hierfür zudem um einen Parameter für das betroffene Objekt erweitert werden, damit das konkrete Objekt identifiziert werden kann.

Quelltext 6.64
Mehrfacher Neustart

```
// Hintergrundroutine.
func (s *Supervisor) backend() {
    for h := range s.helpChan {
        // Alle registrierten Objekte
        // wiederherstellen.

        for r := range s.recoverables {
            r.Recover(h.r, h.i)
        }
    }
}
```

Weiterhin kann eine Überwachung der Laufzeit sinnvoll sein. Benötigt ein Objekt für eine Aufgabe zu lange, so kann ebenfalls durch den `Supervisor` reagiert werden. Der folgende Abschnitt zeigt hierzu jedoch einen alternativen Ansatz.

6.5.3 Zeitüberschreitung

Ein in nebenläufigen und auf Kommunikation basierenden Anwendungen übliches Muster ist die Simulation synchroner Aktivitäten durch das Warten auf eine Antwort. Hierfür wird der beauftragten Goroutinen in der Anfrage ein Ergebnis-Channel mitgeliefert und anschließend aus diesem Channel gelesen.

Nun kann es innerhalb der Verarbeitung zu Störungen kommen, und es wird nie eine Antwort gesandt. Oder das Einsatzspektrum der Anwendung erfordert eine Reaktion in einer definierten Zeit, ob nun durch ein Ergebnis oder eine kontrollierte Reaktion auf eine Zeitüberschreitung. Ohne spezielle Maßnahmen kann die anfragende Goroutine gegebenenfalls ihre Arbeit nicht korrekt fortsetzen; der Funktionsablauf wird gestört, und eventuell werden Ressourcen verbraucht.

In diesem Fall hilft eine Beschränkung der Antwortzeit durch den Aufrufer. Wird sie überschritten, kann die anfragende Goroutine geeignet reagieren. Dabei hilft erneut die Kombination aus Goroutine und Channel. Eine im Hintergrund arbeitende Funktion wartet hier die definierte Zeit und signalisiert anschließend das Ende über einen Channel an die anfragende Goroutine. Die Funktion `After()` des Packages `time` hilft dabei. Ihr Argument ist eine Anzahl an zu wartenden Nanosekunden. Als Ergebnis wird ein Channel zurückgeliefert, auf dem nach Ablauf der angegebenen Zeit die aktuelle Urzeit – ebenfalls in Nanosekunden – an den Empfänger geliefert wird. Diese Funktion kann nun im Zusammenhang mit dem Versand von Anfragen sowie dem Warten auf eine Antwort genutzt werden.

Quelltext 6.65
Warten mit Zeitbeschränkung auf 2 Sekunden

```
// Aufgabe mit Zeitbeschränkung.
func (s *Server) DoSomething(a string, b int, c bool)
    (*Result, os.Error) {
    resultChan := make(chan *Result)
    cmd := &somethingCmd{a, b, c, resultChan}

    s.cmdChan <- cmd

    // Channel für Zeitsignal.

    timeoutChan := time.After(2e9)

    // Auf das Ergebnis oder die
    // Zeitüberschreitung warten.

    select {
    case r := <-resultChan:
        return r, nil
    case <-timeoutChan:
        return nil, os.NewError("something: timeout")
    }

    // Go benötigt leider ein explizites return.

    return nil, nil
}
```

Im Bedarfsfall kann die Definition der Zeitbeschränkung auch dem Aufrufer überlassen werden. Hier wird die zur Verfügung gestellte Zeit als Parameter entgegengenommen und der Funktion `After()` übergeben.

6.5.4 Monitoring

Der Betrieb von Server-Systemen ist in der Regel auf eine stabile Verfügbarkeit über einen längeren Zeitraum ausgelegt, in der Internetbranche rund um die Uhr. Die Basis hierfür liegt in der Architektur, dem Design der Routinen und dem Einsatz von Hilfsmitteln wie beispielsweise den zuvor genannten Supervisoren oder Zeitüberschreitungen.

Ein weiterer wichtiger Aspekt ist auch noch das Monitoring, also die kontinuierliche Beobachtung des laufenden Systems in Hinblick auf den aktuellen Zustand. Die Ausgabe wichtiger Informationen hilft dem Operator, die Konstitution des Systems zu beurteilen und bei Bedarf steuernd einzugreifen. Ein Mittel hierfür ist das *Logging*, also die Protokollierung wichtiger Informationen zur Laufzeit. Go bringt hier mit dem auf Seite 167 vorgestellten Package `log` bereits eine sehr einfache und im gewissen Rahmen konfigurierbare Lösung mit. Für spezielle Anforderungen lassen sich zudem mit dem Typ `Logger` eigene Protokollobjekte instanziieren.

Laufzeitmessungen

Die Performanz einer Anwendung ist stets ein Thema. Sie kann eigentlich nie hoch genug sein. Doch wie können Sie wissen, an welchen Schrauben gedreht werden muss? Ein hilfreiches Werkzeug ist der in Abschnitt 5.5 vorgestellte *Profiler*. Doch dessen Einsatzgebiet ist die Entwicklung, nicht das Monitoring.

Mittels einer einfachen Bibliothek können Sie Ihre eigene Anwendung leicht um eine eigene Laufzeitmessung erweitern. Diese Bibliothek arbeitet im Gegensatz zum Profiling nicht automatisch auf der Ebene der Funktionen. Sie ist hingegen manuell in den Code an den zu überwachenden Stellen zu integrieren. Ein derartiger Punkt ist beispielsweise die in Quelltext 6.11 vorgestellte Ereignisverarbeitung des `wrappers`. An dieser Stelle kann ideal für jeden `Processor` die Verarbeitungsdauer für ein Event gemessen und zur Verwaltung an eine im Hintergrund arbeitende Goroutine weitergeleitet werden. Hier werden die Daten je nach Bedarf weiterverarbeitet: Minimaldauer, Maximaldauer, Anzahl der Aufrufe, Gesamtdauer, Durchschnittsdauer, regelmäßige Schnappschüsse – hier ist einiges denkbar. Der Zugriff kann anschließend sowohl über eine Programmierschnittstelle als auch eine externe Schnittstelle erfolgen. Optimal wäre die Nutzung des im Netzerk-Management üblichen Protokolls *SNMP*, aber leider liegt noch keine Go-Implementierung vor. Alternativ kann daher auch ein Zugriff über *HTTP* mit *JSON* oder *XML* als Datenformat angeboten werden.

Den Start macht eine einfache Messung als Datentype. Er enthält die eindeutige Kennung des Messpunkts sowie die Anfangs- und Endzeit. Die Abfangszeit wird mit dem Konstruktor ermittelt, die Endzeit bei Beendigung der Messung. An dieser Stelle wird die gesamte Messung auch an die Goroutine im Hintergrund gesandt.

Quelltext 6.66
Eine Messung

```
// Eine Messung.
type Measuring struct {
    id        string
    startTime int64
    endTime   int64
}

// Messung beginnen.
func BeginMeasuring(id string) *Measuring {
    return &Measuring{id, time.Nanoseconds(), 0}
}

// Messung beenden und zur Weiterverarbeitung senden.
func (m *Measuring) EndMeasuring() int64 {
    m.endTime = time.Nanoseconds()

    measuringInChan <- m

    return m.endTime - m.startTime
}
```

Die Verwaltung der Ergebnisse erfolgt in der Form von Messpunkten. Pro Kennung wird einer erzeugt. Er wird mit jeder erhaltenen Messung aktualisiert und enthält die gewünschten statistischen Informationen.

Quelltext 6.67
Statistische Daten im Messpunkt

```
// Messpunkt.
type MeasuringPoint struct {
    Id      string
    Count   int64
    MinTime int64
    MaxTime int64
    TtlTime int64
    AvgTime int64
}
```

```
// Neuen Messpunkt erzeugen.
func newMeasuringPoint(m *Measuring) *MeasuringPoint {
    mp := new(MeasuringPoint)
    time := m.endTime - m.startTime

    // Initialisieren der Felder.

    mp.Id = m.id
    mp.Count = 1
    mp.MinTime = time
    mp.MaxTime = time
    mp.TtlTime = time
    mp.AvgTime = time

    return mp
}

// Messpunkt aktualisieren.
func (mp *MeasuringPoint) update(m *Measuring) {
    time := m.endTime - m.startTime

    mp.Count++

    if mp.MinTime > time {
        // Neue minimale Zeit.

        mp.MinTime = time
    }

    if mp.MaxTime < time {
        // Neue maximale Zeit.

        mp.MaxTime = time
    }

    mp.TtlTime += time
    mp.AvgTime = mp.TtlTime / mp.Count
}
```

Nun fehlen zur Abrundung nur noch die Goroutine zur Verarbeitung der Messungen im Hintergrund sowie die Channels zur Kommunikation mit ihr. Die Goroutine erzeugt bei Bedarf neue Messpunkte und aktualisiert sie mit den Messdaten. Diese erhält sie über einen gepufferten Channel, da die Lieferung der Messdaten unter Umständen schneller als ihre Verarbeitung ist. Gleichzeitig nimmt sie auch für die Ausgabe einen Channel für Messpunkte entgegen. So können die gesammelten Informationen bei Bedarf im Hintergrund ausgegeben werden.

Quelltext 6.68
Verwaltung im Hintergrund

```
var (
    measuringInChan         chan *Measuring =
        make(chan *Measuring, 1000)
    measuringPointOutChan chan chan *MeasuringPoint =
        make(chan chan *MeasuringPoint)
)

// Unterbau für Laufzeitmessungen.
func etmBackend() {
    measurings := make(map[string]*MeasuringPoint)

    // Endlosschleife.

    for {
        // Messungen und Ausgabeanfragen
        // entgegennehmen.

        select {
        case measuring := <-measuringInChan:
            // Messung verarbeiten.

            if mp, ok := measurings[measuring.id]; ok {
                mp.update(measuring)

                measurings[measuring.id] = mp
            } else {
                measurings[measuring.id] =
                    newMeasuringPoint(measuring)
            }
        case outChan := <-measuringPointOutChan:
            // Ausgabe im Hintergrund.

            go func() {
                for _, mp := range measurings {
                    outChan <- mp
                }

                close(outChan)
            }()
        }
    }
}
```

Ausgabefunktionen, regelmäßige Schnappschüsse, erweiterte Statistiken, die Überwachung durch einen Supervisor und Maßnahmen für das Abfangen von Messspitzen runden die Implementierung ab. Die Integration in die eigene Anwendung ist einfach. Im Fall der `process()`-Methode des `wrappers` wird so der Aufruf des Ereignisprozessors mit einer Messung eingerahmt, und die Kennung wird aus der Kennung des Ereignisprozessors und dem Topic gebildet.

Quelltext 6.69
Messung des Event Processing

```
...

id := w.processor.Configuration().Id + "/" + evt.TopicId
m := measuring.BeginMeasuring(id)
output := w.processor.Process(evt)

m.EndMeasuring()

...
```

Der Umfang der zu messenden Blöcke ist frei bestimmbar. Im vorliegenden Fall rahmt die Messung ausschließlich einen Funktionsaufruf ein, komplexere Konstrukte sind jedoch denkbar.

Schleppzeiger

Neben der Laufzeit sind auch numerische Werte für eine Überwachung von Interesse. Zu diesen gehören beispielsweise die Anzahl gleichzeitiger Sitzungen in Webanwendungen, von Netzwerk- und Datenbankverbindungen oder von dynamisch erzeugten Goroutinen für die parallele Verarbeitung von Datenmengen.

Für die Verarbeitung der Messwerte ist ein Rückgriff auf eine Darstellungsweise aus der Analogtechnik interessant – der Schleppzeiger. Hierbei nimmt der *Zeiger* auf den aktuellen Wert jeweils einen Reiter für den höchsten und den niedrigsten Wert mit, jedoch nur in eine Richtung. Bei einer Bewegung in die Gegenrichtung wird der Wert hingegen stehengelassen.

Dies lässt sich auch auf ein digitales Verfahren übertragen. Für die Speicherung der minimalen und maximalen Laufzeit einer Messung wurde es bereits eingesetzt. In vereinfachter Form lässt es sich für numerische Werte jeder Art einsetzen. Wichtig für die Implementierung ist hierbei nur die Konzentration auf einen Datentyp, also auf eine Ganzzahl oder eine Fließkommazahl.

Der Einstieg ist wie schon bei der Laufzeitmessung der Versand eines Werts an eine Goroutine im Hintergrund. Auch hier ist erneut eine Kennung für die spätere Identifikation des Werts enthalten.

Quelltext 6.70
Einen Wert setzen

```
// Schleppzeigerwert.
type staySetValue struct {
    id  string
    value int64
}

// Einen Wert setzen.
func SetValue(id string, value int64) {
    ssvInChan <- &staySetValue{id, value}
}
```

Auch die Verwaltung der Messwerte folgt dem bereits bekannten Muster. Für jeden zu verwaltenden Wert wird ein entsprechendes Objekt erzeugt und durch die individuellen Werte aktualisiert.

Quelltext 6.71
Ein Schleppzeiger

```
// Schleppzeiger.
type StaySetVariable struct {
    Id       string
    Count    int64
    ActValue int64
    MinValue int64
    MaxValue int64
    AvgValue int64
    total    int64
}

// Neuen Schleppzeiger erzeugen.
func newVariable(v *staySetValue) *StaySetVariable {
    ssv := new(StaySetVariable)

    // Initialisieren der Felder.

    ssv.Id = v.id
    ssv.Count = 1
    ssv.ActValue = v.value
    ssv.MinValue = v.value
    ssv.MaxValue = v.value
    ssv.AvgValue = v.value

    return ssv
}


// Schleppzeiger aktualisieren.
func (ssv *StaySetVariable) update(v *staySetValue) {
    ssv.Count++
```

```
    ssv.ActValue = v.value

    if ssv.MinValue > ssv.ActValue {
        // Neuer minimaler Wert.

        ssv.MinValue = ssv.ActValue
    }

    if ssv.MaxValue < ssv.ActValue {
        // Neuer maximaler Wert.

        ssv.MaxValue = ssv.ActValue
    }

    ssv.AvgValue = (ssv.AvgValue + v.value) / 2
}
```

Die Goroutine für die Verarbeitung der Werte sowie die für sie notwendigen Channels entsprechen dem gleichen Muster wie bei der Messung von Laufzeiten. Ebenso verhält es sich mit dem Auslesen der Variablen. Eine einfache Funktion bietet den Zugriff und die Verarbeitung durch eine übergebene Funktion höherer Ordnung.

Quelltext 6.72
Über Variablen iterieren

```
// Funktion für alle Schleppzeiger-Variablen ausführen.
func StaySetVariablesDo(f func(*StaySetVariable)) {
    ssvChan := make(chan *StaySetVariable)

    ssvOutChan <- ssvChan

    // Variablen verarbeiten.

    for v := range ssvChan {
        f(v)
    }

    close(ssvChan)
}
```

Auf diesem Weg können die Werte für eine Ausgabe auf dem Bildschirm, einer HTML-Seite oder über eine Schnittstelle aufbereitet werden. Weitere mögliche Erweiterungen des Schleppzeigers ähneln der Laufzeitmessung.

Kontrollwerte

Zu guter Letzt sind einfache Kontrollwerte von Interesse, die globalen Variablen ähneln, jedoch nicht zur Steuerung des Programms dienen.

Vielmehr gilt es vitale Werte des Systems verfügbar zu machen. Diese sollen jedoch nicht zwingend immer wieder gesetzt werden müssen. Eleganter ist das dynamische Ermitteln auf Anfrage. Das elegante Mittel der Wahl sind hier erneut Funktionen höherer Ordnung. Sie liefern auf Anfrage die gewünschten Kontrollwerte. Die Arbeitsweise ist sehr einfach: Es werden nur eine Map und einige kurze Funktionen benötigt.

Quelltext 6.73
Funktionen für Kontrollwerte registrieren

```
// Kontrollwert.
type CheckValue struct {
    Id          string
    Description string
    Value       interface{}
}

// Signatur einer Kontrollfunktion.
type CheckValueFunc func() *CheckValue

// Speicher für die Funktionen.
var (
    checkValueFuncs map[string]CheckValueFunc =
        make(map[string]CheckValueFunc)
)

// Funktion für Kontrollwert registrieren.
func RegisterCheckValueFunc(id string, f CheckValueFunc) {
    checkValueFuncs[id] = f
}
```

Beim Zugriff werden die registrierten Funktionen ausgeführt und ermitteln die gewünschten Werte. Hierbei kann es sich ebenso um statische Konfigurationswerte wie auch um Zustände handeln, die sich laufend durch den Betrieb verändern.

Quelltext 6.74
Kontrollwerte auslesen

```
// Einen Kontrollwert auslesen.
func GetCheckValue(id string) *CheckValue {
    // Registrierte Funktion auslesen.

    if f, ok := checkValueFuncs[id]; ok {
        // Funktion ausführen und Ergebnis liefern.

        cv := f()

        cv.Id = id

        return cv
    }
```

```
    // Keine Funktion registriert.

    return nil
}

// Alle Kontrollwerte verarbeiten.
func CheckValuesDo(f func(*CheckValue)) {
    // Über alle Funktionen iterieren.

    for id, f := range checkValueFuncs {
        cv := f()

        cv.Id = id

        // Übergebene Funktion mit Ergebnis
        // ausführen.

        f(cv)
    }
}
```

Ein Risiko dieser sehr einfachen Implementierung ist die Blockade des Aufrufers bei einer großen Anzahl von Kontrollwerten. Ebenso können sich Probleme beim Abruf der Werte unmittelbar auf den Aufrufer auswirken. Eine fortgeschrittene und für den professionellen Einsatz geeignetere Variante sollte daher eine Aktualisierung der Werte im Hintergrund mit Goroutinen und einer Fehlerbehandlung vornehmen. Die Werte können zudem mit einem Zeitstempel und einer Gültigkeitsdauer zwischengespeichert werden. So kann die Aktualisierungshäufigkeit gesenkt werden.

6.6 Zusammenfassung

Go bringt eine Vielzahl sehr guter Mittel für die Entwicklung von anspruchsvollen Systemen mit – sowohl in der Sprache als auch in Form der mitgelieferten Packages. Doch die hier aufgeführten Lösungen zeigen, dass diese Werkzeuge auch richtig eingesetzt werden müssen. Gerade die Nebenläufigkeit mit der Trennung der in den Goroutinen verwalteten Informationen voneinander sowie die Kommunikation über Channels sind mächtig.

Dennoch realisieren sich skalierbare und fehlertolerante Anwendungssysteme nicht von selbst. Die Einhaltung bekannter Muster, sowohl auf der Seite der Algorithmen als auch im Rahmen der Systemüberwachung, hilft dabei.

7 Die Go-Welt

Verglichen mit anderen Programmiersprachen ist Go sehr jung. So kann Lisp auf mehr als 50 Jahre zurückblicken, Smalltalk auf mehr als 30 Lenze. Erlang/OTP hat inzwischen auch mehr als 20 Jahre auf dem Buckel und Java mehr als 10. Dementsprechend haben sich um diese Systeme wie auch um weitere länger bestehende Sprachen herum ganze Welten aufgebaut. So existieren zentrale Websites mit hilfreicher Dokumentation, unterschiedliche Gemeinschaften und eine Vielzahl von Projekten auf Basis der jeweiligen Plattform. All dies bildet sich auch rund um das noch zarte Pflänzchen Go heraus.

7.1 Google

Der erste und wichtigste Anlaufpunkt für Informationen zur Programmiersprache Go ist die Website der Entwickler. Sie ist über den URL `http://golang.org` erreichbar. Sie ist unmittelbarer Bestandteil des Repositorys und gelangt daher mit jedem Check-out auch auf den eigenen Rechner. Eine Besonderheit der Go-Site ist zudem der genutzte Webserver. Hierbei handelt es sich um das zum Lieferumfang gehörende Programm `godoc` im Servermodus. Es ist ein erster Beweis für die Praxistauglichkeit von Go, muss jedoch sicherlich noch mit steigender Popularität der Sprache wachsen.

Die Site bietet eine Vielzahl hilfreicher Informationen für die Arbeit mit Go. Neben einer Anleitung zur Installation auf dem eigenen Rechner helfen verschiedene Dokumente beim Einstieg in die neue Welt, so unter anderem

- ein einfach nachzuvollziehendes Tutorial für die ersten Schritte,
- eine Anleitung für den effizienten Umgang mit den wichtigsten Sprachelementen und
- eine Liste der regelmäßig gestellten Fragen mit ihren Antworten (*FAQ*).

Die für den späteren täglichen Einsatz wichtigeren Dokumente sind auf der Einstiegsseite gleich oben aufgeführt. Hierbei handelt es sich um die Referenzen

- der Pakete,
- der Kommandos und
- der Sprachspezifikation.

Sie sind eine tägliche Hilfe, sowohl bei der Klärung sprachlicher Fragen als auch bei der Wahl der richtigen Typen und Funktionen für die eigene Aufgabe. Die integrierte Suche arbeitet auf dem Quelltext und erlaubt auch die Anzeige der entsprechenden Quelltexte im Browser. So kann sowohl in den Packages als auch in den hierin enthaltenen Unit Tests schnell nachvollzogen werden, wie die Funktionen angewandt werden. Gleichzeitig erhält der Entwickler hier einen praktischen Einblick in die Idiome der Sprache.

Qualitätssicherung

Eine Untersuchung der Spezifikation im HTML-Format zeigt, dass die Syntax der Sprache in der *Erweiterten Backus-Naur-Form* (EBNF) notiert ist. Im Dokument wird hier mit Cascading Style Sheets gearbeitet. Die entsprechenden Bereiche sind durch die HTML-Elemente `<pre class="ebnf">` und `</pre>` eingerahmt. Das mitgelieferte Werkzeug `ebnflint` kann eine derartige HTML-Datei einlesen und das enthaltene EBNF validieren.

Weitere Dokumente zu Unterschieden zu anderen Sprachen, zur Vorgehensweise bei eigenen Beiträgen zur Weiterentwicklung von Sprache und Bibliotheken, zur Historie der individuellen Releases und zu den Erweiterungsplänen ergänzen das Paket ebenso wie Links zu externen Sites rund um Go.

7.1.1 Playground

Ein praktischer Bestandteil der Site ist der *Playground*. Diese Spielwiese hilft bei schnellen und unkomplizierten Tests im Browser. Sowohl direkt auf der Einstiegsseite als auch in einem extra Fenster kann ein `main`-Paket erstellt und auf Knopfdruck direkt übersetzt und ausgeführt werden.

Im Playground werden verschiedene Beispiele angeboten. Sie helfen beim Lernen und Experimentieren. Ansonsten sind der eigenen Kreativität nur wenige Grenzen gesetzt. Die Ausführung erfolgt in nur einem Thread, Ausführungsdauer, CPU-Nutzung und Speicherverbrauch sind beschränkt. Innerhalb der Pakete werden zudem einige betriebssystemnahe Funktionen wie das Netzwerk und der Zugriff auf das Dateisystem begrenzt.

Für die schnelle Überprüfung kreativer Impulse ist der Playground damit ein willkommenes Werkzeug.

7.1.2 Dashboard

Einige Links der Go-Site verweisen auf ein weiteres Onlineangebot Googles zur Sprache Go: das auf der Infrastruktur der *Google App Engine* gehostete *Go Dashboard*[1]. Dem Nutzer bietet diese Anwendung drei verschiedene informative Ansichten:

- Die Einstiegsseite *Build Status* beinhaltet eine Liste aller Check-ins mit dem entsprechenden Protokolleintrag, dem Autor und der Uhrzeit. Ein Link verweist auf das Webfrontend des Repositorys, sodass ein schneller Blick auf die Änderungen ermöglicht wird. Hierfür lassen sich die Differenzen der geänderten Dateien zu ihren Vorgängerversionen komfortabel anzeigen. Weiterhin wird für jedes Check-in ein kompletter Build (also die Erzeugung aller Programme und Bibliotheken) für alle unterstützten Plattformen durchgeführt. Der Erfolg dieser Aktivität wird auf der Status-Seite tabellarisch angezeigt. Im Fehlerfall hilft der Schnellzugriff auf das Protokoll dem verantwortlichen Entwickler bei der Analyse.
- Die zweite Seite mit dem Titel *Packages* enthält zwei Übersichten über Packages, die nicht zum Go-Standard gehören – auch wenn einige der enthaltenen Packages doch den Editoren von Google-Mitarbeitern entstammen. Die Liste aktualisiert sich auf der Basis von gesammelten Installationen mit dem Werkzeug `goinstall`, einmal sortiert nach der Reihenfolge der letzten Installationen, einmal sortiert nach der Anzahl der Installationen. Neben dem letzten Installationsdatum, der Anzahl und dem Pfad enthält die Übersicht zudem noch einen Link und eine sehr kurze Beschreibung zum jeweiligen Projekt. Dies setzt aber voraus, dass es auf der Seite *Projects* gelistet und korrekt zugeordnet ist. Hierzu erfahren Sie gleich mehr. Auf jeden Fall lohnt sich die Packages-Seite, um einen guten Einblick in die Welt der Open-Source-Projekte mit Go zu erhalten.
- Die eben erwähnte Seite *Projects* ist die dritte im Bunde. Sie stellt eine gruppierte Liste von Go-Projekten mit Links und kurzen Beschreibungen bereit. Ein kleines auf der Seite eingebettetes

[1] http://godashboard.appspot.com/

Formular hilft bei der Registrierung eigener Projekte. Dies geht jedoch nicht direkt, sondern über einen Administrator. Die gelisteten Projekte sind ein bunter Mix aus Werkzeugen, Applikationen und Bibliotheken, die hier den größten Anteil stellen. Die in den Einträgen enthaltenen Verweise zeigen in der Regel auf die Projektverzeichnisse bei den durch `goinstall` unterstützten Projektseiten. Auf diese Weise können Sie strukturierter als auf der Packages-Seite nach geeigneten Open-Source-Projekten für den eigenen Bedarf oder zum Lernen stöbern.

7.1.3 Google Code

Die dritte große Anlaufstelle von Google sind die bei *Google Code*[2] gehosteten Projektseiten. Neben einem sehr einfachen Wiki sind hier unter dem Stichwort *issues* alle gemeldeten Probleme und Anforderungen aufgelistet. So können Sie eigene Anliegen melden und den Fortschritt verfolgen. Ebenso können Sie offene Punkte anderer Anwender kommentieren und um Anregungen und Lösungsvorschläge ergänzen.

Die Hauptaufgabe der Site ist die Verwaltung der Quelltexte. Sie können sie von dort mit *Mercurial* auf Ihr eigenens System auschecken. Für das einfache Stöbern sind die Quellentexte und diverse weitere Dateien je nach Typ zudem auch online im Browser zu betrachten. Neben ihrem Inhalt wird ein schneller Überblick über die Versionshistorie sowie die Unterschiede zu den Vorversionen geboten. Ein Syntax-Highlighting für Go – wie schon für andere Programmiersprachen – bietet die Plattform leider noch nicht.

All diese Funktionen – allgemeine Informationen, einen Ablageort für Downloads, ein Wiki, eine konfigurierbare Issue-Verwaltung sowie ein leistungsfähiges Repository – stellt Google Code unabhängig von Go auch weiteren Projekten zur Verfügung.

7.1.4 Am Projekt Go mitwirken

Go ist ein Open-Source-Projekt. Damit ist es nicht nur eine Einbahnstraße für das Herunterladen und Nutzen der Sprache. Dies macht zwar sicherlich den Löwenanteil der Nutzung aus, doch der engagierte Entwickler hat auch die Chance, zum Projekt beizutragen. Eine Möglichkeit ist die bereits in Abschnitt 7.1.3 angesprochene Verwaltung von Fehlern und Anregungen über Issues. Darüber hinaus ist es auch möglich, eigenen Code in das Projekt einzubringen. Dabei kann es

[2] http://code.google.com/p/go

sich ebenso um komplett neue Bibliotheken wie auch um Ergänzungen und Korrekturen zu bestehenden Quelltexten handeln.

Auf der Seite *Contributing*[3] wird ausführlich erläutert, welche Voraussetzungen zu erfüllen sind, wie die Änderungen zuvor auf der Mailingliste zu diskutieren sind und warum ausführliche Tests sowie der Prozess der Durchsicht der Quelltexte über eine Mercurial-Erweiterung zur Sicherstellung der Qualität notwendig sind. Letztendlich hilft der Build-Status des Dashboards bei der Prüfung, ob eine Änderung auf einer der unterstützten Plattformen zu einem Fehler führt.

7.1.5 Go Blog

Eine weitere durch die Go-Entwickler betriebene Informationsquelle ist der *Go-Blog*[4]. Hier finden sich unregelmäßig hilfreiche Informationen zu effizienten Go-Mustern für eigene Lösungen. Dazu kommen noch Neuigkeiten jenseits der Sprachentwicklung, beispielsweise Preisverleihungen, Résumées und Ausblicke.

7.1.6 Go Nuts Mailing List

Eine im Gegensatz dazu sehr lebhafte Informationsquelle ist die bei *Google Groups* gehostete *Go Nuts Mailing List* `golang-nuts`. Auf ihr geben die Go-Entwickler neue Releases bekannt und helfen bei Problemen. Gleichzeitig helfen sich die Entwickler untereinander und diskutieren mitunter auch recht kontrovers Vorschläge und Wünsche. Das Abonnement der Mailingliste, ob nun über Mail oder als RSS-Feed, sei jedem Go-Entwickler empfohlen. Der Zugriff kann sowohl über das Web[5] als auch über Mail[6] erfolgen.

7.1.7 Go IRC Channel

Ein Kommunikationsmittel der guten alten Unix-Zeit, bevor alles in das Web verlagert wurde, ist der *Internet Releay Chat*, kurz *IRC*. Glücklicherweise lebt es noch und wird auch durch die Go-Entwickler aktiv genutzt. Sie betreiben den offiziellen *Go IRC Channel* `#go-nuts` im *freenode-Netz*[7]. Hier diskutieren die Entwickler des Go-Teams sowie Nutzer der Sprache und helfen sich gegenseitig bei Problemen. Durch den Charakter des IRC ist die Kommunikation unmittelbarer als über die Mailingliste. Dies hängt natürlich von der Anwesenheit

[3] http://golang.org/doc/contrib.html
[4] http://blog.golang.org/
[5] http://groups.google.com/group/golang-nuts
[6] golang-nuts@googlegroups.com
[7] irc.freenode.net

der Entwickler ab. Daher wird es aufgrund der Zeitverschiebung erst nachmittags beziehungsweise abends lebhafter.

7.2 Communitys

Neben dem durch Google selbst zur Verfügung gestellten Informationsmaterial befassen sich verschiedene Communitys mit Go. Sie versuchen, ergänzende Hilfestellungen und Verweise auf weiterführende Informationen zu bieten. Daneben kümmern sich lokale Gruppen um Alternativen in ihren jeweiligen Landessprachen.

7.2.1 Go Language Resources

Die Website `cat-v.org` hat es sich zu Aufgabe gemacht, Themen mit einer aus Sicht der Betreiber eigenwilligen intellektuellen Perspektive zu hosten. Einige dieser Themen haben Bezug zu *Plan 9*, dem experimentellen Betriebssystem der Bell Labs. Hier schließt sich der Kreis zu Go, gehören doch Ken Thompson und Rob Pike zum Kernteam von Plan 9.

Auch für Go ist hier ein Bereich[8] eingerichtet. Dessen Seiten bieten Informationen und Links zu verschiedenen Portierungen und vorgefertigten Paketen, Werkzeugen, Editor-Unterstützungen, Dokumentationen, Vorträge, Protokolle des in Abschnitt 7.1.7 genannten *Go IRC Channels*, Code, Bibliotheken und Bindungen zu externen Bibliotheken. Sehr praktisch ist auch die angepasste Suche zum Thema Go. Durch die Einschränkung auf Go-relevante Sites und Seiten wird die Wahrscheinlichkeit passender Treffer stark erhöht.

7.2.2 Go Language Patterns

Die von Ryanne Dolan betriebene Site *Go Language Patterns*[9] hat sich den Entwurfsmustern unter Go verschrieben. Unterteilt in die Bereiche Nebenläufigkeit, funktionale Programmierung, Objektorientierung, Pakete und Web sammelt der Autor verschiedene Muster und bewährte Praktiken. Langfristig könnte so eine hilfreiche Bibliothek entstehen.

7.2.3 Soziale Netzwerke

Nicht nur das Go-Team nutzt inzwischen Twitter, auch weitere Entwickler und Nutzer mit Interesse an Go finden sich dort. Das gebräuch-

[8] http://go-lang.cat-v.org/
[9] http://www.golangpatterns.info/

liche Tag ist `#golang`. Neben dem offiziellen Go-Team (*@go_nuts*) ist Andrew Gerrand (*@enneff*), Mitarbeiter von Google Sydney, einer der stärksten Protagonisten Er publiziert nicht nur hier, sondern auch auf seinem Blog. Dazu kommen Vorträge im asiatischen Raum, sodass das starke Interesse dort nicht verwundert.

Daneben findet sich Go inzwischen auch bei weiteren Vertretern des *Web 2.0* wieder. Auf *XING*, *Linked-in* und *Facebook* werden Gruppen angeboten, *StackOverflow* und *Reddit* bieten entsprechende Tags. Gemessen an den direkt durch Google bereit gestellten Wegen ist das Gesprächsaufkommen jedoch recht gering.

7.3 Projekte

Trotz des noch geringen Alters und der stetigen Veränderung von Go haben sich bereits unterschiedliche erste Projekte auf der Basis von Go entwickelt. Ein sehr großer Anteil dieser Projekte sind Bibliotheken, die aus eigenem Bedarf heraus entstanden sind. So sollen mit wenig Aufwand Webanwendungen entstehen und Datenbanken oder externe Systeme angebunden werden. Andere Entwickler wiederum benötigen den Zugriff auf grafische Benutzeroberflächen, Video oder Sound. Und auch gängige Algorithmen und Datenstrukturen, die nicht Bestandteil der Standardbibliothek sind, finden sich so wieder.

Eine optimale Übersicht hierfür bietet das Dashboard (siehe Abschnitt 7.1.2). Einige interessante Projekte sollen bereits hier vorgestellt werden.

7.3.1 Webanwendungen

Die Unterstützung von Web-Anwendung mit den Packages `http` und `template` ist nur sehr rudimentär. Daher war dies eines der ersten Gebiete, für das externe Projekte entstanden.

Die bekannteste Bibliothek ist *web.go* von Michael Hoisie[10]. Neben der Dokumentation enthält die Website auch ein Link auf das Repository. Die Bibliothek konzentriert sich auf den technischen Anteil, also auf die Weiterleitung von Anfragen je nach URL an hierfür registrierte Funktionen sowie auf deren Beantwortung inklusive Cookies, Headers und Redirects. Hilfsmittel zur Gestaltung sind nicht Bestandteil der Bibliothek. Hierfür verweist der Autor auf die ebenfalls von ihm entwickelte Bibliothek *mustache.go*. Sie interpretiert Vorlagen in einer klaren Notation, die auf eine Trennung von Programmlogik und

[10] http://www.getwebgo.com/

Visualisierung ausgelegt ist. Eine Alternative für eine noch kompaktere Ausprägung ist die *XHTML Abstraction Markup Language*[11]. Sie entstammt dem Ruby-Umfeld und wurde von Curtis Schlak in der Bibliothek *gohaml* für Go umgesetzt.

Ein wesentlicher Aspekt von Webanwendungen ist die Authentifizierung des Anwenders, im Umfeld der Web-2.0-Welt über *OAuth*-Protokoll. Hierfür sind inzwischen verschiedene Bibliotheken verfügbar, mal integriert, mal exklusiv. Eine dieser Bibliotheken ist *GOAuth* von Andrew Scott.

7.3.2 Datenbanken

Datenbanken für die Speicherung und Abfrage sind heutzutage etabliert, das Spektrum reicht von kleinen eingebetteten Bibliotheken bis hin zu skalierbaren Servern. Sprachen wie Java bieten für den Zugriff auf diese Systeme standardisierte Bibliotheken, die ihrerseits Treiber für die unterschiedlichen Produkte nutzen.

Ein solches Verfahren steht für Go noch nicht zur Verfügung. Die Projekte für die Integration von Datenbanken sind alle individuell implementiert und weichen in ihrer Programmierschnittstelle voneinander ab. Noch wurden nicht alle Systeme in Go integriert, einige populäre relationale Datenbanken werden inzwischen jedoch ebenso unterstützt wie die zunehmend eingesetzten NoSQL-Server. So finden sich Bibliotheken für

- SQLite (*gosqlite*),
- MySQL (*GoMySQL*),
- PostgreSQL (*go-pgsql*),
- ODBC-Anbindungen (*godbcl*),
- CouchDB (*couch-go*),
- Redis (*redis.go*),
- MongoDB (*gomongo*) und
- Tokyo Cabinet (*gotyrant*).

Für relationale DBMS existieren bereits erste Initiativen zur Vereinheitlichung. Für den Bereich der NoSQL-Server ist hier aufgrund ihrer unterschiedlichen Arbeitsweise auch kein einheitlicher Weg in Sicht.

7.3.3 Interprozesskommunikation und Netzwerk

Go als Systemsprache wird sicherlich seinen Einsatz auch im Rahmen von isoliert arbeitenden Anwendungen finden. Doch dies ist eine zu-

[11] http://haml-lang.com/

nehmend in den Hintergrund rückende Form von Programmen. Selbst mobile Anwendungen leben inzwischen von der Kommunikation mit externen Systemen. Ob diese Partner nun mit auf dem gleichen Rechner betrieben werden oder sich weltweit verteilt im Netz befinden, ist dabei relativ irrelevant – abgesehen von Maßnahmen bezüglich der Verfügbarkeit und der Latenz.

Die Wege der Kommunikation sind dabei sehr vielfältig. Vom Design komplett eigener Protokolle bis hin zur sehr breiten Vielfalt alter und neuer Standards reicht das Spektrum. Einige, wie *HTTP* und *Web Sockets*, werden von Haus aus unterstützt, weitere werden durch die Community beigetragen. So existieren Implementierungen für

- Google's Protocol Buffers (*goprotobuf*),
- XML-RPC (*go-xmlrpc*),
- 9P (*go9p*) und
- 0MQ (*gozmq*).

Bibliotheken wie *go-router* helfen beim Aufbau einer auf Go basierenden Peer-to-Peer-Infrastruktur für den Versand und Empfang von Nachrichten nach dem Publish/Subscribe-Muster, ähnlich der Beispielbibliothek in Kapitel 6.

Ein weiteres Betätigungsfeld der Kommunikation über Netzwerke ist das Zusammenspiel mit gängigen Anwendungen. Auch hier sind bereits erste Bibliotheken verfügbar. So

- unterstützt das bereits genannte *GOAuth* bei der Authentifizierung über das OAuth-Verfahren,
- stellt *Taipai-Torrent* einen Client für BitTorrent bereit,
- können mit *go-pkg-rss* RSS- und Atom-Feeds gelesen werden,
- erlaubt *twitterstream* den Zugriff auf Twitter und
- sind mit der *Go-IRC-Client-Library* eigene IRC-Clients möglich.

Web Services und SOAP sowie die weitere hierfür notwendige Infrastruktur werden bisher noch nicht unterstützt. Jedoch ist das Engagement der Entwicklergemeinde im Bereich der Netzwerke sehr groß, sodass die Anzahl der implementierten Protokolle schnell wächst.

7.3.4 Weitere Anwendungen und Bibliotheken

Naheliegenderweise handelte es sich bei einigen der ersten in Go geschriebenen Anwendungen um Werkzeuge zur Entwicklung von Go-Programmen. So realisieren die *SCons Go Tools*, *gobuild* oder *makengo* Alternativen zum originalen Make-System. Mit *gomemcached* wurde inzwischen auch ein Caching-Daemon in Go entwickelt. Und

Programme wie *gospeccy* realisieren einen ZX-Spectrum-48-Emulator. Für weitere Lösungen entsteht mit *GoLightly* eine flexible auf Go basierende virtuelle Maschine.

Einige weitere praktische Bibliotheken befassen sich mit dem Auslesen von Kommandozeilenparametern im POSIX-Format (*goopt*) oder mit dem Einlesen von Passwörtern auf der Kommandozeile (*getpass*). Auch für die Entwicklung grafischer Benutzeroberflächen und Visualisierungen entstehen mit *go-gtk*, *Go-OpenGL*, *svgo* oder *x-go-binding* erste Bibliotheken. Und für die Datenverarbeitung an sich entstehen Pakete wie *gocsv*, *golang-mime-multipart* und *godom*.

Sicherlich werden viele der aktuell auf den Projektseiten aufgelisteten Projekte wieder einschlafen. Ebenso werden noch viele neue entstehen. Es bleibt spannend, bis eine Konsolidierung wie bei bereits länger existierenden Sprachen eintritt. Frameworks für Webanwendungen und portable grafische Benutzeroberflächen, Multimedia, Unterstützung mobiler Anwendungen, systemnahe Aufgaben wie SNMP und Logging – Aufgaben gibt es noch genug.

7.4 Zusammenfassung

Die Go-Welt ist noch jung und relativ klein, auch wenn sie seit der Veröffentlichung der Sprache im November 2009 stetig wächst. Doch Google selbst sorgt mit dem Betrieb der Hauptseite sowie mit der gesamten Infrastruktur für eine sehr gute Basis. Die umfangreiche Dokumentation der Sprache und der Bibliotheken, Diskussionen in der Gruppe, offener Umgang mit Problemen und Anfragen sowie der freie Zugriff auf die Quellen helfen dabei. Zudem sorgt das Dashboard für einen stets aktuellen Überblick über die Projektszene. Alles zusammen macht deutlich, dass Google die Bedeutung des Netzes sehr genau kennt.

Die Alternativen sind hingegen noch lange nicht auf dem Niveau anderer Sprachen. Dies verwundert nicht, dafür ist Go einfach noch zu jung und konnte seinen Weg auch noch nicht in professionelle Systeme finden. Dies wird sich in den kommenden Jahren ändern; die Sprache Go bringt hierfür ein großes Potenzial mit und bildet ein leistungsfähiges Werkzeug für die neuen Herausforderungen vernetzter Anwendungslandschaften mit einer großen Zahl von Multiprozessorrechnern. Damit wird automatisch auch die Anzahl an Angeboten jenseits von Google zunehmen. Die bereits jetzt schnell wachsende Anzahl an externen Projekten zeigt das Potenzial.

Index

Q